湖北省社会科学基金项目研究成果（立项编号：2013148）

我国公立高校学费改革研究

■ 主　编　张晓玲
■ 副主编　张丽萍

WUHAN UNIVERSITY PRESS
武汉大学出版社

图书在版编目(CIP)数据

我国公立高校学费改革研究/张晓玲主编. —武汉：武汉大学出版社，2013.12

ISBN 978-7-307-12373-1

Ⅰ.我… Ⅱ.张… Ⅲ.公立学校—高等学校—学费—教育改革—研究—中国 Ⅳ.G649.21

中国版本图书馆 CIP 数据核字(2013)第 313194 号

责任编辑:唐 伟　　责任校对:汪欣怡　　版式设计:马 佳

出版发行：**武汉大学出版社** （430072 武昌 珞珈山）
（电子邮件：cbs22@ whu. edu. cn 网址：www. wdp. com. cn）
印刷:湖北恒泰印务有限公司
开本：720×1000 1/16　印张:19.5　字数:276 千字　插页:1
版次:2013 年 12 月第 1 版　2013 年 12 月第 1 次印刷
ISBN 978-7-307-12373-1　定价:39.00 元

序 言

我国公立高校学费改革问题，是涉及公共财政、价格学、教育经济学等多学科的综合理论问题，也是事关多方教育利益相关者的公共教育政策的重大现实问题，备受社会关注，同时也饱受各方争议。本书以理论为基础，以问题为导向，结合我国的国情，系统探讨了影响公立高校学费的定价问题，科学分析了影响学费的各方面因素，依据分析的出发点和侧重点不同，在相关统计数据的基础上进行公立高校学费标准的数学模型定量和实证分析，为政府和有关部门制定公立高校学费政策提出了有益的建议。

改革开放三十多年来，我国高等学校的学费制度经历了由免费到收费的逆向改革。与此同时，世界各国也在不断进行学费制度改革，争议之声时有耳闻。通过学费制度改革，找到学费定价特别是我国公立高校学费定价的基本规律，不仅是公共政策制定的需要，也是公共经济理论与教育经济理论发展的需要。

我与本书的主编张晓玲教授相识相交已经多年，她是一位勤于思考且有思想的学者，作为分管财务工作的大学副校长，教育成本与学费问题一直是她关注的重点问题。经过两年的扎实研究，加上她深厚的理论基础和丰富的工作经验，以及她带领的团队的共同努力，这本着力于研究我国公立高校学费改革的著作就摆在我案前了。该书亮点颇多，可读性强，一些创新观点给人以启发，就我自己的感受而言，这本书的特点和创新主要体现在：

第一，作者对我国公立高校学费改革问题的研究，以其创新性填补了国内这一领域的研究空白。学费问题敏感复杂，迫切需要深入研究；特别是公立高校的学费改革，涉及中央与地方的公共财政，关乎公立高校的发展。据我所知，我国系统研究公立高校特别是公立高校学费改革的理论成果较少，张晓玲教授主编的这本《我国公立高校学费改革研究》算是不可多得的一项研究成果，书中很多思想、观点和结论让人耳目一新，丰富了学费理论，深化了研究思路，对我国高等学校学费制度改革具有重要的现实参考价值。

不仅如此，该项研究成果还颇具学术价值。通过对我国公立高校学费制度发展历程及现行政策的研究与梳理，运用市场经济理论、教育学理论，并使用会计学、统计学方法，全面阐述了我国公立高校学费政策的现状，明确了公立高校学费改革面临的机遇与挑战；通过对公立高校学费影响因素、学费理论的研究，探讨把握公立高校学费改革的内涵的维度，并从我国副省级城市高校与教育部高校成本比较研究、公立高校学分制下如何进行学费改革、我国公立高校的学生资助等多视角对公立高校学费改革进行理论与实践分析，在此基础上借助数学模型指出如何有效建立我国公立高校学费定价机制和确定公立高校学费合理价位；通过对英美等国公立高校学费政策的考察，找出公立高校学费改革面临的共性问题，并分析它们各自的特点；探讨我国政府对公立高校投入的作用，分析公立高校学费改革的现实基础，提出公立高校学费改革的理性判断和实现形式。很显然，该书观察视野广阔，这对推动和深化该领域的研究，具有明显的积极意义。

第二，作者对公立高校学费改革问题的研究，以其系统性深化了公共财政与价格管理的理论研究和实践思路。由于教育的公共性、外溢性和信息不对称性，学费定价及其引发的学费改革问题就必然成为市场经济条件下的政府价格行为，也是政府以及各方教育利益相关者共同参与并形成广泛社会影响的经济行为。作为社会公平的守护者、市场秩序的维护者和公共政策的制定者，政府在学费定价与改革以及学费管理的规范中发挥着主导与规制作用。政府的学费定价行为要科学、高效、有序，应该在尊重市场规则的基础上，维护公共利益，吸纳公众参与，遵从公共选择。因此学费改革问题也是一个重要的公共财政问题。我国学费定价与学费管理制度一直都属于政府价格管理和公共财政领域，高等教育的收费以及学费结构不断调整与优化，是我国学费制度改革的基本轨迹和方向。但是，围绕公立高校学费问题的讨论、质疑乃至批判，从来就没有停止过，特别是地方上的各类公立高校学费问题。当前，高等教育领域的“乱收费”现象时有发生，经济困难的学生大量存在，学费定价标准是否科学、合理，就成为社会关注的热点问题。

根据成本分担的受益原则，接受高等教育的个人及家庭需承担一定的成本。这本著作从目前我国公立高校现行学费制度存在的主要问题入手，以科学发展观为指导，分析产生这些问题的体制性、政策性、法规性的约束及原因，运用相关理论以及数据模型方法，探索完善我国公立高校特别是公立高校学费定价机制，提出对我国公立高校学费制度改革的建议和保障措施，具有较强的针对性和可操作性，从而为丰富和发展价格理论，改进、优化公立高校资源配置方式提供参考和借鉴。其研究的主要内容包括：公立高校学费改革的基本理论，公立高校学费影响因素研究，我国公立高校学费制度沿革及现行收费政策分析，我国公立高校学费定价机制，我国公立高校的学生资助，政府对公立高校投入机制研究，英美公立高校学费政策研究，学分制改革背景下高校收费模式的改革与思考，我国副省级城市综合大学与教育部直属高校办学成本比较分析，我国公立高校学费改革对策建议。作者就学费价格理论、价格政策的系统研究，为政府价格管理与公共财政决策提供有益的对策与建议。

第三，作者对我国公立高校学费改革问题的研究，以其实证性拓展了学费定价与改革的研究方法。正如作者所言，该书的研究方法主要采取的是多学科的高等教育研究方法。高等教育作为社会的一个子系统，自身也是一个复杂的、多层次的开放系统，在与社会经济、政治、科学技术、文化等其他子系统相互作用中不断得以发展；高等教育内部也存在不同学科、专业，它们之间的相互协同、作用有力地促进了学科的发展。就公立高校学费改革研究而言，必须从不同学科视角，运用多学科方法来研究高等教育，从方法论上拓展高等教育研究的新路径。具体来说，在贯穿全书的文献研究、实地调研、数据分析、个别访谈、专家咨询等研究方法之中，我认为通过相关数据进行的实证分析尤为可贵。

作者通过对部分公立高校财务收支进行分析，研究公立高校成本数据并与教育部属高校学科专业成本信息进行比较研究，以获得有价值的公立高校成本信息。通过个别访谈和座谈会等方式，就不同地区、类型、层次的公立高等学校的学费定价行为及其改革问题进行广泛、深入的交流，了解公立高校学费改革的实际问题，促进理论研究与实际问题的结合。并且通过整理和分析大量的问卷掌握第一手资料，把定性与定量的研究结合起来，有效增强学费制度改革研究的科学性和可行性。

第四，作者在对我国公立高校学费改革问题的研究中，敏锐地关注了公立高校学费改革的公平性与正义性。在我国，各类高校的学费定价与收费标准问题不仅仅是一个简单的经济问题，更是一项涉及社会管理的民生问题，并在一定程度上成为一项政治问题。我国现行高校学费定价采用“成本法”，即按不超过生均成本的25%，并综合考虑其他因素来确定学费标准。社会现实情况则是，高校学费过高会使很多大学生无法接受高等教育，导致学生家庭“因教入贫”；学费标准过低则又会加重国家财政负担，同时也会使高等学校因为办学经费的短缺而无法保证教育质量。这样，教育成本的核算自然就成为社会关注的热点问题。既然学费以生均成本为基础，这就要求教育机构提供的生均成本核算信息能够合情合理，合理的高等教育学费定价将会实现国家、高校、学生及其家庭的利益的最大化，学费定价行为也就是政府、学校与学生之间多次博弈的结果，最终形成理性的学费定价，并实现各教育利益相关方的纳什均衡。因此，高校学费定价及其改革问题，涉及办什么样的高等教育和怎样办好人民满意的高等教育、如何保证高等教育资源和教育机会公平分配、教育机构如何发挥公共服务职能，最终关系到我国社会和谐稳定。制定科学合理的学费收取标准和模式，使更多的适龄学生能接受高等教育，已成为我国全面建成小康社会时期的一个高等教育领域的公平与正义问题。

可喜的是，本书在建立起学费定价、学生支付能力、学生资助三者的互动模型过程中研究公立高校学费改革问题，较准确地把握住了学生及家庭的高等教育付费意愿、能力及影响因素，了解到处于不同经济水平的学生对学费及学生资助的变化是如何反应的，以及公立高校学费改革对不同层面的社会公平会产生什么影响，从而为政府和高校更好地利用学费、奖学金、助学金、贷款和勤工俭学等价格杠杆以及价格资助等政策工具，来调控学生及其家庭的高等教育需求，为公立高校采用适宜的、兼顾效率与公平的高等教育学费政策和策略提供重要的实证依据。从这个意义上讲，本书的相关研究对于促进高等教育效率和公平具有重要价值。

总之，该书是作者结合新一轮高等教育发展与改革，在国家提出实现高等教育优先发展、内涵式发展的背景下，为推进人力资源强国建设，针对公立高校学费改革问题进行的研究。社会需要应该成为理论研究的对象，而理论研究的生命力在于创新。本书选取了社会关注的现实问题，从理论与实践的结合入手，进行了深入、系统的研究，由此可以看出作者的独具匠心以及敏锐的洞察力。虽然本书不可避免地存在着挂一漏万的情形，但该书体现出来的一种强烈的创新意识，对我国学费管理理论的大胆探索以及学费改革的制度创新大有裨益，其方向就在于进一步催化、推进我国公立高校的改革与创新。

是为序。

张代重

2013 年 8 月 2 日

目录

第一章　导　论

1. 研究对象与问题

1.1　问题的提出及研究对象

学费问题是伴随着高等教育大众化出现的世界性的突出问题，也是高等教育改革的热点。办学规模扩大，高等教育质量全面提升，客观上要求相应的资金投入，在世界范围内，由于高等教育属于非义务教育，所以，学费标准问题一直都是社会关注的重点。在我国当前的高等教育体系中，高等教育的成本逐步增加，政府用于高等教育的财政支持日益紧缩，高等教育的规模逐步扩大，使得高校的学费逐步提高。我国《高等教育法》第五十四条规定："高等学校的学生应当按照国家规定缴纳学费。家庭经济困难的学生，可以申请补助或者减免学费。"近些年关于如何收取学费的讨论和研究一直是理论界和社会关注的热点，尽管国内外学术界对广泛意义上的高校学费研究在广度和深度上有了长足的进步，对政府、学校、企业乃至家庭的教育决策都产生了深远影响，他们关于高等学校学费定价的研究给我们以较多的启示，但公立高校学费改革深层次问题还有待全面、深入地研究。

党的十八大报告提出"要坚持教育优先发展"和"深化教育领域综合改革"，加强人力资源开发能力建设，尽快把我国建设成为人力资源强国，使我国人力资源的数量、结构、质量和贡献处于全球领先地位。① 由于人力资源的素质对国家经济社会发展的影响极大，并且高等教育投资是形成及积累人力资本的主体和核心，而确定公立高校学费标准不仅难度很大，同时更是一个必须面对、亟待解决的难题，它是关系到我国在纷繁复杂的国际国内形势下能否以高质量的人才和智力支持去赢得竞争主动、赢得优势、赢得未来的关键。本书将从中观层面即从一个地区的视角研究公立高校学费改革问题。之所以提出研究公立高校学费改革问题，这是因为：

1.1.1 学费问题是一个重要的公共财政问题

十多年来我国实行公共财政改革，财政面貌发生了重大变化，法制性不断增强，公平性逐步完善，科学性逐年提高，但同时我们也要看到，对于社会和时代发展需求，公共财政的重要职能和作用还未能充分发挥，理财观念的束缚和体制机制还存在障碍，一系列重大问题还有待深入研究解决。教育中包含着大量的公共利益和个人利益，也消耗了大量的公共资源和个人资源，政府教育投资作为政府公共财政支出的一项内容，其负担的比例和效率、投入和配置的效率和合理性，也是人们普遍关心的问题。如何科学、合理地增加教育资源，妥善处理国计与民生的关系问题，如何通过认真履行政府职能，给困难群体提供教育保障，重点解决群众最关心、最现实、最迫切的接受高等教育问题，是当前公共财政必须面对的一个重大课题。

1.1.2 高校学费是高等学校经费的重要组成部分

高等教育人才培养质量是高等教育的一个核心指标，不同学科、专业在设定不同的培养目标后，其质量需要充足的经费保证，学费是高等学校经费的重要组成部分。20 世纪末以来，世界高等教育得到了前所未有的扩张，无论是在发达国家还是发展中国家，高等教育财政面临的困难都非常突出。诸多世界一流大学都有一个

① 袁贵仁．教育部部长袁贵仁：努力办好人民满意的教育[N]．人民网，2013-01-08.

共同特征，即除了办学理念的继承和发展相统一，具有一流的师资、一流的管理和一流的贡献外，都拥有巨额的办学经费，这是支撑它们成为世界一流大学的不可或缺的条件。为此，各国都在对高等教育的学费筹措等问题进行改革，以适应本国和国际高等教育发展的需要。学杂费是我国公立高校重要的经费来源，目前这类高校普遍处于投入不足和债务危机共存的双重资金困境，如何通过学费改革研究，为我国人才培养质量提升提供重要支撑是后大众化条件下我国公立高校面临的难点问题。

1.1.3 高校学费问题关系到我国社会和谐稳定

高校学费问题不是一个简单的经济问题，高等教育作为一种准公共产品，向受教育者个人收取一定费用，既是效率的要求，又是社会公平的体现。我国现行大学学费定价采用“成本法”，即按不超过生均成本的25%，并综合考虑政治、财政、社会文化、支付能力、就业等因素确定学费标准。长期的社会现实情况是，高校学费过高往往使很多大学生及其家庭陷入经济窘境；学费过低又会加重国家财政负担，有悖于高等教育公平，同时造成高等学校无财力保证教育质量。学费以生均成本为基础，要求教育机构提供的生均成本的计算信息合情合理。科学合理的高等教育学费能使国家、高等学校、大学生个人的利益最大化。因此，高校学费问题，涉及办什么样的教育和怎样办教育、如何保证教育资源和教育机会公平分配、高校等教育机构如何发挥其公共服务功能，最终关系到我国社会和谐稳定。社会高度关注影响高校学费的教育成本问题，制定科学合理的学费收取制度和模式，使更多的学生能进入高校接受高等教育，已成为关系到我国全面建设小康社会的十分复杂的问题。

1.2 公立高校学费改革研究的目标

本书研究的公立高校是指以国家和地方财政为主要资金来源，由各级政府按照国家规定设置标准和审批程序批准举办的，通过全国普通高等学校统一招生考试，招收高中毕业生为主要培养对象，实施高等学历教育的全日制普通高等学校。

所谓成本导向的定价策略，就是以产品或服务的成本作为基数，并以此制定相应的市场价格。高等教育学费结构优化并形成机制，是我国学费制度改革的基本轨迹和方向。学费定价标准是否科学合理，是本研究重要的价值取向，目的是使我国普通高校学费政策进一步优化和发展。判断高校学费政策的设置是否科学合理，需通过考察政策的实际产出来判断高校学费政策是否实现了预定目标。科学合理的高校学费政策应当满足以下条件：首先，从经济学原理的角度来看，高校教育经济来源高于高校教育成本，保障学校正常运营，高校学费政策的实施能够有效解决普通高校经费短缺问题以及使学生就学条件得到改善；从公立高校发展角度来看，有利于提高教育质量。其次，从公平角度来看，考入各层次大学的学生不因家庭经济困难而失去学习机会，体现学费政策目标的合理性、学费政策方案理论依据的充分性、学费政策收费标准的可行性、标准制定的利益相关者的参与性、普通高校学费标准制定程序的完整性。最后，从个人利益角度来看，高校学费应尽量低于家庭承受能力。

根据成本分担的受益原则，接受高等教育的个人及家庭需承担一定的成本。本书试图从目前我国公立高校现行学费制度存在的主要问题入手，以科学发展观为指导，分析产生这些问题的体制性、政策性、法规性的约束及原因，运用相关理论以及数据模型方法，探索完善我国公立高校学费定价机制，提出对我国公立高校学费制度改革的建议和保障措施，具有较强的针对性和可操作性，从而为丰富和发展价格理论，改进优化公立地方高校资源配置方式提供参考和借鉴。主要内容包括：公立高校学费改革的基本理论及高等教育收费的实然分析；公立高校学费影响因素研究；我国公立高校收费政策的历史与现状；我国公立高校政府投入机制研究；我国公立高校学费定价机制；我国公立高校的学生资助；英美公立高校学费政策及其对我国的启示；学分制下我国公立高校收费模式的改革；我国副省级城市综合大学与教育部直属高校办学成本比较分析；我国公立高校学费改革对策建议。开展学费价格理论、价格政策的研究，针对我国普通公立高校学费政策在运行过程中存在的主要问题提出进一步规范和优化的措施，为政府价格主管部门决策提供对策建议。

1.3 本书力求解决的主要问题

为了解决公立高校合理的学费改革问题，本书旨在结合我国的国情，从实践角度探讨影响公立高校学费标准制定的问题，分析影响学费的各方面因素，依据不同的出发点和侧重点，在相关统计数据的基础上进行公立高校学费标准的数学模型定量和实证分析，通过建立数据模型，确定出最合理的学费数额，为有关部门制定学费政策提出有效可行的学费标准，并给出有益的建议。

1.3.1 研究的难点与可能性

2008 年 3 月 1 日，由 21 世纪教育发展研究院组织编写的 2008 年中国教育蓝皮书《深入推进教育公平》在京正式发布，根据各项指标的满意度得分排序，高校的学费标准、政府治理教育乱收费的成效、中小学校“择校热”改善情况排在倒数前三位，① 可见高校学费标准公众最不满意。这是因为：

第一，在我国学费作为高等教育中个人投资的重要一部分，其标准通常是由政府来设定的。国际经验研究表明，从效率与公平的视角出发，学费水平的决定权应该由高等教育机构掌握。要努力在公共和私人筹资之间寻求平衡，学生要为每年的大学教育付出多少费用或者分担多大比例的成本较为合适？如何计算与调整？高等教育成本分担对成本计量有很高的要求，而我国目前的技术水平尚无法达到。在这种情况下公立高校如何确定学费或者如何确定国家、学生、家庭分担多大比例的成本，这是一个难点。

第二，差异化的收费制度是大多数发达国家长期以来针对学费水平进行研究得出的唯一可行的解决办法。它的前提是要得到个体在不同高校学习各种专业后在相应行业工作获得报酬情况的可靠信

① 张灵 . 2008 年教育蓝皮书发布高校学费标准公众最不满意[N]. 京华时报，2008-03-03.

息，要求进行人力资本投资时学生家庭经济信息的完整性、准确性。但一直以来我国没有构建完善的家庭收入统计和财产登记制度，不能像国外如美国那样准确地把握各家庭的收入信息，加之个体在不同高校学习各种专业可获报酬情况的差异很大，因而为制定相关学费改革政策带来了相当大的难度。

第三，置于某种情况中研究高校学费改革问题是一件十分复杂的事情，包括家长和学生负担的边界、教学成本和生活成本、学费和其他费用、影响学费的多种因素以及各种形式的财政资助等。鉴于影响高校学费高低的因素主要有不同高校和专业间差异、各地区收入水平差异、高校生均支出差异、国家生均拨款差异等，目前有关高等教育学费标准的探讨大多限于理论层面的定性分析。教育理论源于教育实践。如何创新理论并有效推动办学实践学费改革问题的解决，是本书研究的重点和难点问题。

第四，政策认为高等教育能给人们带来更大的收益，包括更高的生产力，更多的终身收入，更高的地位、声望与社会政治影响以及对职业、朋友等更大的选择空间，因此极力扩张高等教育规模，提升高等教育层次，由此带来的教育经费压力通过学费上涨来解决，但劳动力市场并不因为毕业生人数的增加、学历层次的提升及学生付出高额学费而刻意为来自处境不利群体的毕业生扩充好的就业岗位或增加薪酬，于是引发学历贬值和知识失业等社会问题；不同层次高校学历带来的收益是不同的，不同高校学历与收益之间究竟是怎样一种关系等，都将成为当前高校学费改革新的难题。

1.3.2 研究方法

本书的研究方法最主要的是采用多学科的高等教育研究方法。高等教育作为社会的一个子系统，是在与社会经济、政治、科学技术、文化等多个子系统相互作用中不断发展的复杂、多层次的开放系统，同时，高等教育内部由不同的学科、专业组成，它们之间存在相互协同、作用的关系，从高等教育学的学科性质来看，它是一门多学科交叉的科学，高等教育的基本理论涉及多种学科领域。必须从不同学科的视角，运用多学科的方法来研究高等教育，从方法论上开拓构建高等教育学理论体系的新路径。具体来说主要有文献研究、实地调研、数据分析、个别访谈、专家咨询，通过相关数据进行实证分析。

(1)文献研究法。本研究通过查阅大量国内外专业书籍、研究报告、各相关官方网站文献资料，对重要文献进行挖掘、整理和分析，了解国内外教育理论界学者在学费改革研究及实践中进行的思考和探索，从以往经验中汲取精华，以揭示其规律，为本研究提供参考和借鉴。

(2)会计法。以武汉市属高校的数据为实例，对其经济活动和财务收支进行分析，研究公立高校成本数据并与部属高校学科专业成本信息进行比较研究，以获得有价值的公立高校成本信息。

(3)实地调研法。通过个别访谈和座谈会等方式，与相关人员进行广泛、深入的交流，了解公立高校学费改革的实际问题，促进理论研究与实际问题的结合。

(4)问卷法。针对研究问题通过整理和分析大量的问卷掌握第一手资料，把定性与定量的研究结合起来，有效增强学费制度改革研究的科学性和可行性。

(5)案例分析法。从教育实践中发现理论问题，以武汉市属高校学费改革模式为案例，把案例分析与理论研究结合起来，解析公立高校学费改革的政策引导机制。

1.3.3 研究框架和主要路径

本研究以公立高校为研究对象，以公立高校学费改革为研究主线，采用理论研究与实践研究相结合的方法，借助学费理论的基本思想和研究范式，形成主要研究框架。主要路径是：(1)通过对我国公立高校学费制度发展历程及现行政策的研究与回顾，了解公立高校学费政策的现状，明确公立高校学费改革面临的机遇与挑战，研究分析公立高校学费改革过程中存在的问题；(2)通过公立高校学费经济学和社会学分析，探讨公立高校的办学特征及其基本职能，分析公立高校的作用；(3)通过对公立高校学费影响因素、学费理论的产生及其发展的研究，探讨把握公立高校学费改革的内涵的维度，并从我国副省级城市高校与教育部高校成本比较研究、公立高校学分制如何进行学费改革、我国公立高校的学生资助等多视角对公立高校学费改革进行理论与实践分析，在此基础上借助数学模型演示提出如何有效建立我国公立高校学费定价机制和确定公立高校学费合理价位；(4)通过对英美公立高校学费问题的考察和对公立高校——武汉市属高校学费问题的案例分析，找出公立高校学费改革面临的共性问题，并分析各自特点；(5)探讨我国政府对公立高校投资的作用、影响我国公立高校学费改革的关键因素，分析公立高校学费改革现实基础，提出公立高校学费改革的理性判断和实现形式。

1.4 研究意义

1.4.1 有助于了解我国公立高校学费现状，更好地认识和把握教育经济规律

城市作为商品经济发展的产物，在市场经济体制下，在一个国家或地区政治、经济、文化教育的中心地位将日益巩固与加强。由于多年来我国高等教育办学体制是以政府办学为主的模式和分级财政体制，使地方公立高校相对中央财政下属的高校就是更加处于生存的劣势。例：2004 年全国共有普通、成人高校 2236 所，其中普通高校 1731 所；教育部所属的“211 工程”高校仅有 73 所，加上中央部委所属高校共 120 所。中央财政以全国 2/3 的总财力，承担了 1/20 的高校财政投入，而地方财政以 1/3 的财力，支撑了全国高校的 95%的财政投入。① 公立高校通过扩招扩大了个人学费收入，但与此同时却面临了巨额的欠缴学费，研究以城市综合大学为主的公立高校学费改革，有助于了解我国公立高校学费乃至经济现状，更好地认识和把握教育经济规律，推动城市高等教育改革的顺利发展，必将会对其他地区的教育改革与发展起到辐射、带动和示范

① 孙温华，解占彩．公立高校发展中资金困境之思考[N]．群文天地，2011(6)．

作用。

1.4.2　有助于政府分类指导，为公立高校发展决策提供理论依据

习近平总书记提出中国梦就是实现中华民族的伟大复兴，他在就职时与记者见面讲了人民的七个期盼，其中排在第一的就是子女接受好的教育，深化教育改革已成为全社会共同的心声。按照我国宏伟目标就是在2020年基本实现现代化，从教育优先发展、提前为国家实现现代化提供人才准备，要求高等教育的根本目标是办人民满意的教育，2020年要基本实现教育现代化，唯有通过改革释放教育生产力，才能实现这个目标。党的十八大和2013年“两会”政府工作报告提出要进一步深化体现系统性、整体性、协同性的教育综合改革，切实解决社会普遍关注的重大问题，此对我国教育改革和发展会产生重大的影响。深化教育综合改革，要求各地教育主管部门和高校管理者全面贯彻落实科学发展观，用系统的思维认识改革，用普遍联系的观点设计改革，用统筹兼顾的办法推进改革，通过改革推动教育科学发展，破解原来不全面、不协调、不可持续的问题，以改革增强教育发展活力。研究公立高校学费改革，借鉴包括国外发达国家政府对于学费改革措施及其对社会各个方面产生的积极影响和不利因素，可以使我们更为深刻地理解学费改革的性质和利弊，为我国高等教育学费改革提供比较借鉴价值，有助于促进高等教育综合改革，为公立高校发展决策提供理论依据。

1.4.3　有利于加强以旨在优化资源结构的高校内涵建设，提高人才培养质量

提高质量是当前我国高等教育最核心、最紧迫的任务。胡锦涛同志在清华大学讲话中要求高等学校必须在人才培养、科学研究、社会服务和文化传承创新四个方面全面提升水平。质量提升工程的总体目标是努力提升“三个度”：即对经济社会发展的贡献度、对人力资源强市建设的支撑度和人民群众对高等教育的满意度。怎么把地方高等教育做强，有许多课题需要我们去探讨。如：如何树立后大众化条件下的质量观？如何加强学科及其条件建设和课程设

置？公立高校实行按学分收费改革后，高校本科将成为弹性学制，由高校自行确定本科学习的修习年限范围，即现在的大学生可在3~6年内自由选择完成大学学业的时间，部分大学生还能跨校选修部属高校的课程。学分制下学分如何定价、学费如何收取？进行公立高校学费改革研究，能促进公立高校内涵建设，优化学校教学过程经费管理，加大教学关键环节经费投入，为人才培养质量提升提供可靠保障。

1.4.4 有利于妥善处理教育发展关系，促进我国高等教育效率与公平

在我国高等教育后大众化阶段，在国家优先的教育投入情况下，制定合理的学费政策成为亟待解决的问题，尽管目前没有最佳的消费政策，但在制定学费政策中渗透保证高等教育的质量，兼顾效益与公平，实现公正与公开的目标已经成为政府高等教育财政优先的原则。党的十八大报告提出到2020年，我国全面建成小康社会有两个数量型的约束性指标，就是国内生产总值和城乡居民人均收入比2010年翻一番。这两个翻番国内生产总值的翻番比较有把握实现，而城乡居民收入翻一番相比较难度较大，“十二五”期间各地在制定目标时要求人均收入的增长要快于GDP的增长，翻一番也是可以实现的。在这样的背景下研究公立高校学费改革，较准确地把握学生及家庭的高等教育付费能力、意愿及其影响因素，了解不同社会经济地位的学生对高等教育学费及不同类型学生资助的变化是如何反应的以及公立高校学费改革对不同层面的社会公平会产生什么影响，从而为政府和高校更好地利用学费、奖学金、助学金、贷款和勤工俭学等价格及价格资助这些政策工具，来调控学生及其家庭的高等教育需求以及为有关类型的高校建立适宜的、兼顾效率与公平的高等教育学费政策和策略提供重要的实证依据。

1.4.5 有利于丰富同类研究，为实证研究高校经济行为提供规范框架和工具方法

教育科学自身的发展趋势表明，面对日益变化的高等教育改革

发展新形势、新要求，传统教育理论体系正在不断地进行着高度的科学分化和结构改组，许多分支学科应运而生，如教育经济学、教育社会学等，本研究将促进教育经济学研究的深入，有利于对教育问题进行更为专门的、精细的分析和认识，在此基础上为构建更高层次、更具适应性的现代教育基本理论体系，即在教育学可分化基础上实现更高水平的综合提供基础，从而有效推进高等教育学科的完善和发展。

综上所述，本课题研究对于促进公立高校改革发展具有重要意义。

2. 课题研究的基本内容

2.1 国内外现有学费改革文献研究的不足

据对国内外学费改革文献的比较分析，近些年来学界对学费问题展开了多方面研究，有关学费的理论依据、学费性质、定价标准、问题成因、治理对策及其相关问题如教育公平、高校学生资助制度等方面提出了不同的看法，研究在数量上呈增长态势，但还存在很多需要改进的地方，主要有：对于学费问题进行的相关研究同质性较强；研究视角上有待进一步拓展，缺乏深度的理论建构；对综合性解决学费问题机理研究较少。

(1)尽管对国内外公立高校学费改革已有许多经验总结和一些理论研究，但是从总体上看，对公立高校学费改革的理论显得比较零碎，特别是以城市综合大学为代表公立高校学费改革的研究，没有比较完整的研究脉络和逻辑线索，研究缺乏系统性。

(2)对公立高校实际问题的研究缺乏解决问题的有效方法。如：当发生通货膨胀时，高校为维持原有教育质量，提出应按通胀水平提高学费；当政府因某种原因减少高校拨款，高校为维持原有教育质量，提出按政府减少的拨款额相应提高学费。这两种情况本应是合情合理、值得考虑的。但实际情况是，我国近 10 年物价指数、物价水平、办学成本发生了很大变化，而 10 年来公立高校学费标准是一成不变的。尽管高校学费具有公益性质，但也要符合市场经济规律。

(3)深层次、多方位地开展研究不够，研究方法缺乏鲜明的特色。在已有研究中实证研究所占比例非常小，而且大多因为样本较小，不具备普遍性和推广性。本研究是基于武汉市属高校这一特定领域、一个较长时期学费变化的历史进行的纵向分析，对各收入阶层大学生比重的变化进行横向的比较，从而作出有价值的判断和决策，具有鲜明的实践性特点。

2.2　本书的基本内容概述

本书共分为 11 章。

第一章，我们介绍了本书的研究对象与问题、分析方法和视角、研究意义。

第二章，我们介绍了公立高校学费改革的基本理论，进行高等教育收费的实然分析，第 1 节是高校学费改革的基本理论，分别介绍了成本分担补偿理论、人力资本理论、高等教育的公平与效率统一论、教育投资回报或成本收益率理论；第 2 节是高等教育收费的实然分析，主要分析了高等教育收费与“谁受益谁付费原则”、高等教育收费与公共产品性质、高等教育收费与“准公共产品”、高等教育收费与经济效率等问题。

第三章，我们研究了公立高校学费影响因素，第 1 节从公立高校筹资渠道分析；第 2 节从居民收入分析；第 3 节从高等教育成本分析；第 4 节从高等教育投资收益分析；第 5 节从物价指数关联性分析。

第四章，我们进行了我国公立高校学费制度之沿革及现行收费政策分析，第 1 节阐述我国公立高校学费制度的沿革；第 2 节是对高等教育现行收费制度的分析；第 3 节阐述高等教育现行收费制度存在的问题。

第五章，我们研究了政府对公立高校投入机制研究，第 1 节讲我国公立高校政府投入历史变迁；第 2 节讲当前公立高校政府投入机制存在的问题；第 3 节是公立高校政府投入机制优化理论分析。

第六章，研究我国公立高校学费定价机制，第 1 节讲学费标准的含义；第 2 节讲学费标准理论依据及定价原则；第 3 节是普通高等学校学费实际标准研究；第 4 节讲公立高等学校学费模型。

第七章，我国公立高校的学生资助，第 1 节讲我国公立高校学生资助的发展变化；第 2 节讲资助政策的调整和改革；第 3 节讲我国公立高校学生资助的现状和问题；第 4 节讲与资助有关的法律与政策；第 5 节阐述更新资助理念，实施全方位资助。

第八章，我们研究了英美公立高校学费政策对我国的启示，第 1 节讲英美公立高校学费政策的演变；第 2 节讲英美公立高校学费定价与收取；第 3 节讲英美公立高校的学生资助政策；第 4 节讲英美公立高校学费政策对我国的启示。

第九章，我们研究了学分制下收费模式的改革，第 1 节讲学分制下收费模式改革的意义；第 2 节对国内外学分制收费模式进行比较；第 3 节讲学分制下收费模式改革的政策依据；第 4 节讲学分制下收费模式改革的路径。

第十章，城市大学与教育部属高校办学成本的比较分析，第 1 节讲公立高等学校办学成本及政府投入与学费的紧张关系；第 2 节讲副省级城市综合大学办学成本及其中的政府投入与学费；第 3 节提出城市大学与部属高校办学成本分析的几点结论。

第十一章，我们提出了我国公立高校学费改革对策建议。主要有：第一，确保国家高等教育投入的主渠道；第二，科学构建公立高校学费定价机制；第三，不断提高地方政府拨款资金使用效益；第四，健全完善高等教育经费渠道多元化投融资体系；第五，加强地方高校内部学费核算科学有效性；第六，完善学生资助体系建设。

第二章　高校学费改革的基本理论及高等教育收费的实然分析

1. 高校学费改革的基本理论

1.1　成本分担补偿理论

高等教育成本分担补偿是指教育成本由谁支付、如何支付，即教育成本如何在政府、企业、家庭、个人等社会各方面合理分担并最终实现的问题。成本分担补偿理论源于美国经济学家保罗·萨缪尔森(Paul Samuelson)创立的公共产品理论，认为高等教育服务属于准公共产品，一方面高等教育服务具有公共产品的特性，即外部效益和社会效益；另一方面也具有私人产品的属性，即竞争性和排他性。实行成本分担补偿最主要的依据：一是利益获得原则，二是能力支付原则。美国教育经济学家鲍温(H. R. Bowen)1980 年在其著作《高等教育成本》一书中指出：成本决定学费，学费根据生均成本一定比例确定。① 1986 年，美国教育经济学家布鲁斯·约翰斯通(Bruce Johnstone)按照“谁受益、谁付费”的原则在其专著《高等教育的成本分担：英国、联邦德国、法国、瑞典和美国的学生财政资助》中提出了“高等教育成本分担”理论。认为高等教育成本需

① D. B. 约翰斯通．高等教育财政：问题与出路[M]．沈红，李红桃，等，译．北京：人民教育出版社，2004.

要由四方分担，即政府或纳税人、家长、学生、捐赠个人或团体。① 可以用过去的收入（如存款）、现在的收入和未来的收入（如贷款）来分担成本。

高等教育成本收费的单一化，直接影响了成本分担的合理性。引发不公平的原因与以下两个因素密切相关：一方面，当前我国居民收入分配水平很不平等，特别是东西部地区的收入差异，在这种情况下会导致来自西部家庭收入水平差的大学生即使达到了东部重点大学的入学标准，也因学费高昂被迫放弃高等教育机会，从而造成教育的不公；另一方面，表现在高校和专业学科之间收费的无差异性。高等教育成本分担的实施成为20世纪80年代以来全世界范围内高等教育财政经历并正在进行的最主要的改革之一。根据成本分担的受益原则，接受高等教育的个人及家庭需承担与教育私人收益相对应的教育成本。按照高等教育成本主体在成本分担中的比重和地位，目前世界上主要有多元化、二元化和一元化三种成本分担模式，世界各国采取何种分担模式是由本国国情所决定的。高等教育成本分担补偿理论作为一种善的、良性的理论与制度，有助于最大限度地动员国家和社会的资源发展高等教育事业，促进接受高等教育机会的公平。国外成本分担较为成功的模式不仅解决了高等教育的财政问题，而且政府资助模式让大学生强烈意识到了一种责任，增强了其学习的动力。

高等教育通常有着很高的教育成本，作为准公共产品的高等教育，政府和私人应该成为教育成本分担主体，受教育者个人应该承担与教育私人收益相对应的教育成本；不同层级的政府作为公共收益的代表者，承担高等教育的公共财政责任是天经地义的。我国由于长期受计划经济思维定势和“左”的思想观念的影响，人们往往只看到高等教育具有崇高事业的社会公益性一面，而忽视了其具有私人产品的属性即竞争性和排他性的一面，不同程度地把高等教育看作一种福利，甚至把高等学校看作慈善机构，错误地认为高等教

---

① D. B. 约翰斯通．高等教育财政：问题与出路[M]．沈红，李红桃，等，译．北京：人民教育出版社，2004.

育培养人才可以不计成本。这种对教育产业属性的忽视或轻视，产生了以下消极影响：一是导致高等学校缺乏资本经营管理的理念，致使市场经济条件下教育经费相当拮据。二是导致我国在经济建设中只重视物质资本投资，忽视人力资本投资，自觉不自觉地把教育排斥在经济建设之外，这是我国教育的财政投入严重不足，低于发展中国家的平均水平的重要原因之一。三是导致社会上部分学生家长和大学生误认为只要自己的考试成绩达到了录取分数线，不管自身有无经济负担能力，政府和高校都有义务让其上学，享受应该享受的“福利”。① 观念误区加之财政拨款的不足，致使绝大多数高等学校面临经费严重短缺的窘境，限制了我国高等教育规模进一步扩大和质量提升，在这种情况下，高等教育界开始了多渠道筹措经费的努力，实行成本负担和成本补偿制度成为一个主要的努力方向。1999年《中共中央、国务院关于深化教育改革　全面推进素质教育的决定》中提出的“在非义务教育阶段，要适当增加学费在培养成本中的比例，逐步建立符合社会主义市场经济体制以及政府公共财政体制的财政教育拨款政策和成本分担机制”是完全合理和必要的。随着我国有中国特色市场经济体制的确立及高等教育规模的持续扩大，高等教育成本分担补偿制度在实践中出现了国家、社会、个体之间权利与义务的不平衡、高校经费浪费、困难学生资助制度实施滞后等一系列弊端。建立和完善成本分担补偿机制，有利于全面认识教育的功能，更好地发挥其在经济发展和社会进步中的作用。在社会主义市场经济条件下，高等学校内部管理改革的一个重要方向，就是在坚持收益支付原则、成本—收入平衡原则、经济能力原则、公平原则等基本原则的前提下继续完善高等教育成本分担制度，消除其负面效应，在面向社会自主办学中积极引进产业经营的观念和模式，政府及其教育管理部门应促进和完善这种模式的形成，从而建立起内部符合教育规律、外部适应市场机制需要的竞争机制，讲求投入—产出效益，使高等教育更好地与社会需求和环

① 李进才，张丽萍，范雄飞．当前发展高等教育亟待解决的几个认识误区[J]．高等教育研究，2004(2)．

境协调发展。完善成本分担补偿机制能保障高校收费制度落实到位，当前合理调整国家、企业、家庭和个人四者负担高等教育费用的比例，成为公立高校持续健康发展的关键因素之一。

1.2　人力资本理论

20世纪50年代，美国著名经济学家西奥多·W. 舒尔茨(Thodore W. Schults)提出了“人力资本投资”理论。舒尔茨指出：“教育远不是一种消费活动，相反，政府和私人有意识地做投资，为的是获得一种具有生产能力的潜力，它蕴藏在人体内，会在将来作出贡献。”①他认为教育投入是一项对人力资本的投资，能大大提高劳动技能和效率，获得更高的资本投资回报。② 舒尔茨测定第二次世界大战后美国农业生产的增长，其中80%主要是教育以及与教育相关的技术的作用。接受教育使人力资本存量发生明显变化：一个受过教育的劳动者比没有受教育的劳动者所内含的人力资本存量要更多；同样，一个受过较高水平教育的劳动者相对于只受过较低水平教育的劳动者人力资本存量要更多。发达国家和新兴工业化的经验已经证明：人力资本是经济增长的主要驱动因素，人力资本投资和积累是经济保持持续增长的重要基础。③ 人力资本理论把教育与经济发展结合起来，极大地影响了教育改革。第一，它带来了教育观念上的巨大变革，使人们认识到教育不仅仅是消费性的，而且是生产性的，对教育的投资是生产性投资，教育应该被视为一种生产要素；第二，它成为20世纪六七十年代许多国家教育改革的重要理论基础，使教育改革形成了朝着适应和推动经济建设的方向发展的趋势。舒尔茨提出的人力资本理论认为，根据产权关系，高等教育成本分担应改变过去的教育投资体制，在国家、企业等主体

---

① [美]西奥多·W. 舒尔茨. 论人力资本投资[M]. 吴珠华，等，译. 北京：北京经济学院出版社，1992.

② [美]西奥多·W. 舒尔茨. 论人力资本投资[M]. 吴珠华，等，译. 北京：北京经济学院出版社，1992.

③ 范乾浩. 论人力资本的内涵及人力资本投资对经济增长的作用[J]. 企业家天地，2009(2).

作为受益方承担合理比例的同时，对大学生个人应该实行收费政策。

高等教育形成人力资本，所谓人力资本，通常指体现在劳动者身上，以劳动者的数量和质量（即劳动者的技术水平、工作能力和劳动熟练程度等）来表示的一种非物质资本的资本类型。实践中，人力资本通常用劳动者的数量、教育水平、健康水平等指标来衡量。① 人力资本水平的提高，有利于提高生产效率，而人力资本投资则通过两种方式对经济增长产生影响：一种方式是人力资本通过对新知识的创造推动经济增长，如新原理、新方法的提出；另一种方式是人力资本通过技术扩散和转移影响经济增长，如将新技术应用于商业领域，或是实现新技术在生产中的大规模运用，这对发展中国家的经济发展尤为重要。高等教育通过人力资本机制对经济的影响是一种长效机制，并且具有一定的滞后性。短期内教育投入应有消费拉动效应，但会挤占其在其他领域的投入，因此冲击一开始是负向效应。然而，随着高等教育形成人力资本作用的显现，其对经济增长的正向推动作用将越来越强。美国有一组统计资料表明：在过去长达 57 年的时间里，物质资源投资增加 4.5 倍，利润增加 3.6 倍；而人力资源投资增加 3.6 倍，利润却增加了 17.6 倍。这说明，对人力资源投资的回报率比对物质资源的投资回报率高很多。这是因为物质资源实际上是保值资源，它只能依靠自身的消耗来转移价值；而人力资源是升值资源，它可以通过人的主观能动性来创造新的价值。人力资本是经济增长和经济发展的内生变量，是经济增长中最具活力的要素。在发达国家，高等教育已经成为高投资、高回报领域，政府重视对社会人力资本存量和增量的不断投资与积累，并以对人力资本投资的足额回报的保障机制（如知识产权）来激励知识与技术创新，实现经济的快速和持续增长。② 这启

---

① 李玲，李明强．人力资本、经济奇迹与中国模式[J]．当代中国史研究，2010(1).

② 康宁．试论知识经济时代高等教育投资的收益[J]．教育研究，2000(12).

示我们：为了经济长期的增长，政府应加大高等教育投入的力度。

尽管高等教育是人力资本投资的主要途径，并且是一种高成本、高收益的人力资本投资，越是有知识和技能的人，越能很好地适应社会的各种变化，并反过来更好地推进经济的发展。但人力资本理论中决定人力资本投资决策的终归是一种预期收益。在国外，高等教育是一种人力资本投资，要上大学，再富裕的家庭都是自己贷款，贷款的理由是通过上四年大学可以获得更高收入的工作职位，不但能还上贷款，还能维持中等收入的中产阶级家庭生活。目前，我国大学生就业呈现出“人力资本失灵”状况，大学生工资太低。据调查，大学本科毕业后2008年最低点是2100元，2010年恢复到2800元，与此同时，农民工的平均工资在持续上扬，2012年江苏农民工月工资水平为2677元，比上年增长13%，高出全国平均水平387元，① 上不上大学的差异不大。现在的问题是上不上大学都一样，人力资本收益在哪里？这也是未来将遇到的一个问题，虽然引起大学生就业难的原因是多方面的，但是不论是哪种原因导致大学生就业难，都意味着他们通过教育形成的人力资本闲置浪费和他们收入的减少，意味着人力资本投资预期收益的降低。许多高校毕业生接受了多年的高等教育，却从事着简单的劳动，明显地存在人力资本的浪费。在这种情况下往往会造成一个事实，即新的“读书无用论”在教育收益率低的情况下流行。显然决定工资的不是学历，而是市场。产生这个问题不是教育本身的责任，而与整个国家的产业结构调整有关，我国第三产业的比重非常低，提供不了大量白领高薪就业的机会，大学生又不屑于做蓝领的工作。个人的教育投资这种投资性收益包括货币收入、实物收入和精神效用。② 现在社会都把上大学看成是一种人力资本的投资，把经济回报视作个人投资甚至是办大学的唯一目标，这是一种误导。一个人通过高等教育可以得到创新思维、创新能力乃至创新人格的培养，

① 朱胜利．江苏农民工工资高出全国387元[N]．人民网，2013-06-19.

② 母小曼，梁龙彬，张颖娴．教育投资效益综合评价方法研究[J]．经济师，2003(6).

形成较多的人力资本，他可能比别人更具有条件和优势进入效益好、收入高、工作条件优越的行业工作，他的社会地位和收益的大小对目前个人愿意向教育投入的数额有着最直接的影响。“精神性收益”和“投资性收益”的取得往往要经过比较漫长的过程才能实现，社会的教育投资经济效益很难准确计算，只得用其他方法对其进行估算，因此，不能简单地用工资的高低否定人力资本的实际价值和人力资本理论。要改变目前在我国大学生就业中呈现出的“人力资本失灵”状况，国家应当通过调整产业政策等强力跟进措施来改变大学生就业的现状，促进人力资本投资的良性循环。

1.3 高等教育的公平与效率统一论

公平与效率是政府公共财政的两个基本点。在资源配置过程中，公平与效率的矛盾始终交织在一起，决定了公共财政政策的选择性，不同的选择必然会导致教育财政活动的不同结果。在众多“公平”定义中，学界比较推崇罗尔斯的公平三原则。第一，每个人有获得最广泛的、与他人相同的自由；第二，人获得的不均等待遇，其所获得的地位、职位、利益应该对所有人开放；第三，如果起始状况(收入和财富分配)不同，处于不利地位者的利益应用“补偿利益”的办法来保证。他言明了两种性质的公平：一种为“均等性”的公平，即平等地对待相同者，是一种水平性的、横向的、平均性的公平；另一种为“非均等性”的公平，是垂直性的、纵向的、不均等的公平，即“不均等地对待不同者”，如多劳多得、贡献大者先富等。同时，他指出追求社会公平的价值取向，是在不公平的社会现实中，为处境不利者提供机会或利益补偿。① 学界经过多年研究明确了教育公平的三大含义：教育机会公平，意味着保障公民依法享有受教育的权利；教育过程公平，体现为每个人在资源分配中具有公平的份额，尤其是要向弱势群体倾斜，缩小教育差距；教

① 吴梅兴．当前我国高等教育公平存在的主要问题与对策[J]．高教探索，2007(1)．

育结果公平，保证公民受益于教育的公正性。① 教育公平就是国家要确保人人都享有平等的受教育的权利和义务，要提供相对平等的受教育的机会和条件，要保障教育成功机会和教育效果的相对均等，即要保障教育的起点公平、过程公平和结果公平。教育的生产效率是指教育部门或教育单位的投入与产出之比，高等教育的效率是评价高等教育水平的主要指标。无论经济社会如何发展，人类社会拥有的资源与人们实际需求之间的矛盾是始终存在的。高等教育财政投资政策的公平与效率是相互交替的。政府在制定高等教育财政投资政策时，一方面从效率的角度看，政策的实施要求社会损失最小，降低政府干预的扭曲程度，实现效率最大化。另一方面从公平的角度看，政府又必须关注如何公平地分配教育资源。

教育公平是社会公平的底线，教育公平问题是伴随着教育的产生而产生的，世界上任何一个国家都存在着教育公平问题。但是，由于我国长期受到二元经济结构的制约，特别是我国实行的社会主义市场经济体制改革，对社会各个领域都产生了深刻影响，我国经济收入的地区差距很大，高校收费的增长对不同地区、不同收入阶层家庭所产生的影响是不同的，这导致了人们对教育财政公平问题的关注。同时，随着我国由计划经济向社会主义市场经济转轨、由精英高等教育向大众高等教育阶段过渡，当前我国因学费等问题引发的新的高等教育公平与效率问题越发凸显。如在教育过程中不提供同等的教育机会，在教育结果上出现“校历主义”倾向等。从高等教育入口看，“读书改变命运”的道理逐步被近年参加高考的这代人所颠覆，这条路越来越难。“上四年大学，不如现在出去打工。”“除非你考上一线名校，否则念书的路也不平坦。”过去 10 多年间，我国高等教育规模不断扩大，但农村生源在重点大学所占比例却逐年下降，北大、清华的农村学生所占比例降至 1 成，农村孩

① 柳海民，王澍．重大成就：教育基本理论的创新发展[J]．教育研究，2013(2)．

子弃考、不愿跃“龙门”，其他的向上通道越来越窄。① 从高等教育出口看，大学生就业问题十分突出，大学毕业生的起薪工资也有较大幅度的降低。2008 年本科毕业生的收入明显下降，“211 工程”院校、非“211 工程”院校、高职高专毕业生毕业半年后的月收入分别为 2549 元、2030 元、1647 元，而 2007 年这三项数据分别是 2949 元、2282 元、1735 元。②

经济领域的公平与效率一般被认为是一对有着矛盾关系的概念。公平与效率的矛盾协调得当，会相得益彰，可以双赢；处理失当，则矛盾激化，可能两败。为实现公平原则而置效率于不顾，或为追求效率达标而置公平于不顾，都是不足取的。③ 现实中很少有人从效率的角度来考察学费政策，实际上教育作为推动社会变革与发展的重要力量，既可以影响经济与社会发展的效率目标，又可以影响经济与社会发展的公平目标，高等教育的公平与效率是可以相互促进、相互提高、达到统一的。效率的提高会为教育公平提供物质基础，公平反过来又会促进效率的提高。高等教育的公平与效率，既是高等教育难以回答的理论难题，更是难以操作的实践难题，它的核心是制度或规则公平。公立高校学费改革问题的研究需要根据公平与效率的原则，对具体的实际问题从理论层次上进行审视，作出比较准确的价值判断与价值选择。好的政策、成功的改革举措实际上就是在公平与效率之间寻求平衡点，也就是公平与效率间的最佳区域。党的十八大报告确定的教育发展的关键与重点之一是“大力促进教育公平”。追求公平是社会主义制度和社会主义教育的本质规定和内在要求，也是公立高校学费改革必须坚持的原则和方向，在不可能做到绝对公平的情况下，教育政策的选择要倾向

① 赵永平．社会阶层固化趋势加剧　一代穷世代穷[N]．人民日报，2013-5-26.

② 王亦君．去年本科生收入明显下降[N]．新民晚报，2009-06-10.

③ 林莉．关于高等教育公平与效率问题的聚谈[J]．新华文摘，2003(2).

于实现多数人的公平。① 在教育资源非常紧张的情况下，必须坚持效率优先，兼顾公平的原则，通过从建立有效补偿机制等方面入手，构建一个市场、政府、高校三者之间稳定、适应性强的互促关系，以此实现高等教育公平与效率的和谐共生。高等学校作为经济社会发展中具有决定性影响的重要社会组织，只有把有限的资源配置到能够创造最大价值，在公平的原则下不断提高资源的生产效率和配置效率，才能促进经济社会的发展，并进一步促进人类文明的发展。

1.4　教育投资回报或成本收益率理论

通常投资的目的在于收益。所谓收益，是指投资者投资于某种资产，在一定时期内所获得的总利润或遭受的损失。经济学中的成本收益法是通过对即期成本支出和预期收益的比较来计算投资收益率的方法。教育收益率问题，是经济学中成本—收益分析在教育中的应用，它包括受教育者个人的成本—收益分析和社会的成本—收益分析。当高等教育被视为一种投资行为时，人们必将关心此项投资的成本和收益问题。教育投资收益，是指由于教育投资而对个体和社会产生的增量收入，或者说是人力资本中知识增量价值的经济体现。高等教育个人投资收益率是高等教育的收益净值除以高等教育投资的成本总值所得的数值。从人力资本理论角度来讲，它是反映高等教育投资经济效益的一个指标，其大小在相当程度上反映出高等教育投资的优劣，进而为个人和社会进行高等教育投资提供决策参考。一般来说，接受高等教育的个人收益主要体现在未来个人收入的提高和非货币化收益两个方面。按投资主体的不同，高等教育收益率可分为个人收益率和社会收益率。

根据人力资本投资理论，上大学是一种非常重要的人力资本投资行为，它受到投资预期收益率的影响。正如贝克尔指出，“唯一

① 李进才，张丽萍，范雄飞．当前发展高等教育亟待解决的几个认识误区[J]．高等教育研究，2004(4)．

决定人力资本投资量的最重要因素是这种投资的有利性或收益率",① 它是衡量高等教育投资经济效益的重要指标。20 世纪 80 年代以前，我国高等教育经费全部由国家承担，学界对高等教育收益率的研究更多的是关注高等教育的社会收益率。从 20 世纪 80 年代中期特别是 20 世纪 90 年代末以来，我国推行高等教育成本分担制度，个人要负担高等教育成本中相当大的一部分，而高等教育个人投资收益率的高低是影响个人投资高等教育决策的重要指标，人们更多地转向个人的成本—收益分析。通过对我国高等教育个人投资收益率的研究，可以了解高等教育个人投资成本与高等教育个人投资收益的关系，为国家调整高等教育个人成本分担比例和个人投资高等教育提供决策依据。

高等教育界所说的"回报率"主要指"教育投资的回报率"(Education investment rate of return)。在舒尔茨看来，尽管教育为受教育者提供一种满足，但是在人们通过受教育提升能力时，应该说教育是一种投资活动，而且是一种生产性投资。20 世纪 70 年代以来，世界银行高级教育经济学家萨哈罗普勒斯(George Psacharopoulos)和他的同事们对"教育投资的回报率"进行了大量的跨国计算比较，他们认为，教育投资回报率与其他投资回报率的含义相似，是"在不同的时间点上对成本和收益的一种总结，用年收益百分比"来表示，类似于银行的利率。萨哈罗普勒斯长期以来对教育的经济收益进行了研究，其研究结果显示，1958—1978 年 44 个国家教育投资的社会及私人收益率呈现四个特点：(1)在各个教育层次，小学教育的社会收益率与私人收益率最高。(2)教育的私人收益率超过社会收益率，高等教育阶段尤其如此。(3)教育的各种收益率都大大超过 10%的资本机会成本的一般标准。(4)发展中国家的教育收益率超过发达国家。②

---

① [美]加里·贝克尔．人力资本[M]．梁小民，译．北京：北京大学出版社，1987.

② [美]西克斯．教育和经济增长//Martin Carnoy．教育经济学国际百科全书[M]．闵维方，等，译．北京：高等教育出版社，2000.

我国学者对我国接受高等教育的个人收益进行了实证研究。陈晓宇、闵维方的研究表明，我国高等教育具有正的收益率，表明个人的高等教育支出是能够给受教育者个人带来未来收益的，而且与以往的研究结果相比，高等教育个人收益水平明显得到了提高。①我国个人对接受高等教育的收益有较高的预期，很重要的一个因素在于个人接受高等教育的决策主要建立在计划经济时期和精英高等教育的收益确定性基础之上。在计划经济时期，个人接受高等教育的收益不仅体现在收入水平的提高上，还更多地体现在非货币化收益尤其是社会流动方面，人们通过这些投资不仅获得了知识和技能资本，还获得了更高的收入和社会地位，其成为国民经济增长和社会福利增加的最重要因素。人力资本投资作为一种比物质资本投资作用更大的投资，是国民收入增长和经济发展最重要的推动力。但目前我国现实情况是大学生收入下降，社会阶层固化有加剧趋势，社会底层上升通道出现受阻情况，在大众化高等教育阶段和变化的就业市场中，个人接受高等教育作为一种投资，其收益存在从确定性向不确定性变化的趋势。② 因此，现阶段作为个人要理性看待教育投资回报率，以便于作出正确的教育决策。随着我国劳动力市场和工资分配制度改革的进一步完善，我国高等教育投资的个人收益率仍将呈现逐步提高的趋势。

与个人教育投资回报率平行的还有社会教育回报率，它的投入是指社会支付教育的所有成本和资源，其中包括个人支付的成本在内，正如萨哈罗普勒斯所说，社会回报率通常低于个人回报率。教育对于社会的作用是巨大的。特别是在“知识经济”的今天，任何一个新兴产业的崛起，都是以人才的储备为前提的，教育对经济社会发展的贡献是无法用金钱来计算的。

---

① 陈晓宇，闵维方．我国高等教育个人收益率研究[J]．高等教育研究，1998(6)．

② 李卫东．从确定性到不确定性——基于系统细分化的高等教育个人收益分析[J]．黑龙江高教研究，2009(12)．

2. 高等教育收费的实然分析

高等教育收费的实然解释，是关于高等教育收费的真实性的回答，即对高等教育应不应该收费的讨论。如果高等教育应该收费，那么它的本质是什么?

2.1 高等教育收费与“谁受益谁付费”原则

一般来说，学术界解释高等教育应不应该收费的方法有两种：第一种方法是用高等教育的“谁受益谁付费”原则来解释高等教育应该收费；第二种方法是用高等教育是“基本具有公共产品性质”的服务或是一种“准公共产品”这两个对高等教育的产品性质的定义来解释高等教育应该收费。这两种解释都值得思考。

第一种方法一般是用高等教育的“谁受益谁付费”原则来描述高等教育应该收费的。高等教育不仅可以使社会受益，而且可以使受教育者个人受益，因此，按照“谁受益谁付费”的原则，受教育者个人应该负担一部分教育成本。① 值得深入讨论的是：高等教育的“谁受益谁付费”原则是高等教育收费的一个普遍性原则吗？就该原则而言，它包含着高等教育的受益者与付费者之间的内部一致性。但是，高等教育的受益者与付费者之间的内部一致性要求并不是一成不变的。在现实生活中，二者之间并非总是具有一致性。高等教育使社会受益是高等教育的外部性使然，而高等教育的外部性可以是受过高等教育的人能为他所在的企业、社区和邻居带来“额外收益”，而这些获得“额外收益”的企业、社区和邻居却没有也不可能要求他们对高等教育“额外付费”。另外，免费高等教育条件下的高等教育的“谁受益谁付费”原则也同样遭到诟病，因为免费高等教育下作为高等教育受益者的个人却不是高等教育的付费者，即免费高等教育使接受高等教育的受益者与付费者二者之间不完全

① 王善迈．论高等教育的学费［J］．北京师范大学学报（人文社会科学版），2000(6)．

具有一致性。既然高等教育使社会和受教育者个人都受益，那么，高等教育的“谁受益谁付费”原则又怎么可以用来解释有些国家实行免费高等教育而有些国家不实行免费高等教育呢？这说明，高等教育的“谁受益谁付费”原则具有局限性。

高等教育的“谁受益谁付费”原则只言质而不言量，而一旦进入量的比较，这种内部一致性要求就变得更加复杂。高等教育使社会受益的准确计量是困难的，个人对自己接受高等教育进行投资也是要承担风险的。这就难免会发生这样一种状况：个人的高等教育受益低于个人的高等教育付费。这种状况下的内部一致性就不能满足高等教育资源配置效率最大化的要求。因为高等教育资源配置效率最大化要求这种内部一致性直接或间接地联系到受益的增量与付费的增量之间的关系，即把这种内部一致性理解为根据高等教育的个人边际收益等于高等教育的个人边际成本的二元关系充分市场化和竞争化的结果。更苛刻一些，则要求这种内部一致性能够用一个数字函数来表示，该函数就是研究个人的高等教育受益与个人的高等教育付费之间的关系，试图使高等教育资源配置效率最大化的函数。然而，无论这些条件是什么，都难以令人相信这种内部一致性自身就是高等教育收费的充分条件。如果政府有足够多的钱来实行免费高等教育，即不满足这种内部一致性，那么高等教育免费也会被认为是不应该的。如果高等教育收费要求这种内部一致性一定得让个人的高等教育收益率达到正值，即让个人的高等教育收益对个人的高等教育成本的比值为正，那么这种意义上的高等教育的受益者与付费者之间的内部一致性自身也只是高等教育收费的必要条件而非充分条件。

这一原则把高等教育使社会和受教育者个人都受益作为前提。只要这种前提不消失，教育的“谁受益谁付费”原则就是具有普遍性的，高等教育收费制度就是永垂不朽的。这貌似符合逻辑，其实不然。免费高等教育本身就意味着，高等教育使受教育者个人受益只是高等教育收费的必要条件而不是充分条件，而这一前提本身并不指涉高等教育的受益者与付费者之间的内部一致性，因此，高等教育使社会和受教育者个人都受益并不能直接或间接地推导出高等教育的“谁受益谁付费”原则。免费高等教育的出现和增多本身就是对高等教育的“谁受益谁付费”原则普遍性地否定，高等教育收费不过是一定历史阶段的产物。

即使用那种试图使个人的高等教育边际收益等于个人的高等教育边际成本的所谓纯粹的内部一致性概念来解释高等教育收费，那也是值得怀疑的。因为，从已经观察到的高等教育收费所构成的实然理由中，我们是否认为这些高等教育收费具有这种一致性，不仅取决于我们对高等教育收费的解释，而且还取决于高等教育收费所处的某些外部条件，如高等教育财政支出状况、高等学校资产所有权性质、对教师和学生的激励，等等。高等教育的“谁受益谁付费”原则中的内部一致性无论怎样加以定义，都不能成为对高等教育收费进行实然解释的有效工具。

2.2 高等教育收费与公共产品性质

解释高等教育应该收费的第二种方法——用高等教育是“基本具有公共产品性质”的服务或是一种“准公共产品”的定义来进行解释。根据现有文献，前一定义的理由是高等教育由政府提供；① 后一定义的理由是高等教育具有正外部性或巨大的外部效益。②

我们首先来讨论高等教育是“基本具有公共产品性质”的服务这一定义。高等教育由“谁提供”是这一定义的基本依据，即就第三产业的服务而言，基于公共产品是由政府提供的服务，私人产品是由居民或企业提供的服务，准公共产品是由某一社会团体(如某一集体组织、某一协会、某一俱乐部、某一基金会等)提供的服务。这三类产品性质的定义，鉴于高等教育服务的经费主要由政府提供，并且依赖财政部门的拨款，高等教育是“基本具有公共产品性质”的服务或产品。这种产品观显然出现了问题。为什么政府不

---

① 厉以宁．关于教育产品的性质和对教育的经营[J]．教育发展研究，1999(10)．

② 王善迈．论高等教育的学费[J]．北京师范大学学报(人文社会科学版)，2000(6)．

能提供除了公共产品之外的其他性质的产品呢？当然，如果说政府是公共产品的主要供给者可能还有一定的合理之处，但是，如果说公共产品就是政府提供的产品，恐怕就很难让人接受了。公共产品也未必只有政府一个供给者。国防是人们公认的公共产品，即使军队主要是政府养着的，人民群众拥军优属和让子女当兵，也是为国防作贡献，他们也是国防的基本供给者。我国战争年代就有“全民皆兵”的说法。事实上，在政府提供的产品或服务中，除了国防、公安等公共产品以外，还有私人产品，如政府每年向孤寡老人和残疾儿童提供的衣食，向受灾人群提供的赈灾品，以资助形式为大学教师出国考察、访问、进修提供的服务，等等。因此，不能把政府提供的产品等同于公共产品。

用政府提供的产品来诠释公共产品的产品观，意味着对公共产品理论关于公共产品定义的误解。问题是该产品观对公共产品的界定还不如公共产品理论对公共产品的界定严谨、科学。公共产品理论把产品(服务)在消费上或使用上的经济特性分为排他性和非排他性、竞争性和非竞争性。任何一种产品在消费上不是具有排他性就是具有非排他性，不是具有竞争性就是具有非竞争性。用消费的这四种特性来界定产品的性质，是学术界普遍认同的。所谓产品在消费上的排他性，是指某一产品在供某一个人消费时那种不可以同时供其他人消费的特性。一件衣服穿在张三的身上就不可以同时穿在李四的身上，衣服在消费上的这一特性就是它在消费上的排他性。产品在消费上的非排他性是指某一产品在供某一个人消费时还可以同时供其他人消费的特性。国防在供一国居民消费时为该国张三提供某种质量的安全，同时也为该国其他所有人提供同等质量的安全，国防在消费上的这一特性就是它在消费上的非排他性。所谓产品在消费上的竞争性，是指某一产品在供某一个人消费时的那种可以同时减少其他人消费机会的特性。在资源有限的条件下，某一件衣服供张三消费，就同时在衣服的消费上减少了其他人的机会，衣服在消费上的这一特性就是它在消费上的竞争性。产品在消费上的非竞争性是指某一产品在供某一个人消费时的那种不可以同时减少其他人消费机会的特性。国防在供一国居民消费时为张三提供某种质量的安全，同时也不减少为该国其他所有人提供同等质量的安全的机会，国防在消费上的这一特性就是它在消费上的非竞争性。据此，美国著名经济学家曼昆把物品(产品与服务)分为私人物品、公共物品、共有资源和自然垄断物品，并把私人物品定义为既有使用上的排他性又有使用上的竞争性，把公共物品定义为既无使用上的排他性又无使用上的竞争性，把共有资源定义为有使用上的竞争性而无使用上的排他性，把自然垄断物品定义为有使用上的排他性而无使用上的竞争性。① 这是公共产品理论中对产品与服务的界定和分类较为严谨、科学的代表性看法。

根据公共产品理论关于公共产品的概念，公共产品在消费上的非排他性和非竞争性定义实际上派生出下列四个特性：第一，公共产品在消费上具有不可分性；第二，公共产品在消费上具有不可量化性；第三，公共产品在消费上具有等质性；第四，公共产品在消费上具有不可拒绝性，通常会出现“搭便车”现象，在供给调节上存在“市场失灵”，由政府组织供给较为有效。必须指出，政府组织公共产品供给较为有效是公共产品特性对资源配置提出的要求，即公共产品的特性要求公共产品的生产和供给由政府来组织，这有利于实现公共产品资源配置效率的最大化，但不能由此得出这样的结论：凡是由政府提供的产品或服务都是公共产品。

那么，公共产品理论视野下的高等教育乃至义务教育是哪类产品呢？这要看它们在消费上具有怎样的特性。显而易见，高等教育乃至义务教育在消费上都不具有非排他性和非竞争性，它们也不满足公共产品概念派生出来的四个特性：第一，它们在消费上具有可分性和可量化性，即高等教育乃至义务教育是由学校，更准确地说是由专业或班分时、分量、分地方组织生产和供给的；第二，它们在消费上具有可量化性，即学生接受高等教育乃至义务教育是按课程门数、课时数、学分数、学期数、学年数来计量的；第三，它们在消费上不具有等质性，即各个学校提供的高等教育乃至义务教育

---

① [美]曼昆．经济学原理[M]．梁小民，译．北京：北京大学出版社，2001.

是不等质的；第四，它们在消费上具有可拒绝性，即学生可用逃学、旷课、偷懒、考试作弊等方式拒绝接受教育，通常不会出现“搭便车”现象，在消费上具有接受市场调节的客观必然性。择校就读就是教育经由市场调节的一种表现形式。这里特别要指出，不能把产品或服务在消费上的非排他性和非竞争性等同于产品或服务在制度、法规和政策上的非排他性和非竞争性。如果说高等教育是“基本具有公共产品性质”的服务，那么，高等教育就应该基本具有公共产品在消费上的非排他性和非竞争性，或者基本具有哪怕是公共产品定义所派生的四个特性中的一个，然而，高等教育既不具有消费上的非排他性和非竞争性，也不具有公共产品定义所派生的四个特性中的任何一个特性。无论高等教育的经费是由政府提供还是由市场或其他主体提供，都改变不了高等教育在消费上的排他性和竞争性，或者说都改变不了高等教育在消费上的可分性、可量化性、非等质性和可拒绝性，因为高等教育在消费上的这些特性不是完全由经费决定的。如在我国当前，即使你腰缠万贯，也买不到高考分数，你不参加高考或你的高考分数达不到录取分数线，你就上不了大学。总之，公共产品理论视野下的高等教育是私人产品，它不具有公共产品性质中的任一特性。既然高等教育不是公共产品，高等教育的公共产品观就不是解释高等教育收费的有效工具。

2.3　高等教育收费与“准公共产品”

下面我们来讨论高等教育是一种“准公共产品”这一定义。高等教育具有正外部性或巨大的外部效益是这一定义的基本依据。所谓高等教育的正外部性，是指高等教育的生产和消费以及高等教育成果的应用不通过市场交换而能对非高等教育生产者和消费者的其他人产生积极、正面影响或作用的特性。这种正外部性又可理解为高等教育的外部效益，即给社会带来的效益。高等教育的正外部性还可理解为存在于市场之外的相互依赖性。一般来说，产品的外部性理论所解释的是一种产品的生产、消费行为与该产品生产、消费行为之外的其他人的福利之间的关系；而公共产品理论所解释的是一种产品的各消费行为之间的关系。因此，产品的外部性理论不是解释产品自身性质的理论，产品的外部性也不是界定产品自身性质的根据。任何公共产品都具有正的或负的外部性，但具有正的或负的外部性的产品不全都是公共产品。私人产品也具有正的或负的外部性。食品是纯粹的私人产品，它对每个人的生存是必不可少的，政府和市场保障每个人有充足的健康的食品食用，就可以产生这样的正外部性，即减少食品犯罪、改善社会治安、增进社会和谐等。于是，食品对长期处于饥饿状态的人群产生的外部性也许是难以估量的。外部性不是公共产品特有的。无论高等教育的正外部性如何之大，或者说，无论高等教育的外部效益如何之大，都不能成为定义高等教育产品性质的根据。高等教育的正外部性或外部效益自身也不能改变高等教育在消费上的排他性和竞争性。用高等教育的正外部性或外部效益来界定高等教育的“准公共产品”性质以及“准公共产品观”，都是对公共产品理论关于产品性质定义的真理性的漠视和庸俗化。因为在公共产品理论看来，产品在消费上的排他性与非排他性、竞争性与非竞争性是不以人的意志为转移的，一个产品要么是公共产品，要么是私人产品，要么是共有资源，要么是自然垄断物品，四类产品性质之间的界限是如此清晰明了，其界定产品性质的严谨性和科学性是不容置疑的。由此看来，所谓产品性质，无非是指产品在消费上的排他性或非排他性、竞争性或非竞争性，或者是指产品在消费上的可分性或不可分性、可量化性或不可量化性、非等质性或等质性、可拒绝性或不可拒绝性。私人产品与公共产品在这些相互对立、相互排斥的每一组特性中各具其一。高等教育并不具有消费上的非排他性和非竞争性，或者说并不具有消费上的不可分性、不可量化性、等质性、不可拒绝性这些特性，也就是说，高等教育不具有公共产品性质中的任何一个上述特性。承认高等教育是私人产品而走出高等教育“准公共产品”的误区，需要保持对公共产品理论关于公共产品定义的科学性、严谨性应有的敬畏和尊重，需要始终如一地保持实事求是的治学态度。与此不同，“准公共产品观”将高等教育或许其他什么产品说成是“准公共产品”，将“准公共产品”置于四类产品之外，实际上是漠视公共产品理论关于产品性质定义的真理性；而用来界定“准公共产品”的依据——产品的外部性和社会团体提供等，只不过是依赖于那些仅仅因为它们与这种界定者自己的观点相一致就随意选出的一鳞片爪的证据，到头来恐怕连"准公共产品观"自己也分不清"准公共产品"与"准私人产品"的界限了，于是四类产品性质之间本来很清晰的界限反而因此变得模糊不清了，公共产品理论关于产品性质定义的真理性就这样被庸俗化了。

自高等学校诞生以来，高等教育供给总是由各个高等学校直接提供的，政府是高等教育供给的宏观调控者，最多也不过是高等教育供给的间接提供者。高等教育服务或产品的生产是高等学校的职能而不是政府的职能。历史上恐怕还没有哪个社会或国家把高等教育服务或产品的生产视为政府职能，还没有哪个政府直接去从事高等教育服务或产品的供给。高等教育服务或产品供给上的可分性，为接受高等教育的学生择校就读提供了前提，即为高等教育消费上的可分性提供了前提。历史上恐怕还没有哪个社会或国家的高等教育消费不是学生及其家长自愿选择的结果。高等教育的私人产品性质——消费上的排他性和竞争性——就自然藏匿在高等教育生产与消费的可分性之中。由于高等教育消费本质上是人的自觉自愿行为，接受高等教育的学生择校就读本质上就是人的自由和权利使然。无论法律、制度和政策如何安排，都不可能完全泯灭人的自由和权利所决定的高等教育消费上的自觉性、自愿性和选择性，因此也就不可能完全泯灭高等教育消费的排他性和竞争性。其他教育也是如此。可以说，把高等教育定义为"准公共产品"，既没有理论证据，也没有实际证据。既然高等教育不是"准公共产品"，高等教育的"准公共产品观"就不是解释高等教育收费的有效工具。

2.4　高等教育收费与经济效率

高等教育收费与高等教育的经济效率是不无联系的。因为高等教育收费作为一种行为，它的成功与否是要用经济效率来评价的。经济效率是判断一个人接受高等教育、一所高等学校提供高等教育和一个政府举办高等教育成功与否所必须加以考虑的，尽管在判断时还有公平、责任、义务、权利等其他考虑。在福利经济学中，经济效率又被称为帕累托最优。所谓高等教育帕累托最优，是指高等教育事业通过资源配置达到这样一种状态：没有人能够提高自己的效用水平而不以降低他人的效用水平为代价。尽管高等教育帕累托最优只是一个判断高等教育的经济效率的一般准则，但当它与一般均衡理论联系起来时，能说明在不存在高等教育外部性影响的条件下，每一种完全竞争的高等教育市场均衡都是高等教育帕累托最优。在不存在高等教育规模经济的条件下，每一种帕累托最优的高等教育状态也都是相当于某一高等教育服务价格组合和高等教育资源初始分配的一种完全竞争的市场均衡状态。福利经济学意义上的这种描述，深刻揭示了作为私人产品的高等教育的市场运行规律。这意味着，在不存在高等教育外部性影响的条件下，高等教育的经济效率必定可以通过某一高等教育服务价格组合的完全竞争市场机制来达到最好状态，其中通过完全竞争市场机制形成的某一高等教育服务价格组合，就是高等教育资源的初始分配，也就是高等教育收费。因此，福利经济学意义上的高等教育的私人产品性质、高等教育的经济效率、高等教育收费三者之间的内在联系表明，高等教育收费本质上是高等教育经济效率最大化的必然要求，即高等教育帕累托最优和一般均衡的实现，要求高等教育这一私人产品的生产、交换和消费，通过以高等教育服务价格为信号的完全竞争市场机制，来进行高等教育资源的初始分配。所以，高等教育收费从市场信息上讲是高等教育服务价格，从高等教育资源配置方式上讲是市场机制，从理性行为上讲是高等教育资源的初始分配。由于完全竞争的市场机制自身保障着市场信息传递，从而提供了单个行为主体分散决策所需的信息，因此，在不存在高等教育外部性影响的条件下，高等教育收费的完全竞争市场机制可以实现高等教育经济效率的最大化。

事实上，高等教育经济效率的最好状态难以通过市场机制来实现，因为第一，由于高等教育具有外部性，高等教育的市场运行必定受到高等教育外部性的影响；第二，高等教育竞争是不完全的，即实现高等教育帕累托最优所需的条件并不具备。这里我们不想深入分析如何促进高等教育完全竞争，因为无论高等教育竞争是否完全，都改变不了高等教育外部性对高等教育市场运行的影响。由于高等教育外部性处在高等教育市场之外，高等教育外部性中的经济关系调节就必然存在“市场失灵”。这意味着高等教育经济效率的最好状态仅仅通过市场机制是不能实现的，还要通过有利于弥补这种“市场失灵”的其他机制来实现。政府提供高等教育经费的高等教育财政机制就是弥补这种“市场失灵”的其他机制中的一个主要机制。高等教育的正外部性，虽然就像前面所指出的那样不是界定高等教育是“准公共产品”的根据，却是界定高等教育财政机制的根据。正是由于存在高等教育的正外部性或外部效益对高等教育市场运行的影响，高等教育经济效率最好状态所需要的有效高等教育供给量，难以通过市场机制来充分提供，从而就需要通过政府的高等教育财政支出来补足“市场失灵”所撇下的那部分有效高等教育供给量，这就是政府运用高等教育财政机制来提供高等教育经费的真正缘由。高等教育的外部效益越大，政府提供的高等教育经费就应该越多。那么，政府机制是否可以完全替代市场机制来实现高等教育经济效率的最大化？政府要计算高等教育经济效率最大化所要求的资源初始分配，就需要获得有效高等教育需求信息，以便进行符合高等教育经济效率最大化要求的高等教育财政支出决策。由于不存在激励私人披露高等教育需求信息的机制，政府要获得这些信息是非常困难的。再者，高等教育的正外部性或外部效益是难以准确计量的，补足“市场失灵”所撇下的那部分有效高等教育供给量通常是高等教育财政支出决策面对的最大难题。即使能够获得有效高等教育需求信息，能够较准确地计量高等教育的正外部性或外部效益，符合高等教育经济效率最大化要求的高等教育财政支出决策还要求具有政治、财政能力和财产所有权再分配上的可行性。如果这些要求不能得到满足，政府机制就不可能完全替代市场机制来实现高等教育经济效率的最大化，高等教育收费就不乏存在的理由。一般来说，这些要求很难得到满足，信息是不完全的，高等教育的正外部性或外部效益的计量也是困难的，高等教育经济效率改进必须借助高等教育资源配置的市场机制和政府机制的共同作用才能实现。

高等教育收费与经济效率的讨论表明，高等教育应不应该收费的问题，实际上是高等教育应不应该运用高等教育服务价格和市场机制来配置高等教育资源的问题，是应不应该通过高等教育资源的初始分配来实现高等教育经济效率最大化的问题。

第三章　公立高校学费影响因素研究

我国部分高等学校从 1989 年开始尝试实行向受教育者收取学杂费的改革，1997 年在全国高校全面统一实行。高等教育实施收费政策是受成本分担(或称成本补偿)理论的影响，“成本分担”是指高等教育成本从完全由政府或纳税人负担转为至少部分由学生家长和受教育者负担，通过交学费的方式补偿人才培养的部分成本。该政策的理论依据是成本分担有利于高等教育公平，符合高等教育的准公共产品性质，即“谁受益谁付费”；能够获得更高的市场效率并且更好地激励学生学习是成本分担的优点。在高等教育成本分担的理论与实践中出现了以下问题：如何确立政府投入在高等教育经费中的适当比例？给学费定价的标准包括哪些因素？由于物价和高等教育成本的增长而导致学费上涨的适当比例应该是多少？受教育者及其家庭的经济能力是否能够负担学杂费？

高等教育属于非义务教育，办学经费在世界各国都由政府财政拨款、学杂费收入、社会捐赠和学校自筹等几个部分组成。在教育成本补偿理论下，受教育者所缴纳的学费是对教育成本的一种分担与补偿，教育成本就是学费定价的计量基础，学费的高低首先和教育成本密切相关。生均成本是学费定价的基本依据；财政投入与政府责任是学费定价的公共选择；支付能力与教育公平是学费定价的经济伦理；教育收益是学费定价的逻辑起点。① 鉴于研究对象为公立高校，本部分内容将从以下几个方面来分析学费的影响因素。

① 伍海泉，罗欢，于海曼．高等教育学费定价的复杂因素与改革研究[J]．价格理论与实践，2010(6)：28-29.

1. 公立高校筹资渠道分析

我国自 1997 年全面统一实施向受教育者收取学费制度以来，普通高校逐步形成了以政府投入为主渠道、学生缴纳的学费和杂费为第二渠道，其他主体(学校和社会团体)的投入为第三渠道的三足鼎立格局，其中主渠道所占比重不足 50%，第二渠道大约占 33%，第三渠道大约占 20%。随着时间的推移，主渠道和第二渠道形成鲜明的此消彼长态势,① 即政府拨款占总经费的比重在下降，学杂费收入的比重在上升。从 1998 年以来，地方高校生均收入的增长主要来源于学杂费。随着高等教育规模的不断扩张，不论是按生均经费还是按总量衡量的政府拨款，相对来说确实都减少了。② 表 3-1 统计的是 1996—2010 年我国普通高等学校教育经费各来源渠道的数额及所占比例。

表 3-1　**全国普通高等学校教育经费来源统计表**(单位：万元)

经费 / 年份	合　计	国家财政性教育经费		学杂费		社会捐资经费	
		数额	比例(%)	数额	比例(%)	数额	比例(%)
1996	3267929	2625524	80. 34	446237	13. 66	36961	1. 13
1997	3904842	3057455	78. 30	578857	14. 82	58471	1. 50
1998	5493394	3567538	64. 94	731134	13. 31	114640	2. 09
1999	7087280	4431601. 2	62. 53	1207835. 5	17. 04	161676. 6	2. 28
2000	9133504	5311854	58. 16	1926109	21. 09	151828	1. 66

① 杨明，赵凌. 论普通高校十年扩招中经费投入的特征、问题及对策[J]. 浙江大学学报(人文社会科学版)，2012(5)：165-177.

② 孙志军. 扩招十年来中国普通高校经费收入的变化及解释[J]. 清华大学教育研究，2009(4)：72-80.

续表

经费 年份	合　计	国家财政性教育经费		学杂费		社会捐资经费	
		数额	比例(%)	数额	比例(%)	数额	比例(%)
2001	12475481. 3	6659987. 1	53. 38	2824417. 1	22. 64	172774. 6	1. 38
2002	14878589. 8	7521462. 8	50. 55	3906525. 7	26. 26	278253. 4	1. 87
2003	17543468	8405779. 1	47. 91	5057306. 5	28. 83	256375	1. 46
2004	21297613. 2	9697908. 7	45. 54	6476921. 3	30. 41	215439. 7	1. 01
2005	25502370. 8	10908368. 7	42. 77	7919249. 3	31. 05	210796. 3	0. 83
2006	29388768. 5	12595712. 4	42. 86	8575028. 1	29. 18	193315. 1	0. 66
2007	36341851. 2	15983187. 1	43. 98	12231913. 7	33. 66	271809	0. 75
2008	42102369. 3	20035115. 8	47. 59	14181276. 7	33. 69	286343	0. 68
2009	46450089. 4	22645082. 6	48. 75	15403469. 1	33. 16	261761. 3	0. 56
2010	54978648. 9	29018025. 6	52. 78	16760755. 9	30. 49	296356. 5	0. 54

注：表中数据来自于中国统计局网站发布的《中国统计年鉴》(1997—2012 年)，比例根据数据整理计算得出；根据年鉴的统计表，我国普通高等学校教育经费来源还包括“民办学校办学经费”(该指标在 1996—2010 年的统计表中先后出现过三种不同的表述方式，其主要是反映民办学校中举办者投入的经费)，由于本研究的对象是公立高校，在统计时将该指标剔除出去，所以，该表的各项教育经费比例之和不是 100%，特此说明。

根据表 3-1，可以绘制出我国普通高等学校各经费来源所占比例折线图(图 3-1)。

1.1　政府对公立高校的经费投入分析

有学者认为，公立高等教育学费是高等教育成本的补偿，政府

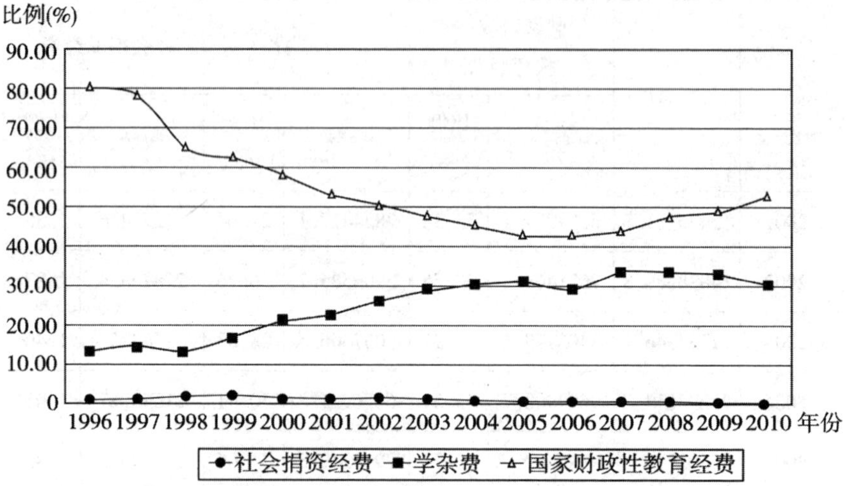

图 3-1　全国普通高等学校各经费来源所占比例折线图

对高等教育补贴额度的依据之一就是高等教育成本与学费的差额。① 因此，政府教育投入和学费定价水平之间存在着此消彼长的关系。具体来说就是，在高等教育单位成本一定的情况下，生均预算内拨款减少将会导致学生学费增加，而生均预算内经费拨款取决于政府的高等教育财政预算以及高等教育的计划招生数。如果总预算数额不变，政府扩大招生计划肯定会导致生均预算内拨款的减少，为了保障教育质量不变，即单位教育成本不变，高等学校就必须增加学费收入。政府投资高等教育绝对值的变少，或者政府投资高等教育的增长速度慢于高等教育规模的扩张速度都会带来生均预算内教育经费的减少。而为了维持单位教育成本不变，确保教育质量水平，就必须增加学费。②

① 胡茂波，沈红．论公立高等教育学费的属性、功能及其政策涵义[EB/OL].[2008-10-06].http://jyjjyj.e21.cn/content.php? content_id=682&item_handle=yjcg.

② 崔世泉，袁连生．公立大学学费增长的供求分析框架及其启示[J].现代教育管理，2010(9)：42-45.

从表3-1、图3-1可以看出，国家财政性教育经费与学杂费之间一直存在着此消彼长的态势。虽然国家财政性教育经费在高等教育经费来源中一直位于首位，经费数额总量也在逐年递增，但1996—2006年国家财政性教育经费占高等教育总经费来源的比重在不断下降，1996年(全面实行收费制度的前一年)财政性教育经费占总经费来源的比例为80.34%，我国普通高等学校在1997年全面完成学费的并轨改革，所有大学生上学都必须缴纳学费。此后，财政性教育经费占总经费来源的比例逐年下降，到2005年时，比例只有42.77%，已经不到总经费的1/2。2006年开始止降转升，2012年财政性教育经费占总经费来源的比重为52.78%，终于达到了50%的份额。

与此同时，学费和杂费总量及其占总经费的比例都在迅速攀升，1996年为13.66%，1999年扩招后，普通高校学杂费水平大幅度上升，一路上涨到2008年的33.69%，此后小幅回落，2010年所占比例为30.49%。2004—2010年，学杂费一直约占总经费的1/3。还有研究显示，2002年大学生人均学杂费为3550元，占生均经常成本的27.7%，这一数字至2009年增加到5082元。由于学生负担的学杂费快速增长，2006—2008年的三年时间，每年普通高校事业费收入占总经费的比例均超过40%，2007年此比例甚至超过财政性教育经费占总经费的比例。①

所以，对公立高等院校来说，如果想要学费保持不变，那就意味着政府要承担更多，即为了使学生与家长的负担不变，确保高等教育的办学质量，政府就要弥补逐年上涨的高等教育成本和经费需求，加大教育经费的投入。

1.2　社会对公立高校的经费捐资集资分析

社会捐资和集资办学经费是指境内外社会各界及个人对教育的资助和捐赠。以发展的眼光来看，高等教育财政将越来越依赖于公

① 杨明，赵凌．论普通高校十年扩招中经费投入的特征、问题及对策[J]．浙江大学学报(人文社会科学版)，2012(5)：165-177.

共财政以外的社会投入。而社会投入水平在很大程度上又取决于当地社会经济发展对高等教育的需求和愿望。① 就我国高等教育捐赠而言，具有以下特点：(1)规模偏小，比例偏低。我国社会各界对高等教育捐赠经费在高校各类经费来源中所占比例明显偏低，经费总量偏少，并且还呈逐年下降的趋势。从表 3-1、图 3-1 可以看出，1996 年至 2010 年的 15 年间，捐赠占高等教育经费总额的比例，在 1996-1999 年呈缓慢上升态势，1999 年社会捐资经费中在高等教育总经费中的比重为 2.28%，这还是 15 年里比例最高的一年，此后不断下降，由 2000 年的 1.66%下降为 2010 年的 0.54%。从捐赠数额看，全国总数不曾超过 30 亿元，如 2010 年为 29.64 亿元，已是 15 年间的最大数额。与我国形成鲜明对比的是，捐赠收入早已是欧美等发达国家高等教育的一种重要经费来源，对私立高等教育更是如此。据美国教育资助委员会统计，1993—1994 年度，各种途径对高等教育的资助达 123.5 亿美元。捐赠投资收入所占比例 1988—1998 年平均为 3.35%，1999—2000 年，美国公立大学捐赠和基金收入超过 5%，而私立大学则超过 14%。② 在英国大学的经费来源中，社会捐赠比例也已经超过了 10%。日本公立高校的社会捐赠占学校总收入的比例甚至已经达到了 15%，私立学校则更是在 50%以上。③ (2)捐赠形式单一，捐赠范围狭窄。在我国，社会各界对高等教育的捐赠形式，主要是以现金为主，其他途径的捐赠较少，形式也比较单一。而在美国，高校的社会捐赠形式多种多样，包括现金、支票、银行汇票、有价证券、人寿保险、不动产等十多种方式。(3)管理还不算规范，并且缺乏监管机制。我国高校的捐赠实施与欧美国家相比，起步较晚，同时缺乏有力的监督管理，多数高校没有设立专门的组织和机构，捐赠人与受赠人(高

① 孙凯，张劲英．不同经济基础省份间生均教育经费支出差异的实证分析[J]．教育发展研究，2013(5)：1-6.

② 黄艾，张安富．中美高等教育经费来源的变化分析及其启示[J]．南通大学学报(教育科学版)，2005(4)：25-28.

③ 易红．教育捐赠须加强法律规范[J]．中国科学报，2013-04-04.

校）之间没有形成良好的沟通和协调，捐赠资金利用效率偏低，也缺乏一定的社会监督。

导致我国高校获得社会捐助数额非常少，所占办学经费比例也非常低，教育捐赠水平低下的重要原因是缺乏政策法规激励和完善的税收优惠体系。例如在1999年国家颁布的《中华人民共和国公益事业捐赠法》中，对捐赠行为设置了免税条款，但捐赠条件却比较苛刻，对教育捐赠的具体条文也没有作出相应规定。2004年，财政部和国家税务总局联合下发《财政部、国家税务局关于教育税收政策的通知》，该通知虽然对税收政策进行了完善，但通知本身过于笼统，也没有上升到法律的高度，在实践中既缺乏可操作性，又没有完全落实。而我国的《教育法》、《高等教育法》、《国家中长期教育改革和发展规划纲要（2010—2020年）》等与教育相关的法律法规文件，虽然在内容上对教育捐赠的一些事项有所涉及，但大多还只是停留在鼓励和支持高校开展社会捐赠的层面上，对教育捐赠实践发展的指导意义不大。① 而在美国，高等教育捐赠数额大且能稳定增长，其中一个重要原因就是政府通过税收优惠等政策对教育捐赠给予激励和引导，以充分发挥税收杠杆作用来促进捐赠行为，如对非营利组织的捐赠不征税，且将捐赠额从个人所得税应纳税所得额中予以扣除，并同时对遗产征收高额税收。这个政策带来的效果是使纳税人在捐赠和纳税之间进行权衡，选择效用最大化行为，最终增加捐赠决策。② 因此，我国应该采取具体又方便操作的税收优惠政策，还要制定相配套的法律法规，在最大程度上提升社会各界对高等教育捐资助学的积极性，从而为我国高等教育事业的可持续发展提供一部分不应缺失的强有力支持。

我国普通高校经费投入不足已成为制约普通高等教育质量提高和可持续发展的障碍。财政性教育经费投入第一主渠道投入不足、在教育经费来源比例偏低，以及学校自身与社会团体等渠道投入偏

① 易红．教育捐赠须加强法律规范［J］．中国科学报，2013-04-04.

② 汪开寿，唐祥来．美国高等教育捐赠与我国的政策建议［J］．比较教育研究，2006（6）：31-35.

少两大原因造成了这种不足。一方面，国家财政性教育经费占高等教育经费总量的比重不断下降，另一方面，社会捐资经费占总经费的比例不足1%，严重制约了普通高校总经费的增加，给高校的学费定价造成了巨大压力。我们认为，作为公立高等院校，必须保证国家财政性教育经费投入作为高等教育成本分担的第一主体地位，应保持政府作为公立高校教育经费的主渠道，稳步加大财政性的教育经费投入来稳定目前的学杂费水平，同时还要积极主动地争取除学杂费之外的其他非财政性教育经费对高等教育的办学投入，以降低对学杂费的依赖程度，避免继续加重受教育者个人及其家庭的经济负担，同时还要确保我国高等教育的学生培养质量。

2. 居民收入分析

居民收入是居民通过各种途径所获得的现期收入的总和，它分为纯收入和毛收入。居民收入水平是直接影响市场容量大小的重要因素，一方面受制于宏观经济状况的影响，另一方面受国家收入分配政策、消费政策的影响。居民收入水平直接决定着消费者的购买力水平，收入水平高，则购买力强，反之则弱。① 世界银行专家卡尔逊曾通过研究得出，“学费应该相当于中等偏下家庭年收入的10%加上学生未来收入的10%”，即公式 $P=(\mathrm{Fs}+\mathrm{SS})\times10\%$，其中 P 为学费，FS为中等偏下家庭年收入，SS为受教育者或居民未来的年收入。这个学费定价模型反映了高校收费标准应根据居民收入水平(包括过去的收入和未来的收入)来确定，也就是说要充分考虑受教育家庭的支付能力。②

2.1 我国居民收入水平的变化态势分析

本研究主要通过城乡居民人均可支配收入来分析我国居民收入

① 该定义来自于“居民收入”的百科名片。

② 吴伟，洪林．我国居民高等教育支付能力及学费政策研究[J]．高校教育管理，2010(6)：92-96.

的变化态势。城乡人均可支配收入标志着居民的购买力，是衡量城乡居民收入水平和生活水平的最重要和最常用的统计指标。2002—2010 年，我国城镇居民人均可支配收入由 7702.8 元增加到 19109.4 元，8 年间增长了 1.48 倍；扣除价格因素的影响，年平均增长率为 9.35%。这一时期城镇居民人均可支配收入的增长速度呈现出波浪式上升的变化态势。2002—2010 年，全国农村居民人均纯收入从 2475.6 元增长为 5919 元，8 年间增长了 1.39 倍；扣除价格变动因素的影响，年平均增长率达 7.69%。①

近五年来，我国城乡居民人均可支配收入及实际增长速度如图 3-2、图 3-3 所示。

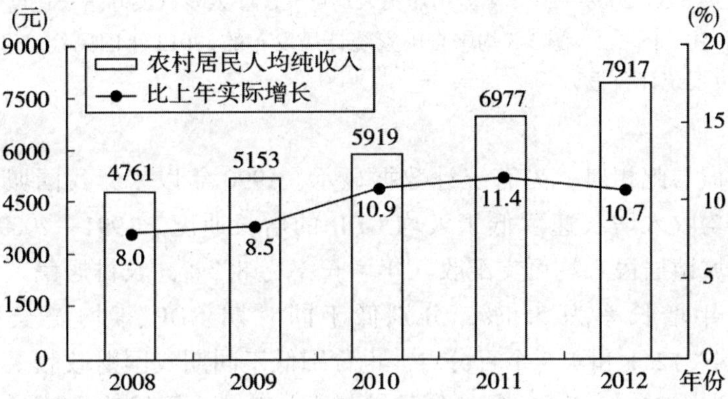

图 3-2　2008—2012 年农村居民人均纯收入及其实际增长速度

由图 3-2、图 3-3 可知，2008—2012 年，在我国居民收入分配过程中，城乡居民所获得的可支配总收入和人均可支配收入都呈逐年上升态势，如城镇居民人均可支配收入从 2008 年的 15781 元增长到 2012 年的 24565 元，年增长速度平均为 8.8%；农村居民人均纯收入从 2008 年的 4761 元增长到 2012 年的 7917 元，年增长速度平均为 9.9%。

① 宋士云. 2002—2010 年我国居民收入的实证分析[J]. 河南大学学报(社会科学版)，2013(2)：32-39.

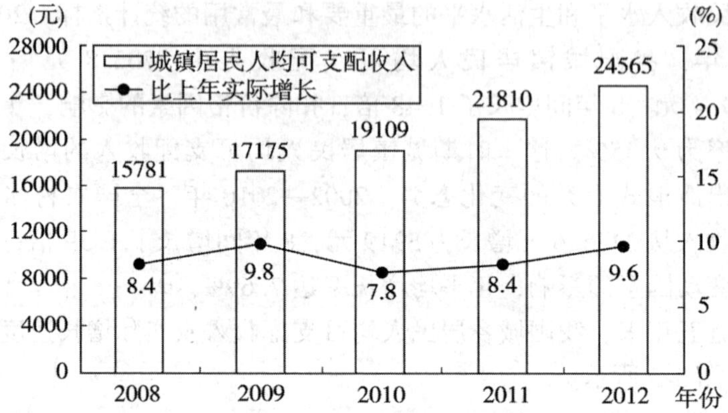

图 3-3　2008—2012 年城镇居民人均可支配收入及其实际增长速度

注：图 3-2、图 3-3 均来自国家统计局发布的《2012 年国民经济和社会发展统计公报》。

但与此相对，另有统计数据显示，1990 年以来，我国城乡居民人均收入增长速度低于人均 GDP 的增长速度。1991—2009 年，我国城镇居民人均可支配收入年增长率为 8.3%，农村居民人均纯收入年增长率为 5.5%，分别低于同时期 GDP 年均增长速度(10.4%)2.1 和 4.9 个百分点，也分别低于同期我国财政收入年平均增速(18%)9.7 和 12.5 个百分点。由于城乡居民收入增长长期低于经济增长，也慢于国民总收入的增长，大大抑制了城乡居民的消费欲望，这也成为扩大国内消费需求、意愿和能力的主要障碍。

2.2　居民高等教育支付能力与学费水平的关系分析

居民的支付能力是高等教育学费制度顺利推行最根本的基础，也是制定学费数额标准的一个重要参考因素。通常来讲，居民收入与高等教育支付能力两者呈正相关关系，即居民收入越高，支付高等教育学费的能力就越强。如果学费负担过重，势必会影响到城乡家庭正常的生活消费开支，降低其生活质量。如有人根据统计数据分析，得出研究结论：由于高等教育学费上涨幅度超过了居民年均收入的增长速度，从而导致了学费和居民的年平均收入的比值与居民的基尼系数之间存在着因果关系，并据此认为，学费作为高等教育成本分摊的一部分，它的上涨速度超过了大多数居民的承受能力，会导致广大的低收入居民（尤其是农村居民）的生活变得困难。① 另有研究结果指出，农村居民家庭人均纯收入每增长 1%，学生人均学杂费就增长 2.562%，也就是说，教育成本中学杂费部分的增长速度是农村居民家庭人均纯收入增长速度的 2.562 倍。②

因此，高等院校在制定学费标准时，必须充分考虑城乡居民的收入水平和实际支付能力。不过，它在操作时会面临一些实际困难：其一，目前我国居民收入还没有完全公开化和货币化；其二，各级政府统计部门提供的城乡居民收入均是县级以上的群体，而缴纳学费的是来自不同地区和不同家庭的学生个体。但是，发达地区有穷人，欠发达地区也会有富人。这为按学生家庭收入水平分组确立不同的学费标准或对不同家庭收入水平的学生采取同一学费标准带来了困难或不平等。针对这个难题有如下办法可供选择：一是运用经济学中需求的价格弹性理论，同时采用抽样调查的方式，找出一定时期内一定收入水平条件下，高等教育需求价格弹性系数，为制定学费标准提供参考数据；二是采用将学费标准及递增速度与城乡居民收入及增长率挂钩的方法，制定学费标准；三是事后用一定时期内高校新生或在校生中来自低收入阶层家庭学生所占比重的变化检验学费标准是否合适。从性质上来说，学费虽然不是教育价格，但作为高等教育机构成本和居民收入支出的一部分，它在一定程度上仍然会影响高等教育供求：在一定条件下，学费上升将会抑制需求，增加供给；反之则会减少供给，增加需求。③

通过上面的分析可知，居民收入水平和学费水平两者之间有着

---

① 付智慧．高等教育学费上涨与居民收入关系实证研究[J]．高教发展与评估，2006(3)：56-60.

② 马圆圆．中国高等教育成本分担与补偿机制探讨[J]．经济体制改革，2007(3)：35-39.

③ 王雪平，宋晓薇．我国高校学费定价的分析与研究[J]．河南教育，2008(6)：23-24.

螺旋演进的交互关系。过高的学费会超出许多学生家庭的支付能力，从而压制合理的高等教育个人需求；但过低的学费不仅会导致高校学校财力不足而无法保证高等教育质量，而且会给平衡高等教育供给带来不良后果。所以，要保持学费水平与国民经济发展水平和居民收入水平之间的协调，从而促进高等教育规模扩展和高等教育公平。

3. 高等教育成本分析

我国在 1996 年 12 月颁布的《高等学校收费管理暂行办法》指出，学费标准应根据年生均教育培养成本的一定比例确定；一直以来，高等学校学费占年生均教育培养成本的比重最高不得超过 25%。高等教育成本与学费关系紧密，学费是对教育培养成本进行补偿的一种方式，高等教育成本又是制度学费定价的依据。王善迈(1996 年)认为，导致教育成本上升的因素包括物质成本的上升，人员成本的上升，学校固定资产价值的增加，居民收入水平的提高，等等。范先佐(2008 年)认为，物价上涨、通货膨胀、失业率的上升、教育供需失衡、教育技术水平等因素会导致高等教育成本攀升。还有学者研究指出，不管是教育质量停滞不前的高校还是经济落后的国家，其教育培养总成本总是会不断攀升的，因此，高等教育总成本具有不断递增的特性，教育单位成本上升是必然趋势。①

3.1 高等教育成本的概念与特征

3.1.1 教育成本的概念与本质

教育成本问题一直是教育经济学的重要研究领域，它最早可以追溯到 20 世纪 50 年代欧美国家的一些经济学家和早期教育经济学

① 黄文颖 . 我国普通高等教育生均成本变化趋势及机理分析[D]. 长沙理工大学硕士学位论文，2012.

家的理论分析。教育成本概念的提出与教育资源实际耗费的计量分析和教育投资收益率的计量分析有关，因此它的初期研究成果主要集中在宏观教育投资的效益分析上，直到20世纪80年代，教育经济学领域对教育成本问题的研究才逐渐由宏观转向微观。我国学术界从20世纪80年代初开始对教育成本进行研究。20世纪90年代后，随着教育体制改革的逐步深入，专门针对教育成本问题进行探讨的文献不断涌现出来，并且在研究内容上呈现出以下阶段性的特点：初期研究仅限于经济学上的教育成本概念的引进和讨论；中期研究开始着眼于系统引进构成教育经济学的重要内容的西方经济学意义上的国家教育成本、家庭教育成本及学校教育成本的成本测算和分析方法，并对其做了适当改进；近期研究则更加务实地转向了会计学视野下的教育成本研究，并将重点放在对教育成本的计算和探讨上。①

目前，教育经济学界对教育成本的含义形成了基本相同的观点，即“教育成本的本质是为使受教育者接受教育服务而消耗的资源价值，它既表现为货币支出的教育资源价值，也表现为因为资源用于教育所造成的价值损失，前者为教育的实际支出成本或会计成本，后者为教育的机会成本”。②

3.1.2　高等教育成本的概念与特征

(1)高等教育成本的概念。

从会计学的角度看，广义的高等教育成本包括对高等教育管理部门和高等院校运行所需资源进行的货币支出，也包括受教育者个人即社会成员为了接受高等教育所进行的货币支出。狭义的高等教育成本是指高等学校为行使其职能，对所需资源进行的货币支出，可简称为财务成本或货币成本。本研究将采用狭义的高等教育成本

---

①　曲京山．高等学校教育成本核算体系研究[D]．东北财经大学硕士学位论文，2011.

②　李勇．高等学校成本结构的国际比较[M]．北京：北京师范大学出版社，2009：17.

概念。鲍恩(1980年)在其《高等教育成本》中就把高等教育的成本定义为，“高等学校获取土地、人员或基本建设，购买物品，为学生提供资助的支出。在多数情况下，成本是支出的代名词”。因此，高等学校的成本通常是指为获取高等学校运行所需资源的货币支出。但是，用支出代替成本需要明确以下几个方面的概念。首先，高等教育的成本如果是按照机会成本来定义，它就不仅包括教育的会计成本(显明成本)，还应该包括举办者的隐含成本。单独考虑教育的会计成本可能会明显低估教育活动的实际成本。其次，估计资本成本时，应该考虑房屋和大型设备的期望服务寿命、贴现率以及这些设施未贬值部分的机会成本，如果作为资本投资后果所需的未来支出(诸如维护、修理和人员费用)被忽略，一项教育活动的总成本就将被低估。相反，估计资本成本时，如果用当年支出替代成本，则会高估当年教育的实际成本，因为这些资本可以延续多年。再次，区分用当前价格和不变价格计算的教育成本是有用的，后者反映的是实际的教育资源，它是通过使用反映价格水平变动的价格指数对前者进行调整而得到的。如果通货膨胀率很高，用当前价格计算的成本值将明显不同于用不变价格算得的成本值。为了对教育的实际资源量进行估价，应以不变价格估算教育成本。最后，由于教育投入的价格在地区间变化很大，在决定不同地区的教育成本时需要得到反映这一价格差异的教育成本指数。不考虑这些概念性或方法论方面的问题，可能会导致成本确定和基于这样的成本信息进行政策选择的错误。①

(2)高等教育成本的特征。

概括来说，高等教育成本具有以下特征：教育总成本不断递增；人员成本是高校教育成本的主要部分；教育单位成本的不断上升是必然的；高等教育在未达到经济规模前，单位成本随着规模的

① 李勇．高等学校成本结构的国际比较[M]．北京：北京师范大学出版社，2009：18-19.

扩大而降低；等等。①

3.2　高等教育成本的核算

教育成本核算是指利用一定的方法和技术手段，对教育运行过程中各种费用的发生和成本的形成进行核算，计算在人才培养过程中耗费于一定人才对象上的劳动价值总和。高等学校教育成本核算就是针对高等学校教育成本，运用一定的技术手段和方法，对学生培养过程中发生的各种耗费和实支成本(财务成本)进行核算，为相关部门和社会各界提供所需要的翔实、准确的教育成本信息。②我国现阶段高等教育学费是按照高校生均培养成本的25%来收取。这样，高等教育成本的核算就成为学费定价的重要依据，直接关系着学费标准的确立。

在实践中，我国高等学校成本主要是按照支出的性质和内容进行分类的，即高等学校事业费(经常性成本)和基本建设费(资本性成本)。根据我国现行会计制度对教育支出科目的划分，按照1998年的《高等学校会计制度(试行)》的规定，对高等学校成本按事业支出内容进行明细分类，分为工资、补助工资、其他工资、职工福利费、社会保障费、助学金、公务费、业务费、设备购置费、修缮费、业务费、业务招待费和其他费用共13项。目前，我国的年度教育经费就是按照这种分类进行统计的，有比较完整的统计数据。这种成本结构是编制高等教育事业费预算和进行教育事业费核算的基础，对于考核学校定员、定额的执行情况和教育事业资金的使用效果以及分析教育事业费支出结构的合理性等有重要意义。③ 但我国高校在学费收取过程中存在标准制定随意性大的问题。

---

①　李淑霞．中国普通高等学校教育成本管理模式研究[D]．哈尔滨工程大学博士学位论文，2005.

②　曲京山．高等学校教育成本核算体系研究[D]．东北财经大学硕士学位论文，2011.

③　李勇．高等学校成本结构的国际比较[M]．北京：北京师范大学出版社，2009：30-34.

3.3 我国高等教育成本的变化态势分析

我国普通高等教育成本的总量呈逐年递增趋势，这符合教育成本不断递增的特征。有学者通过研究得出：(1)尽管普通高等教育成本和国内生产总值增长速度不同，但它们的增长趋势是一致的，两者的相关系数高达 0.89，可见国内生产总值对普通高等教育成本的影响显著。(2)教育成本的增加在总趋势上与高校规模是一致的，两者之间有很强的相关性和互动性，两者的相关系数高达 0.99，因此，高校学生规模扩大是高校教育成本增加的一个直接且重要的因素。①

表 3-2　　**我国普通高等教育总成本和生均成本统计表**

年份	当年学生人数(万人)	普通高校教育成本(亿元)	普通高校生均成本(元)
1999	461.47	484.23	10493.2
2000	618.19	618.02	9997.6
2001	810.0	792.64	9785.7
2002	1014.5	1033.0	10182.4
2003	1252.5	1275.96	10187.3
2004	1514.1	1525.91	10078.0
2005	1776.5	1822.58	10259.4
2006	1978.5	2186.45	11051.1
2007	2146.4	2591.33	11979.7
2008	2301.3	3043.99	13228.3
2009	2450.3	3409.25	13913.6

资料来源：根据 1999—2009 年《中国教育经费统计年鉴》(中国教育出版社)、1999—2009 年《中国教育经费统计年鉴》(中国统计出版社)中数据计算得出。

① 周梦，符娴．我国普通高等教育成本增长趋势及经费来源[J]．大学教育科学，2008(1)：42-45.

根据表 3-2，可以绘制出普通高等教育总成本与生均成本对比图(见图 3-4)。

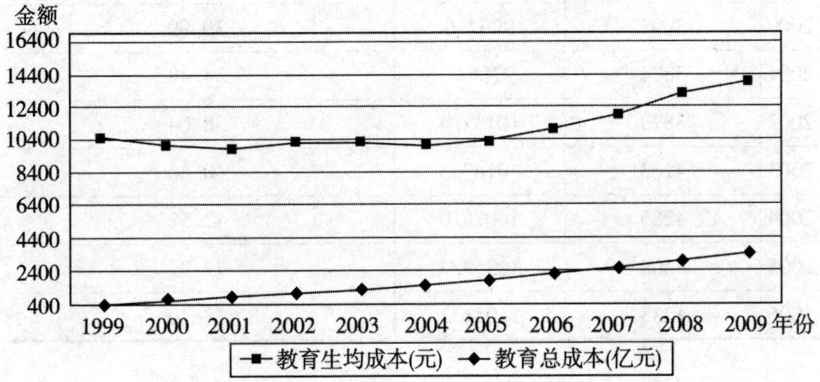

图 3-4　普通高等教育总成本与生均成本对比图

历年普通高校总成本增长率、平均学费与生均教育培养成本如表 3-3、表 3-4 所示。

表 3-3　**普通高等教育总成本增长率**

年份	教育总成本增长率(%)	年份	教育总成本增长率(%)
1999	—	2005	19.44
2000	27.63	2006	19.96
2001	28.25	2007	17.6
2002	30.32	2008	18.38
2003	23.52	2009	12
2004	19.59		

表 3-4　**2000—2006 年普通高等学校平均学费与生均教育培养成本数据表**

年份	平均学费(元)①	生均成本(元)	平均学费占生均成本的比例(%)
2000	3098	9997. 6	30. 99
2001	3374	9785. 7	34. 48
2002	3873	10182. 4	38. 04
2003	4163	10187. 3	40. 86
2004	4285	10078. 0	42. 52
2005	4408	10259. 4	42. 97
2006	4233	11051. 1	38. 30

可以看出，我国普通高等教育总成本呈现出逐年递增的总体趋势，而生均成本却并没有随着总成本的递增而递增。普通高等教育总成本是某一年内高校所消耗的所有人力、物力以及财力资源的总和，随着在学规模的不断扩大，高校投入教育中的总成本数额只会上升而不会下降，这是一个正常且合理的趋势；普通高校生均成本则可以反映平均花费在一名大学生身上的各种教育资源的变化，相比教育总成本，通过生均成本能够更准确地看出我国普通高校在教育投入方面的变化发展情况，也更能够说明实际问题。

从长期来看，高等教育成本取决于社会发展变化和政治政策，它们反映了那些控制高等教育资金流向的公众共同施加的影响。根据《高等学校收费管理暂行办法》的规定，高等学校学费占年生均教育培养成本的比例最高不得超过 25%，但从国家发布的教育经费统计(表 3-4)来看，我国高校实际的学费标准已经超过这个政策规定。按照布鲁斯·约翰斯通的教育成本分担理论，学费主要是按照教育成本一定的比例来确定。但在实际中，由于教育成本难以精确核算，按教育培养成本收费的可行性和公平性引起了公众越来越

① 叶仁玉，巩罗勇，操丽，吴飞．普通高校的学费标准影响因素及相关分析[J]．安庆师范学院学报(自然科学版)，2009(3)：33-34.

多的质疑和不满。

高等教育成本构成及其分担比例是制定学费标准的主要依据。当高等教育成本一定时，受教育者个人分担的比例越大，学费水平就越高，反之则学费水平越低。高等教育的成本分担者包括政府、社会和受教育者个人及其家庭，分担的方式分别是财政拨款、捐赠集资和缴纳学费。高等教育成本的不断上升、国家承担高等教育费用的意愿和能力的减弱，迫使高校通过增收学费来应对由此导致的高等教育的经费短缺。

4. 高等教育投资收益分析

高等教育可以使受教育者获得预期经济与非经济收益。它包括：受教育者在不稳定的市场经济环境中资源配置能力的提高，预期收入和福利的增加，职位晋升机会的增多，在城乡、区域、行业间流动机会的增加，以及代际效应等。① 教育经济学研究者最常用的教育收益率是明瑟收益率，即个人多接受一年教育从而带来的收入增长的比例，它是考察教育边际收益的一种方法；投资的内部收益率，即使成本和收益净现值相等的贴现率。关于我国教育收益率的研究结果表明，中国高等教育的收益率为正值，证实高等教育能够为受教育者个人带来未来收益，具有投资属性。但是与国际水平相比，我国高等教育不到8%的个人内部收益率明显低于其他国家的水平。对许多国家教育收益率的研究发现，所有国家教育投资的收益率都远远高于10%——发展中国家通常用来表示资本机会成本的标准。分析我国的具体情况发现，存在住房和医疗等非货币化补贴福利是导致这个现象的主要原因之一。所以，根据货币化收入计算得来的教育收益率只能衡量教育收益的一部分。从逻辑上讲，教育收益水平与居民对高等教育的有效需求之间是呈反比的，但有研究表明，在个人高等教育决策中，对非经济利益的预期有着非常

① 王善迈．论高等教育的学费[J]．北京师范大学学报(人文社会科学版)，2000(6)：24-25.

重要的作用，甚至不亚于对经济利益的总体预期。有一项研究表明，被调查者中一半多(50.1%)的人把“有较高文化修养”作为自己接受高等教育的主要目的。主要目的是为了“较高的经济收入”而上大学者在总体中不到1/5(18.8%)。为了“较高社会地位”而上大学是个人接受高等教育的另一个主要目的。如果把主要目的和次要目的放在一起分析，就有2/3左右的受教育者认为自己接受高等教育的目的之一是追求较高的文化修养。认为追求较高经济收入是自己接受高等教育的目的之一的学生，与认为自己接受高等教育的目的之一是为了追求社会地位的学生各占约1/3。①

4.1 我国高等教育个人收益率研究

高等教育能带来公共收益，同时也能带来私人收益。受教育者的私人收益包括更多的职业收入，更高的工作能力，更高的声望、地位与社会政治资本，以及对职业、朋友、住宅和其他生活领域的更大的选择空间。几十年的研究都证实了这些毋庸置疑的私人收益。② 具体到我国来说，一项关于1991—2000年中国城镇劳动力中各级教育明瑟收益率的研究表明，大学本科的收益率从1991年的4%左右提高到2000年的13%，在相对较高的水平，说明当前我国接受过高等教育者在其职业生涯中具有相当可观的收入优势，从不同层级的教育收益来看，教育层次越高，教育收益率越高，而且高等教育收益率是保持在各级教育中最高的。如2000年大学本科的收益率为13.1%，大学专科为9.97%，高中为6.53%，初中为4.86%。由此可见，20世纪90年代中国教育规模持续扩大的同时，教育收益率水平的显著提高，与同期国际上平均受教育年限的提高导致教育收益率水平略有下降的现象，形成了鲜明的对比。③

---

① 陈晓宇，闵维方．论中国高等教育的预期收益与劳动力市场化[J]．教育研究，1999(2)：34-39.

② D. 布鲁斯·约翰斯通．高等教育的政治学——关于高等教育财政的普遍误解[J]．北京大学教育评论，2013(2)：36-45.

③ 陈晓宇，陈良焜，夏晨．20世纪90年代中国城镇教育收益率的变化与启示[J]．北京大学教育评论，2003(2)：65-72.

但近年来教育收益率的变化并没有延续以往显著上升的走势，而是逐渐趋于平稳。在考虑行业、单位类型、地区等因素后，教育收益率变化的趋势还出现了某种下降的迹象。①

另一项针对中国教育收益率的跟踪研究发现，在20世纪最后十年，我国教育收益率实现了一个显著的提高过程，仅在短短的十年时间里，教育收益率严重低下的情况得到了基本扭转。我国大学本科教育的明瑟收益率在2000年已达到13%的水平，说明在20世纪末我国居民收入分配格局的改革历程中，教育因素起到的作用越来越大，教育投资收益率的显著提高带来的直接结果是居民教育需求和欲望提高，特别是高等教育，可观的收益水平有力地解释了我国较高的高等教育需求水平，而且逐步提高的收益水平将使我国居民对高等教育的需求继续维持在一个较高的水平之上。对多个国家教育收益率的跟踪研究表明，随着经济的发展和教育规模的扩大，各级教育收益率会呈现出先上升后下降的趋势。而与我国20世纪90年代令世界瞩目的经济快速发展和教育规模的持续扩张相对应的却是各级教育收益率的显著提高。但随着中国教育规模的扩张，特别是受20世纪90年代末期以来高等教育大规模扩招的影响，高等教育毕业生的市场供求关系发生了重大变化，将有可能成为抑制我国教育收益率进一步提高甚至造成教育收益率下降的因素之一。②

当然，无论教育个人收益水平如何变化，我国高等教育均具有正的收益率，说明个人的高等教育经历能够给受教育者个人带来未来收益，同时考虑到在我国受过高等教育者还有非货币化收入方面的特色、高等教育收益水平提高的趋势以及在年轻就业人员中较高的收入优势等因素，对经济收益的预期可以解释居民中存在的对高等教育的巨大需求，它反映了我国居民个人对高等教育付费意愿正处在较高水平。换句话说，虽然我国高等教育个人收益率的绝对值

① 丁小浩，余秋梅，于洪霞．本世纪以来中国城镇居民教育收益率及其变化研究[J]．教育发展研究，2012(11)：1-6.

② 陈晓宇，陈良焜，夏晨．20世纪90年代中国城镇教育收益率的变化与启示[J]．北京大学教育评论，2003(2)：65-72.

目前还低于大多数国家的水平，但由于存在对高等教育个人收益较高的心理预期，一定限度的高等教育成本补偿和成本分担政策，将不会导致居民个人投资高等教育的积极性和需求的明显下降。①

4.2 国外高等教育个人收益率研究

国际教育经济学界针对教育个人收益率进行了大量研究，虽然在数据样本和考察时间上各不相同，研究者通过汇总大量估算结果还是得出了一些比较一致的结论，例如在发展中国家各级各类教育都具有相对较高的收益率水平。对多个国家和地区（美国、肯尼亚、哥伦比亚、香港、韩国）可比人群一系列长期横截面教育收益率的估算发现，在快速工业化的同时，学校教育快速扩张实现了普及小学、初中和高中教育的地方，从长期看，各级教育的收益率都在下降，而且首先是小学收益率下降，然后是中学收益率下降，最后是大学收益率下降。有研究证据表明，几乎所有这些国家和地区的这一过程最终都表现出大学收益率高于中学收益率，中学收益率高于小学收益率。② 2002 年一项关于教育收益率的国际研究发现，当前国际平均的教育明瑟收益率比 20 世纪 90 年代初降低了 0.6 个百分点，研究者将这一现象与同一时期各国平均受教育水平提高的状况相联系，认为在其他条件不变的情况下，教育供给量的增加导致了教育收益率的小幅下降。根据萨哈罗普勒斯和帕特诺斯的总结，教育明瑟收益率的国际平均水平为：欧洲、中东、北非非 OECD 国家 7.1%，亚洲非 OECD 国家 9.9%，OECD 国家 7.5%，撒哈拉以南非洲国家 11.7%，拉丁美洲、加勒比地区 12%，世界各国平均水平 9.7%。③

---

① 陈晓宇，闵维方．我国高等教育个人收益率研究[J]．高等教育研究，1998(6)：33-37.

② M. Carnoy. Rate of Returns to Education//Martin Carnoy. International Encyclopedia of Economics of Education[E]. Pergamon, 1995: 364-369.

③ George Psacharopoulos, Harry Anthony Patrinos. Returns to Investment in Education: A Further Update[R]. World Bank Policy Research Working Paper, 2002(2881).

高等教育收益率的提高，肯定会提升我国居民对高等教育的需求，进而影响到高等教育办学资源的需求量和受教育者对高等教育成本的分担，从而对高校学费定价产生影响。因此，高等教育收益是影响高校学费的重要因素之一，并且高等学校在确立学费标准时应根据不同专业的成本和私人收益率，按质论价，采用不同的学费水平，以体现出高等教育学费价格和教育成本及教育价值之间的关系和市场收益的差别，发挥学费的市场调节作用。

5. 物价指数关联性分析

5.1　我国物价指数的变化态势分析

物价指数也称商品价格指数，是反映各个时期商品价格水准变动情况的指数。它是一种与某一特定日期一定组合的商品或劳务有关的价格计量。当该商品或劳务的价格发生变化时，其价格指数也随之变化。统计物价指数的目的，是为了分析物价变动对国民经济与人民生活的影响，从而制定关于物价的宏观调控政策，为加强物价管理提供依据。同时，也为企业作出相应的经济决策提供依据。

由表3-5可知，1997—2012年我国居民消费价格总体上呈不断上涨的态势。具体来看，1997—2006年各年度的物价指数有涨也有

表3-5　**全国居民消费价格变化态势数据表(比较基准是上年)**

年份	变化幅度(%)	年份	变化幅度(%)	年份	变化幅度(%)
1997	2.8	2003	1.2	2009	-0.9
1998	-0.8	2004	3.9	2010	3.3
1999	-1.4	2005	1.8	2011	5.4
2000	0.4	2006	1.5	2012	2.6
2001	0.7	2007	4.8		
2002	-0.8	2008	5.9		

资料来源：国家统计局各相关年度的国民经济和社会发展统计公报。

跌，即使是上涨，幅度也不是很大，年平均上涨速度为 0.93%；而 2007—2012 年，除 2009 年外，物价指数一路上扬，而且较 2006 年之前上涨幅度明显增大，年平均上涨速度为 3.52%。物价指数与城乡居民收入、货币的实际购买力、通货膨胀等存在联动关系，它可以反映通货膨胀状况、货币购买力变动和对职工实际工资的影响等。

5.2 物价指数变化与高等教育成本的关系分析

教育成本受物价指数变化的影响，由于近年来我国物价指数持续上涨，特别是自 2007 年(除 2009 年之外)以来，居民消费价格上涨速度较快，货币的实际购买力下降。包括教职员工的工资、补助工资、其他工资、职工福利费、社会保障费、助学金、公务费、业务费、设备购置费、修缮费、业务费、业务招待费和其他费用等费用在内的高等教育成本会随着物价的持续上涨而不断快速上涨，因此，依据高等教育培养成本收取的学费也需要随之进行调整。如在我国台湾地区，教育主管部门未来将把消费者物价指数、经济成长率等数据，纳入常态性学杂费调整机制。①

6. 结　　语

高等教育学费的制定关系到社会多方面的利益，受到社会多方面因素的影响。学费的增长幅度要适当，既要有理论依据，又要充分考虑学生及家长的实际承受能力。现实情况是我国的公共教育经费投入总量严重不足，生均高等教育预算内事业费投入就更加不足。作为公立高校，首先要保证国家财政性教育经费的第一渠道，提高公共财政性教育经费占 GNP 的比例，加大政府对高等教育的经费投入。

高等教育是典型的资源依赖型组织。教育资源稀缺和教育投资

① 陈祥麟．大学学费调整，拟参考物价指数[EB/OL].http://www.mdnkids.com/info/news/content.asp? Serial_NO=82778.

不足是高等学校在办学过程中共同面临的困境。近年来，我国公立高校学费在物价指数不断攀升的情况下基本没有出现大的涨幅是事实，想通过学费涨价来弥补高等教育成本不断攀升的可能性比较小。因此，对于公立高校来说，开源开流才是当务之急，也是未来发展的趋势。一方面，公立高校在通过提高办学质量来争取更多的政府教育经费投入的同时，要扩大经费来源渠道，如争取社会的捐资助学、向企业提供技术服务、开设继续教育课程、提供有偿的咨询服务等来降低对学费的依赖程度。另一方面，由于公立高校都是非营利组织，成本最小化并不是高等教育机构的目标。高等学校缺乏降低成本、提高效率的内在动力和外在压力。之所以这样，是因为学校认为只要支出增加，就会自动提高产出和质量。但在高等教育资源紧张的现实条件下，高等学校必须提高办学效率，降低资源无端消耗尤其是资源浪费。事实上，我国高等学校确实存在办学资源不足与办学效率低下并存的现象。尽可能地筹集资金，然后将筹集到的资金全部花完以使其声誉和质量最大化是每所高校的普遍追求和做法，这种价值取向肯定是不利于降低办学成本的。因此，构建高等教育绩效问责体系势在必行。在考核了学校的绩效表现后，要以与之相配套的、适当的奖惩措施作为对表现结果的反馈。

学费作为高等教育中个人投资的重要部分，其标准通常是由政府来设定。然而国际经验研究表明，从效率与公平的视角出发，学费水平的决定权应该由高等教育机构掌握。① 就未来改革而言，学费收取应该转向学校自主定价的基本模式，加大国家对教育财政的投入，变革办学管制模式，促进多种社会力量办学和激发教育竞争，有效增加教育供给，而且高等学校的学费定价应该发挥资源配置功能，根据高等教育培养成本、地区经济发展水平、未来预期收益等来合理确立学费的收取标准。对于公立高校来说，学费的制定应该以高等教育成本为依据，在考虑高等教育财政能力和受教育者支付能力的情况下，以高等教育的个人收益和外部收益为高等教育

① 刘文晓，胡仁东．国内外普通公立高等学校学费定价研究述评[J]．现代教育科学，2011(6)：56-59.

成本分担的主要依据进行定价，使利益相关主体无意也无需改变现行学费制定的最优状态。同时，还应建立以助学贷款为主要资助方式的大学生资助制度。只有如此，才能克服目前政府在学费管理中面临的各种困难，并将高等教育学费维持在合理的水平。

第四章　我国公立高校收费政策的历史与现状

根据《中华人民共和国教育法》，公立高等院校是由国家主办的，不以盈利为目的的，以提供教育服务为目的的社会服务组织。我国的公立高校数量众多，这是因我国的政治制度及历史沿袭而形成的，当前，公立高校收费制度正处在一个变革时期，收费制度长时间不变引起了一系列的问题，这是现实的情况也是历史趋势。

1. 我国公立高校学费政策的历史沿革

中国自古即有教育，然而中国高等教育的发展历史并不长，我国的高等教育不是自然发展而产生，它的产生带有浓厚的西学色彩，1898 年京师大学堂的建立标志着我国高等教育的开端。到今天为止的一百多年里，我国高等教育的发展在既结合本国国情又顺应历史潮流的情况下，不断改革、不断创新、不断发展，日渐成熟。其收费制度也在不断变化，从无到有、从规定到制度，其变化不仅昭示着我国高等教育的发展历程，更加可以看到社会的进步、国家的综合国力、国家对教育的重视、人民生活水平的提升，等等。

我国的高等教育历经沧桑，其真正快速发展、快速转型，可以从中华人民共和国的建立开始谈起，究其原因，从中华人民共和国的建立开始，我国的各行各业的各项法律制度才开始比较系统、完善地建立起来，而且这段时间也是我国高等教育发展成果显著的时期。

1.1 第一阶段——国家对高等院校实行免费教育制度(1949年至1979年)

1949年10月中华人民共和国成立，国家百废待举，百业待兴，我国着手进行对各部门、行业的整顿，制定规章制度，1950年6月，中华人民共和国成立后第一次全国高等教育会议通过了《高等学校暂行规程》等一系列教育改革的规定、政策，国家开始对高等学校实行全方位的统一管理，对学生实行“统包、统分、免费入学、毕业分配”的招生制度，并给予免费上学的优惠政策，另外对1955年前的高校学生给予人民助学金，这就是“免费加助学金制度”,① 中华人民共和国高等教育免费制度自此开始。这是对高等教育的极大重视，对高等知识人才的支持，为社会主义发展培养建设者及接班人，对我国经济建设的恢复与发展产生了积极作用。

1949年到1965年，免费教育制度持续了16年，于1966年至1976年中断，由于“文化大革命”，高校停止招生，社会发展几乎停滞不前，知识分子深受打击，高等教育中断，直到“文化大革命”结束，1977年恢复高考后得以延续。高校招生制度渐趋完善，人们开始重视知识，积极参加高考，在这几年中，高等教育恢复原来的“免费加助学金”制度，并且发放生活津贴补贴，高等教育蓬勃发展。

可以说这一高校免费政策是与当时我国计划经济体制相配套的，实行了近30年之久，同时，也误导了人们对教育实质的认识，将其视为国家理所当然的公益活动。

1.2 第二阶段——我国高等教育招生制度的改革与收费制度的发端(1980年至1989年)

改革开放的春风吹拂着中国的每一片土地，万物复苏，高考的恢复使得高等教育发展至前所未有的规模，同时学生人数的增多，

① 范元伟. 高等教育市场化改革与机会均等[M]. 上海：上海教育出版社，2003.

人民生活水平的不断提升，使得高等教育的发展面临经费严重不足的问题，“免费加助学金制度”使国家在支持高等教育发展上步履维艰，高等教育收费制度亟待改革。

1.2.1　“收费走读，不包分配”——从免费制度向收费制度试行阶段

1980年，国家教委在高校招生工作会上提出，在部分高校和地区试行招收“收费走读，不包分配”的自费生，实行收取部分培养费和走读上学、国家不包分配的办法，至此，我国的高等教育拉开了收费制度的帷幕，这是我国高校招生与收费制度改革的首次尝试。

1.2.2　国家计划招生、用人单位委托和自费生培养招生——从免费制度向收费制度过渡阶段

改革开放将国外的部分合适的市场经济发展形式引进国内，计划经济加部分市场调节使收费制度改革的阻碍减少许多。

1985年颁发的《中共中央关于教育体制改革的决定》明确指出：要改革大学招生的计划制度和毕业生分配制度。首次提出了将高校招生计划分为国家计划招生、用人单位委托和自费生培养招生三部分。委培生和自费生需向学校缴纳一定数量的培养费。决定颁布后，委培生和自费生的数量不断增加，到1987年，全国毕业的委培生和自费生分别为35223人和3076人；同年全国招收的委培生和自费生分别为52307人和10640人，占全部招生人数的8.5%和1.7%。①

对部分对象学生进行收费为高等学校最终转向收费制度做了良好的铺垫，经济的不断发展，人民生活水平的不断提升，为后来收费制度成功转型打下坚实基础。

---

①　国家教育委员会计划财务司．中国教育经费统计年鉴(1987)[M]．北京：北京工业大学出版社，1988：26.

1.3 第三阶段——全国高校实行“双轨收费”制度（1989年至1996年）

人口的不断增长，经济发展水平的地区差异逐渐明显，收费双轨运行势在必行。

1.3.1 国家、单位、个人分别承担费用——三轨并行

1989年3月2日，国务院印发《国务院批转国家教委关于改革高等学校毕业生分配制度报告的通知》，对三类学生的收费作了明确规定，即计划生的培养费由国家承担；联培、委培生的培养费由其单位承担；自费生的培养费由个人承担。

1.3.2 规范学杂费和住宿费

1989年8月22日，国家教委、物价局和财政部联合印发《关于普通高等学校收取学杂费和住宿费的规定》，明确对普通高校学生(师范、农林等专业的除外)收取学杂费与住宿费，对于学杂费，本着起点从低、逐步调整的原则，一般地区以每学年100元为宜，经济特区和广东、上海等经济比较发达的地方可适当高些；对于住宿费，对新入学的住学校宿舍的本、专科学生要收取住宿费，一般每学年20元左右，住宿条件好的可适当多收一些。①

规定颁布执行后，当年学杂费一般为100~300元，住宿费一般为30~60元。明确了对公费生收取学杂费的规定，使得完全由国家承担费用成为历史。

1.3.3 “双轨招生”、“双轨收费”

1990年7月，国家教委、国家计委、人事部等部委联合发布《普通高等学校招收自费生的暂行规定》，确定把自费生完全纳入

---

① 国家教委及国家物价局．关于普通高等学校收取学杂费和住宿费的规定[EB/OL]．http：//www.chinalawedu.com/news/1200/22598/22615/22807/2006/4/zh897145611246002439-0.htm，1989-08-22.

国家高校招生计划，并规定了相应的收费标准，标志着我国高等教育“双轨招生”、“双轨收费”制度基本确立。这开创了由国家承担学费到由国家与个人共同承担的重大转变，即免费上大学这一政策被废除。

1.3.4　大规模招生制度出现，高等教育成本增加

1992年6月，国家教委及有关部门在《关于进一步改革和完善普通高等学校收费制度的通知》中指出：“我国地域辽阔，各地经济发展很不平衡，全国制定统一的普通高等学校收费标准和办法，已不能适应改革开放的新形势。”①在这之后，有部分院校开始不断提高自费生的招生比例，全国各高校开始大规模招生制度改革，学杂费在高等教育成本中占比逐渐扩大，1992年学杂费占比为4.34%，而到了1993年学杂费占比则是12.12%，增长十分迅速。

1.3.5　招生并轨和缴费上学

1993年2月，中共中央、国务院颁发的《中国教育改革和发展纲要》明确指出，“改革办学体制，改变政府包揽办学的格局”，“改革学生上大学由国家包下来的做法，逐步实行收费制度”，并第一次明确定位“高等教育是非义务教育”，“学生上大学原则上均应缴费”，采用统一的计划形式招生，采用一条分数线录取学生，昭示着我国彻底废除高等教育免费制度，体现教育公平，高等教育成本分担和补偿制度正式登场。②

1.3.6　并轨制试点并且扩大到各大高校

1993年8月，并轨试点工作首先在东南大学和上海外国语大学进行。取消公费生和自费生的双轨运行，将标准统一起来，其主

① 范莉莉．中国高等教育收费制度改革五十年[J]．价格月刊，2005(4)：23-25.

② 蓝秀华．中国高等教育收费制度百年变迁轨迹及特征[J]．研究与探索，2012(24)：21.

要内容为：同一院校的相同专业，按同一分数线录取学生，学生按同一标准缴纳学费，不再有公费生与自费生之分。首先在39所部属院校推行，逐步扩大到普通院校，到1995年已经扩大到246所高等院校。

1.3.7 收费标准的规范

1995年8月，国家计委、教委联合发布《关于1995年普通高等院校收费标准及有关问题的通知》，对收费标准进行统一界定规范，收费标准为一般专业每生每学年小于等于1200元，个别发达地区等可以适当上浮10%，艺术院校相对较高。

规范收费标准，是收费制度的又一个进步，随着时代的发展、社会的进步、人民生活水平的提高，学费也应根据实际情况进行调整。

1.4 第四阶段——高校收费制度正式形成完善时期(1997年至今)

1.4.1 1997—2000年——快速增长时期

1997年，国家出台高校扩招政策，高校招生人数急剧增加。一方面，政府的教育经费不能足额拨付到位，另一方面，高校扩招，其基础设施建设与设备购置的巨额投入造成资金入不敷出，形成短缺，使高校开始设法创收增收，助推了其收费项目的不断增多和学费标准的大幅攀升。①

1997—2000年是我国高等教育收费增长最为迅猛的时期，在这四年中，全国高校平均学费年增长率高达32.67%，到2000年有的高等院校学费超过5000元，2000年平均学费增长幅度高达67%，2000年比1999年增长了1000元，1998年比1997年增长1200元，达到年均千元的涨幅，即使是较低的年份即1999年增长

① 章达有．人均可支配收入是制定高等学校收费标准的主要依据[J]．教育与经济，2009(4)：26.

幅度也接近 10%，高校学费直线上升(见表 4-1)。

表 4-1　**1997—2000 年全国高校平均学费表**　单位：元

年　份	1997	1998	1999	2000
平均学费	2000	3200	3500	4500

资料来源：方凡泉．中国高等教育成本分担的政府选择[J]．高教探索，2003(13)．

从表 4-2 中我们可以明显地看到，1997—2000 年，我国普通公立高校招生人数迅速增长，招生人数的猛增也使我国学杂费总额不断上涨，招生人数 1997 年仅为 100 万人，到了 2000 年已经增长到 200 多万人，国家财政性教育经费以每年超过 40 亿元的速度不断增长，学杂费占教育经费总额的比例持续增长，而财政性教育经费占教育经费总额的比例逐年下降，这段时期，我国公立高校的学费不断上涨，原因是多方面的，一方面是由于公立高校的扩招，其各项基础费用增加，另一方面是由于政府没有做好扩招的财政投资准备，从政府财政性教育经费总额的年增长率低于学杂费总额的年增长率就可以明显看出，这使得公立高校压力猛增，因此只有以增加学费为依靠，促使教育发展。

表 4-2　**1996—2000 年我国普通公立高校学杂费总额、招生人数及增长比例**

年份	招生人数(万人)	国家财政性教育经费(亿元)	财政性教育经费占教育经费总额的比例(%)	学杂费总额(亿元)	学杂费占教育经费总额的比例(%)
1996	96.6	262.55	80.34	44.62	13.65
1997	100.0	305.74	78.30	57.89	14.83
1998	108.4	356.75	64.94	73.11	13.31
1999	159.7	443.16	62.53	120.78	17.04
2000	220.6	531.19	58.16	192.61	21.09

资料来源：根据 1998—2006 年《中国统计年鉴》相关数据计算。

从表4-3中我们可以看到，从1997年到2000年，生均学费每年都在增长，在1999年涨幅达到40.3%，同时，虽然城乡居民的人均可支配收入逐年增长，但学杂费的增长幅度远高于城乡居民人均可支配收入的增长幅度，尤其是在农村，学杂费在1999年已经远高于农村人均可支配收入，一个农村家庭很难供一个孩子上大学。1999年，清华大学本科生收取的学费为3200元，学费占当年城镇居民家庭收入(按三人计)的18.2%，占当年农村居民家庭收入(按四人计)的36%。①

表4-3　**1996—2000年城乡居民人均收入与普通高校学费增长比例**

年份	生均学费(元)	年增长率(%)	全年城镇居民人均可支配收入(元)	学杂费占城镇居民人均可支配收入的比例(%)	农村居民人均纯收入(元)	学杂费占农村居民人均纯收入的比例(%)
1996	1315	17.2	4838.9	27.17	1926.1	68.27
1997	1589	22.8	5160.3	30.79	2090.1	76.02
1998	1974	21.9	5425.1	35.64	2162.0	89.45
1999	2769	40.3	5854.0	47.30	2210.3	125.2
2000	3550	28.2	6280.0	56.52	2252.4	157.63

资料来源：根据1998—2006年《中国统计年鉴》相关数据计算。

1.4.2　2001年至今高等教育收费制度的稳定和完善时期

1997—2000年学费“疯涨”，给很多家庭经济带来沉重压力，

① 肖洁．公立高校收费与高等教育入学机会公平研究[D]．武汉理工大学硕士学位论文，2007.

很多学生由于没法支付学费而辍学，失去到高等院校进行学习的机会，国际公认的“警戒线”标准指学费支出不能超过居民生活支出的20%，① 但是当时的学费标准已经远远高于这一标准，已经不符合经济发展的要求，高等教育的收费关乎民生、关乎国家未来的发展，规范高等院校收费制度是广大学子、广大家长的希望及要求。

2001年，国家开始加强对高等院校收费制度的规定，强调高等院校的收费标准必须稳定在2000年的水平上，并且出台了一系列相关政策制度。

2001年2月教育部、国家计委和财政部联合颁布了《关于2001年高等学校招生收费工作有关问题的通知》，明确规定：各地区、各有关部门和各高等学校不得以任何理由、任何名义搞“双轨”收费。坚决纠正以各种名义向学生收取“赞助费”、“扩容费”、“定向费”、“一次性建校费”、“跨地区建设费”、“转专业费”或“捐款”等乱收费行为。严禁向学生强制服务、强制收费。对各种违规收费行为，各地价格主管部门要进一步加强监督检查，一经发现要依法查处，决不姑息。

2001年6月，国务院纠风办、教育部颁布《关于进一步做好治理教育乱收费工作的意见》，明文要求：不准以任何理由或形式搞“双轨”收费，禁止以各种名义向学生收取“赞助费”、“扩容费”、“定向费”、“一次性建校费”、“跨地区建设费”、“转专业费”或“捐款”以及向学生强制服务、变相收费等。

对比表4-4、表4-5和表4-2、表4-3，我们不难发现生均学费的增长幅度下降，保持在10%以下，2008年的增长幅度仅1.4%，相比1999年的40.3%，下降幅度大、趋势明显，另外，生均学杂费占城镇居民可支配收入及农村居民可支配收入比例持续下降。

① 谢纬．中国公立高校收费与教育公平[J]．南京理工大学硕士学位论文，2005(6)．

表 4-4　**2001—2010 年我国普通公立高校学杂费总额、招生人数及增长比例**

年份	招生人数（万人）	国家财政性教育经费（亿元）	财政性教育经费占教育经费总额的比例（%）	学杂费总额（亿元）	学杂费占教育经费总额的比例（%）
2001	268.3	632.80	54.24	282.44	24.21
2002	320.5	752.15	50.55	390.65	26.26
2003	382.2	840.58	47.91	505.73	28.83
2004	447.3	969.79	45.54	647.69	30.41
2005	504.5	1090.84	42.77	791.92	31.05
2006	546.1	1259.57	42.85	906.07	30.83
2007	565.9	1598.32	43.98	1223.19	33.66
2008	607.7	2003.51	47.59	1418.13	33.68
2009	639.5	2264.51	48.75	1540.35	33.16
2010	661.8	2901.80	52.78	1676.07	30.49

资料来源：根据 1998—2012 年《中国统计年鉴》相关数据计算。

表 4-5　**2001—2010 年城乡居民人均收入与普通高校学费增长比例**

年份	生均学费（元）	年增长率（%）	全年城镇居民人均可支配收入（元）	学杂费占城镇居民人均可支配收入的比例（%）	农村居民人均纯收入（元）	学杂费占农村居民人均纯收入比（%）
2001	3895	9.7	6859.6	56.77	2366.4	164.62
2002	4224	7.8	7702.8	54.64	2475.6	170.59
2003	4419	4.6	8472.2	52.16	2622.2	168.53
2004	4785	7.6	9421.6	50.78	2936.4	162.90
2005	5070	6.0	10493.0	48.32	3254.9	155.77

续表

年份	生均学费(元)	年增长率(%)	全年城镇居民人均可支配收入(元)	学杂费占城镇居民人均可支配收入的比例(%)	农村居民人均纯收入(元)	学杂费占农村居民人均纯收入比(%)
2006	5515	8.8	11759.5	46.90	3587.0	153.75
2007	6119	10.0	13785.8	44.39	4140.4	147.79
2008	6203	1.4	15780.8	39.31	4760.6	130.30
2009	6489	4.6	17174.7	37.78	5153.2	125.92
2010	6721	3.6	19109.4	35.17	5919.0	113.55

资料来源：根据1998—2012年《中国统计年鉴》相关数据计算。

由此，我国普通公立高校的收费标准没有很大变化，尤其在2006年以后，收费标准趋于稳定，无较大波动，全国普通公立高校的收费标准维持在：发达地区4500～6000元；欠发达地区3000～4000元，艺术院校(专业)10000元左右。①

1.5　第五阶段——高校学分制收费的试行(1997年至今)

早在20世纪80年代，武汉大学在我国普通高校中率先探索学分制改革，1997年上海大学和云南大学试行了按学分收费。进入21世纪，广西、四川、江苏、湖南等地的教育行政部门对本地高校按学分收取学费曾做出统一部署和要求，全国推行学分制收费制度的高校达到1/3。但实际上大多数学校虽然是在实行学分制，但是依旧采用学年制来进行收费。

2006年4月国家发展和改革委员会颁布《关于进一步加强高等学校学分制收费管理的通知》，要求“经批准按照学分制收费的，

① 王康平．高校收费政策的理论与实践[M]．厦门：厦门大学出版社，2001.

学生完成学业所缴纳的学费总额不得高于实行学年制的学费总额”，在我国，现阶段学分制收费制度处在研究及试行阶段，尚有待进一步完善与发展。

2. 我国公立高校学费政策

2.1 我国普通公立高校学费制度变迁浅析

我国普通公立高校收费制度最早可以追溯到1898年京师大学堂的建立，带有浓厚的西方色彩，发展到今天，收费制度经历了免费、双轨制和全面收费三个阶段，学费标准也经历了从无到有、从低到高的变化过程，而今，我国普通公立高校收费制度渐趋平稳，从2006年开始，我国高校收费制度一直没有较大波动。现在我们共同来探究其制度变迁的规律及问题。

第一，一百多年的高校收费制度总体而言是收费制度从无到有，收费标准从少到多。

从宏观上看主要是由于生产力迅猛发展和社会经济体制转型所产生的必然性。第一次收费制度大变化的背景：1980年改革开放深入发展，使得我国经济在“文化大革命”之后迎来生机，社会主义经济快速发展，吸收国外先进的市场经济发展模式，结合我国国体和国情，促进各行各业的发展，进而人民生活水平有了明显提升。第二次收费制度的大变化是在社会主义市场经济体制的真正实行阶段开始，1992年到1993年学杂费的占比由4.34%猛增到12.12%，① 由此可以看到学费的增长是生产力的发展和经济体制转型的必然结果。

从微观上看主要是由于高等教育自身谋求发展的特殊性。纵观中华人民共和国成立以来我国高等教育的经费渠道来源，可以看

---

① 王喜林，刘丽红．我国高等教育学费标准[J]．现代经济，2008，7(8)；高桂娟，陈慧．我国高等教育学费的历史沿革[J]．曲靖师范学院学报，2005(1).

到，1949 年到 1979 年采用单一的国家投资渠道，与当时中国计划经济体制是相匹配的，这个时期高等教育经费的唯一来源是政府拨款。政府拨款主要包括：财政预算内的高等教育事业费拨款、教育基本建设费拨款、各种专项资金用于高等教育的支出等，这一行政化的管理体制给国家财政带来了巨大的负担，使高等教育的发展缺乏生机和活力，而且实质上无法使教育规模与质量满足经济发展对人才的需要，极大地阻碍了经济的发展。1980 年到 1998 年则处于投资多元化、多渠道阶段，从 20 世纪 80 年代开始，我国从计划经济体制向市场经济体制逐步过渡，1989 年 6 月国家发出《关于普通高等学校收取学杂费和住宿费的规定》，明确要求“学杂费及住宿费作为财政性资金交纳财政专户后转拨入学校作为基金，原则上财政不截留、不调剂”，这一举措使学校的资金自主权增大。1992 年开始，国家对校办产业进行税收减免并建立校办企业周转金制度，以促进校办产业的发展。1993 年中共中央、国务院出台《中国教育改革和发展纲要》，要求：“逐步建立以国家财政为主，辅之以征收用于教育的税费、收取非义务教育阶段学生学杂费、校办产业收入、社会捐资集资和设立教育基金等多种渠道筹措教育经费的体制。”1995 年的《中华人民共和国教育法》，从法律上确立了以财政拨款为主，其他多种渠道筹措教育经费为辅的新的教育财政体制，稳定了公立高校教育经费的来源。至此，学费及其他收入成为高等教育资金来源极其重要的一部分。1999 年到现在，是投资多元化、多渠道的发展阶段，随着高等院校数量的增加及高校的广泛扩招，高等院校的经费需求也随之增加，单一的学费及住宿费的收入、财政拨款的限额使得高等院校的发展面临着问题，GDP 在逐年增长，CPI 也在逐年增长，我国城乡居民收入也在逐年增长，同时，前期高校扩招带来的学校规模扩张使得公立高校教学设备、高校基础设施投入存在滞后性，师资队伍建设存在滞后性，等等，最后导致公立高校经费不足，教学质量从而难以得到有效保障。2006 年到现在，学费保持稳定，然而高校学生的增加，校内各项开支的比例增加，使得高校运行出现重重困难。因此，收费制度改革以及学费标准变革的与时俱进是非常有必要的，是高等教育发展的必然选择。

第二，分析收费制度发展的各个阶段。

在免费阶段，国家处在计划经济体制时期，高等教育实行的是精英教育的模式，当时学生数量少，学校数量少，每个大学生都是"稀缺动物"，国家有能力集中所有资源对高校和学生实行免费教育；双轨制收费与全面收费阶段，正值我国的改革开放"摸着石头过河"，经济体制由社会主义计划经济向社会主义市场经济转型过渡时期，社会经济的大发展及对大批各类人才的迫切需求以及家长对子女接受高等教育的需求扩大与高校大规模扩招的趋势一拍即合，高校数量、每年招生数量及毛入学率均达到空前规模。①

从理论上说，制度的变迁是一种效率更高的制度对另一种缺乏效率的制度的替代过程。值得注意的是，本书所阐述的这一变迁过程，是政府运用行政权威强制推行的，即便是在我国社会经济体制转型时期也是如此，可谓具有中国特色，但总体上符合社会生产力发展要求，顺应高等教育向更好、更加完善的方向发展的趋势，同时兼顾了我国的国情，是成功的也是超前的。

当前，我国经济正在以一个良好势头不断前进，在"十一五"时期，经济、教育、科技都取得显著成果，未来我国经济必将走向一个更辉煌的阶段，因此，有必要考虑再次调整收费制度。

第三，基于上述背景，本书认为，目前我国许多公立高校已陷入一种进退维谷、难以改变的怪圈，即一方面高校大规模扩招，然而国家对高校预算内经费的投入明显不足；另一方面，高校通过扩招使学生数量大增、学费数额大增，但必需的固定资产等基础设施的巨额投入又使高校苦不堪言，物价水平的持续攀升使得2006年以来收入的学费、住宿费等不足以支付学校的工程实训建设费用等，于是除了千方百计增收创收外，又不得不持续扩招，周而复始，据不完全统计，全国有85%以上的高校处于贷款举债办学的境况。

第四，从理论层面看，国内外专家学者的主流观点是高等教育

① 黄令．我国高等教育学费制度变迁的经济学分析[D]．广西师范大学硕士学位论文，2008.

属公共产品。按此观点，其教育成本应由从中受益的各方，即国家、社会、学生(家庭)共同分担；且受益多者多负担，收益少者少负担；能力强者多负担，能力弱者少负担。①

我国现阶段是中国共产党领导下的社会主义市场经济的初级阶段，党和国家需要考虑到高等教育发展的不同层次的需求，也要考虑到接受高等教育的大众的需求，更要考虑到社会发展的不平衡，居民收入的城乡差异、个体差异的不平衡。

客观地说，作为高等教育的受益方之一的国家在相当长的一段时期对教育经费的投入是没有足额到位的，但同时政府及相关部门在这一时期又相继出台了国家奖学金、励志奖学金、助学金等一系列“帮困又奖优”的资助政策，在一定程度上为相当一部分学生和家庭(也是高等教育受益方之一)减轻了成本负担，另外，给高等教育的主办方带来压力。

第五，我国高等教育经费现阶段主要来源于国家财政性教育经费、学杂费、住宿费等其他收入、捐助及集资等。

观察表 4-6 及图 4-1，我们可以得出：预算内经费是最主要的经费而且在逐年递增，但所占比重却连年下降，从 1997 年的近 70%降到 2006 年的 41%；学杂费成为仅次于预算内经费的主要来源，除了 1998 年和 2006 年占比略有下降之外，其他都呈现递增的态势，且增幅较大，从 1997 年的 14.82% 增加到 2006 年的 29.18%，在 2005 年达到 31.05%的高峰；捐助及集资的比重最小，仅有 1%~2%的涨幅。

收费制度虽然不断在变化，收费标准也有提升，但是国家财政性教育经费投入的不均衡以及高等教育经费的增长幅度远大于国家财政性教育经费投入的增长幅度，② 这一矛盾使高等教育陷入困境，使高等教育的发展以收取学杂费来提高收入，公立高等教育失去了其发展的动力。

---

① 周光．我国公立高校过度投资的成因与评价研究[D]．天津商业大学硕士学位论文，2010.

② 劳凯声．公立学校 200 年[J]．北京大学教育评论，2009(4).

表 4-6 **1997—2010 年我国普通高等教育经费主要来源及结构**

年份	预算内经费总额（万元）	预算内经费比重（%）	社会捐赠和集资经费(万元)	社会捐赠和集资经费比重(%)	学杂费（万元）	学杂费比重（%）
1997	2644494	67.72	58741	1.5	578857	14.82
1998	3350701	61.00	114640	2.01	731134	13.31
1999	4226112	59.63	161676	2.28	1207835	17.04
2000	5044173	55.23	151828	1.66	1926109	21.09
2001	6060683	51.59	172775	1.48	2824417	24.21
2002	7243459	48.68	278253	1.87	3906526	26.26
2003	8074148	46.02	256375	1.46	5057307	28.83
2004	9309881	43.71	215429	1.01	6476921	30.41
2005	10463734	41.03	210796	0.83	7919249	31.05
2006	12074842	41.09	193315	0.66	8575028	29.18
2007	15543042	42.77	271809	0.77	12231914	33.66
2008	19446804	46.19	286343	0.68	14181277	33.68
2009	21912629	47.17	261761	0.56	15403469	33.16
2010	27188006	49.45	296357	0.54	1676056	30.49

资料来源：根据 1998—2012 年《中国统计年鉴》相关数据计算。

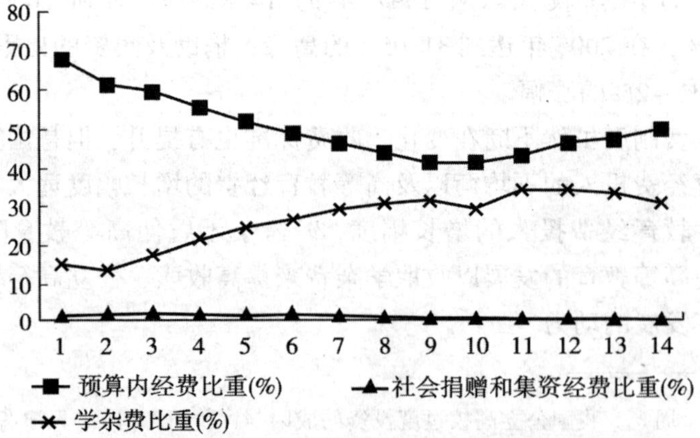

图 4-1 1997—2006 年我国普通高等教育经费来源结构

2.2　我国现行收费制度的分析

当前我国形成的全面收费制度是中华人民共和国成立60多年以来的成果，当前高等教育的蓬勃发展，给我国社会发展以及经济建设输送了大批优秀人才，“百年大计，教育为本”，高等教育对于培养真正为社会建设作贡献的知识型及技能型人才有着很大帮助，现今，我国高等教育表面上毫无压力地发展着，究竟现在的高校收费制度是否真的符合我国公立高校教育发展呢？

我们看现行收费标准：发达地区4500~6000元；欠发达地区3000~4000元，艺术院校(专业)10000元左右。目前我国学费收取标准简单笼统地按大类收费，可以称为“一刀切”收费形式，统一按照标准收取学费。

2.2.1　高等教育成本分析

著名的教育经济学家范先左先生这样论述高等教育成本：“所谓高等教育成本是指学生在学校接受教育期间所支付的直接和间接教育费用。直接费用包括社会直接成本和个人直接成本，前者也称高等教育学校的成本，指学校在教育过程中直接用于培养学生、可以用货币计量和表现的教育资源价值，即表现为财务上的实际支出。后者是指个人在受教育期间所支付的学费及负担的生活费、交通费等。间接费用也称机会成本，包括社会间接成本和个人间接成本，是指社会和个人因为将资源投入教育产品而丧失对其他项目投资中所失去的最大效益。”

我们将高等教育成本按照经济内容分类，便于各种要素费用依照其发生的核算对象和用途进行归类，将其中应计入高校教育成本的部分，分配计入。

人员经费。工资是教育成本中最大也是比重最重的一项，是学校支付给教师和为教学服务的行政人员、后勤人员的工资费用总和，包括各项工资性费用，如基本工资、津贴、奖金、职工福利费、其他人员支出等。基本工资是学校支付给教职工报酬的主要形式，包含基础工资、职务工资、工龄工资等项目；津贴是对教职工的补助，包含课酬津贴、辅导员津贴、班主任津贴等；职工福利费是用于职工福利待遇的支出，包含工会经费、医疗费用、住房公积金、社会保险、养老保险等。

学生活动经费。学生活动经费是高校在教育过程中发生的与学生管理有关的费用，包括助学金、奖学金、学生活动费、招生就业费、勤工助学金、困难补助等，我们一般称其为学生公用经费或学生资助费用，这一费用主要用于学生工作处及招生就业处等。

教学经费。教学经费是高校为完成教学业务而购置教学用材料的费用和支出费用，以及教学辅助费用。我们所说的教学教务费用主要是在教学的过程中必要的费用，如进行实验所需的耗材，低值易耗物资费用等；学生所用资料、试卷的文印费、印刷费；图书馆的图书购置费、报刊购置费；体育馆购买体育用品的费用；教师外出培训费用；等等。这些都是高校发生的一般费用。

行政后勤经费。它是为培养高等教育对象所发生的日常运行及管理方面的支出。一般高校除去教师上课之外，还有一类人群，即行政楼的行政老师及后勤处的后勤管理人员，他们负责学校的日常行政工作，对学校的管理作出了一定的贡献，其日常办公的各项费用包括办公文具费用、水电费、差旅费、物业管理费、大型物资购买费用、专用材料费等。

有收入必然会有支出，与企业有很大的不同，公立高等院校的收入与支出是相等的，我们的收入来源于政府和个人，支出主要用于日常各项事务及学生各项费用，在收入不变的情况下，支出的增加会影响整个学校的正常运行。

当前，我们可以看到我国的物价指数自2003年以后就一直处于上升阶段，CPI从2003年5月的0.7%攀升到2010年12月的7.4%，增长倍数在10倍以上，① 这里的物价上涨，主要是由食品和原材料等产品价格大幅度上涨而导致的结构性上涨，虽然大部分产品的价格相对比较稳定，但是大部分消费商品价格上涨十分

① 李颖．中国物价波动的特征和影响因素研究[D]．东北财经大学硕士学位论文，2011.

明显。

物价指数的增长不仅仅对家庭产生了影响，更影响了学校的发展，例如，纸、笔的消耗极大，而近几年，纸、笔等办公用品的价格有不同程度的上涨；油价持续涨价，使得公务用车的油费陡然增加；基础设施建设所需材料的价格上涨，无形中使得基础设施建设的费用增加；等等。

2.2.2　学费分担主体的承受能力

当前，我国公立高等院校的学费分担主体主要是政府和个人两个方面，在政府方面，主要是财政拨款等各项费用；在个人方面，主要是收取的学费、住宿费等。

改革开放以来，国民财富的分配结构发生了很大变化，国家财政收入占国民生产总值的比例下降，而居民的个人储蓄上涨并且恩格尔系数不断下降，从侧面反映出我国居民个人经济状况有很大改善与提升。

2009年我国居民储蓄余额已经突破了18万亿元，储蓄率在全世界排名第一，人均储蓄超过1万元。对国家统计局的数据进行分析，2011年中国的GDP已经直逼40万亿元，到2012年11月，超过42.5万亿元，以中国储蓄率52%来计算，我国居民储蓄余额已经突破22万亿元，即人均储蓄额已经将近1.7万元。① 虽然储蓄的增加与我国居民相对保守的消费观念有关，但是另一方面也体现出我国居民收入的增加，只有在收入增加、生活温饱得以解决的情况下，才能有更多剩余的资金投入储蓄。

另外，伴随着物价上涨的就是工资的上涨，虽然我国国民收入分配存在不平等、贫富差距大、经济存在较大的地区差异和城乡差异，但是总体而言，我国整体的国民经济水平均有较大增长，城乡差距也在进一步缩小。

我们知道，对一个国家或者一个家庭而言，生活越贫困，恩格

① 刘颂．高等教育大众化中的教育成本分担问题研究——一种教育公平的视角[J]．陕西财经大学学报，2005(6)．

尔系数就越大；反之，生活越富裕，恩格尔系数就越小。联合国粮农组织以恩格尔系数为依据对实行市场经济的国家划分的生活阶段为：恩格尔系数在59%以上的为贫困，50%~59%为温饱，40%~50%为小康，30%~40%为富裕，低于30%为富裕。

改革开放以来，我国居民的食物消费已经发生了很大变化，从恩格尔系数变化的角度来看，这样的变化呈现出居民食物消费额增长放慢甚至减少的情况，在总的消费支出中，食物所占比重直线下降。

从表4-7中可以看出，在1980年以前我国的农村居民可以说一直生活在贫困阶段，从1985—1999年，我国农村居民生活水平有了慢慢提升，基本处于温饱阶段，2000年以来，我国农村居民家庭恩格尔系数一直保持在50%以下，可以看出农村居民处在小康阶段并向着富裕阶段发展。而城市居民则早于农村居民迈入小康阶段，尤其是2000年后，城镇居民家庭恩格尔系数保持在40%以下，按照联合国的归类，其已经属于富裕水平了，这反映出，随着时间的推移，城镇由温饱向富裕迈进，农村从贫困向小康迈进。

表4-7 **1979—2008年我国城乡居民家庭恩格尔系数及差异**

年份	城市居民恩格尔系数(%)	农村居民恩格尔系数(%)	城乡居民恩格尔系数差(%)	年份	城市居民恩格尔系数(%)	农村居民恩格尔系数(%)	城乡居民恩格尔系数差(%)
1978	57.5	67.7	10.2	1998	44.7	53.4	8.7
1980	56.9	61.8	4.9	1999	42.1	52.6	10.5
1985	53.3	57.8	4.5	2000	39.4	49.1	9.7
1990	54.2	58.8	4.6	2001	38.2	47.7	9.5
1991	53.8	57.6	3.8	2002	37.7	46.2	8.5
1992	53.0	7.6	4.6	2003	37.1	45.6	8.5
1993	50.3	58.1	7.8	2004	37.7	47.2	9.5
1994	50.0	58.9	8.9	2005	36.7	45.5	8.8
1995	50.1	58.6	8.5	2006	35.8	43.0	7.2
1996	48.8	56.3	7.5	2007	36.3	43.1	6.8
1997	46.6	55.1	8.5	2008	37.9	43.7	5.8

资料来源：根据2009年《中国统计年鉴》部分数据计算。

从图 4-2 中可以更加直观地看出，无论是我国城镇居民家庭恩格尔系数还是农村居民家庭恩格尔系数，总的趋势是下降，虽然有快有慢，但是总体来说城镇和农村都在向好的方向发展，并且城乡差距在逐渐缩小。

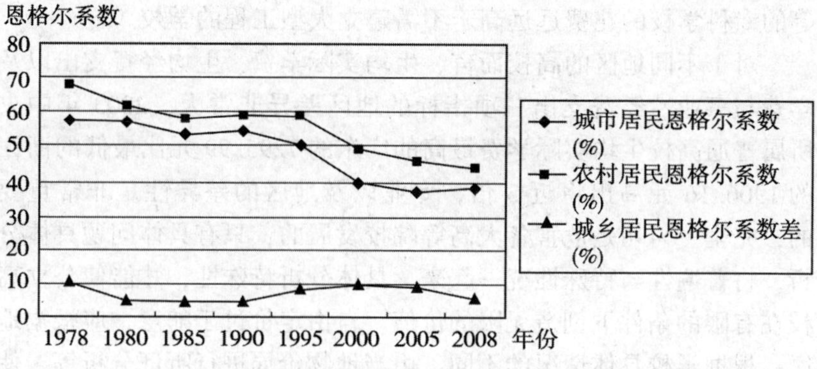

图 4-2　1979—2008 年我国城乡居民家庭恩格尔系数及差异

党的十八大更是提出，到 2020 年我国城乡居民人均收入比 2010 年翻一番。

如果说 1996 年到 2006 年我国的学费收入不断走高，超出人们的承受范围，那么 2006 年到今天学费的不变与人民生活水平不断提升也形成了一个矛盾，现在，国家与个人两个方面的分担正在反转，1949 年公立高等院校由国家负担全部费用，现在中国社会主义市场经济使高校的发展必须符合当前中国的形势，个人的生活水平有所提升，应该做到个人反哺国家，促进高等教育的良性发展。

2. 2. 3　专业及地区的差异性

当前，我国的公立高校学费基本可以说是“一刀切”，办学主体不同、专业不同、地区不同、市场供需不同，等等，那么高等教育的收费也应当体现这种差异性，应该按照不同地区、不同专业、不同的办学主体制定不同的收费标准，当然不是提倡自由定价，也不能实施自由定价，而是国家在制定收费制度的同时考虑这一问题，重点院校及经济发达地区，其教学资源以及教学条件相对而言好些，其花费自然也大些；普通院校及经济欠发达地区，其教学资源以及教学条件相对而言差一些，花费没有那么大。热门专业、冷门专业以及艺术专业应该单独分地区、分情况对待，总体来说，艺术院校的花费较之普通专业要大很多，需要实验室、大型实训基地等的专科学校的花费远远高于不需建立大型工程的学校。①

对于不同地区的高校而言，生均实际学费、生均经费支出以及学费与事业性经费支出三项指标的地区差异非常大，2003 年中央所属普通高校生均实际学费最高的广东的 7295. 99 元比最低的浙江的 1906. 16 元高出将近 3 倍，专业以及地区的差异性是非常重要的，完全一刀切是危害各大高等院校发展的，只有具体问题具体分析，将普遍性与特殊性统一起来，具体分析特殊性，才能使公立高校在有限的条件下创造无限的价值。自由定价过于随意，应根据地区、根据学校具体情况的不同，由当地物价局进行听证分析等，使得学费标准的定制符合学生及学校的需求，符合当地的实际情况。

2. 2. 4　学生个人投资的回报率

学生是到学校学习的，付出学费也是要获得收益的，如何计算学生个人在社会上的投资回报率是个难点，最具权威性的就是贝克尔教授的教育投资私人收益率一说，可以说学生在社会上的收益是其私人收益，那么学校理应获得相应的教育服务所获得的私人收益水平，这个应该是同向增长的，在贝克尔教授的理论中，最为形象化的就是其将个人教育投资的收益率用数学公式表现出来，用变量表现得更加简洁：

$$C + X = \sum [(x - y)/(1 + r)^{i}]$$

其中：C 表示第 10 年的教育的个人直接成本；

X 表示受过第 10 年教育的机会成本；

x 表示受过第 9 年教育的人的收入；

① 刘薇，陈中原．高等教育收费政策演变备忘录[N]．中国教育报，2003-01-19.

y 表示受过第 10 年教育的人的收入；

n 表示受过 10 年教育之后可以赚得收入的年数，国际上一般使用 35 年；

r 表示第 10 年教育的收益率；

i 表示所考查的年份。

从公式可以看出，“收益率实际上是个人投资教育的到期收益率，所谓到期收益率，是指将资产持有期间所获得收益的未来现金流量的现值等于资产当前市价的贴现率，即内部收益率”。①

无法否认的一点就是，即使没有这样一个公式，我们也必须承认个人投资教育的费用远远低于接受教育后在社会上所创造的私人收益，因此，反过来看，今天高等院校教育收费标准还有待商讨。

2.2.5　高校生均培养成本不断上涨

当前高校学生所交费用即学费和住宿费，根据各项数据显示，如果按照不变价格计算，2002 年我国高校总运行成本是 1978 年的 15 倍。

从 1996 年到 2003 年，高等院校生均成本费用不断增加，1998 年以后已经超过一万元，按照《普通高等学校基本办学条件指标(试行)》，假设办学条件合格，新增一个学生，按 1998 年高校必须投入：每生每年应付教师(不含教辅、实验、行政、后勤等人员)工资 2778 元；生均教学行政用房折旧 560 元；生均教学科研仪器设备折旧 500 元；生均图书费 300 元；生均教学四项经费 1250 元；生均助学金 500 元，合计 5888 元。② 不含运行费、社保等支出，已经大大超过学费标准。即学生在学校所得高于所交学费，生均成本是高于学费标准的，学费是不能分担其费用的，我们暂时不考虑办公用品价格上涨、人民生活水平提升、教师工资上涨等，当

① 张东，朱必祥．我国高等教育人力资本投资私人收益率研究[J]．河北科技师范学院学报(社会科学版)，2012(2)．

② 唐凯林．上大学要交多少钱——关注高校收费改革[EB/OL]．[2003-08-12]．http://www.edu.cn/shou_fei_316/20060323/t20060323_16117.shtml.

前普通公立高校所收取的学费远远低于其支出所需经费，低于每个学生的教学成本。

全球发达及发展中国家的高校生均学费及高校生均学费占人均GDP的百分比，如表4-8所示。

表4-8　**全球部分发达国家及发展中国家和地区的高校生均学费及高校生均学费占人均GDP的百分比**

国家和地区	高校生均学费(美元)	高校生均学费占人均GDP(%)
日本	11556	41
韩国	7089	37
英国	11866	40
法国	10704	38
加拿大	19992	66
美国	24074	64
泰国	1851	31
印度	2486	92
中国台湾	4688	35
中国内地	1821	39

资料来源：根据2009年《中国统计年鉴》部分数据计算。

由此，我们可以更加直观地看到当前我国高等学校教育生均学费占人均GDP的比重是较低的，远远低于部分发达国家及发展中国家。

2.2.6　高等学校学生资助制度不断完善

当前我国公立高校的奖学金、困难补助(助学金)、勤工俭学和助学贷款政策慢慢在完善。

奖学金制度。奖学金是政府、学校和社会为了表彰和鼓励品学兼优的学生而设立的奖励资金。早在1983年7月，我国教育部、财政部联合发布《普通高等学校本、专科学生人民奖学金试行办法》，要求"享受人民奖学金学生的人数近一两年暂按本专科学生总人数的10%~15%，可分为几个等级，每个等级的金额应有高低之别，1983年最高金额每年以不超过150元为宜"；2002年提出了"国家奖学金"一词，根据调查，现在奖学金的形式有很多种，如国家奖学金、国家励志奖学金、各项省市政府奖学金、校一等、二等、三等奖学金，再就是各类企业为支持教育而办的各项奖学金，国家奖学金标准为每生每年8000元、国家励志奖学金标准为每生每年5000元、各项省市政府奖学金按照各地区情况来界定，如武汉市政府奖学金为4000元，校一、二、三等奖学金则是根据学校情况来制定等。

助学金制度即困难补助。困难补助主要是对那些生活费低于学校所在地居民平均最低水平线的学生提供的最基本的生活费用。2007年财政部及教育部发布关于印发《普通本科高校、高等职业学校国家助学金管理暂行办法》的通知，"国家助学金主要资助家庭经济困难学生的生活费用开支。国家助学金的平均资助标准为每生每年2000元，具体标准在每生每年1000~3000元范围内确定，可以分为2~3档"，根据调查，一等助学金为3000元，二等助学金为2000元，三等助学金为1000元。接着，2010年12月22日温家宝同志召开国务院常务会议，决定继续扩大大中专学校家庭困难学生资助范围、提高资助标准，"为缓解价格上涨给大中专学校家庭困难学生基本生活带来的压力，国务院决定从今秋学季起：将普通高等学校国家助学金资助标准从原来生均2000元提高到3000元，惠及430万名家庭困难学生，占在校生总数20%。"即一、二、三等助学金分别为4000元、3000元、2000元。

勤工助学制度。勤工助学是指学生在学校的组织下利用课余时间，通过劳动取得合法报酬，用于改善学习和生活条件的社会实践活动。勤工助学是学校学生资助工作的重要组成部分，是提高学生综合素质和资助家庭经济困难学生的有效途径。早在1993年，国家教委、财政部联合指出高校应该大力开展并且支持勤工助学制度，强调其是高校收费制度的一项重要配套措施，1994年国家教委发布的《关于在普通高等学校设立勤工助学基金的通知》明确指出，“设立勤工助学基金的目的，在于使高等学校勤工助学活动具有稳定、可靠的经费来源，使这项工作逐步走向经常化、规范化，使家庭经济困难的学生，尤其是特困生得到有效资助，以完成学业”，表明国家是绝对支持、认可这项制度的，并且在调查中，各高等学校对于勤工助学岗位是支持并且执行情况良好的，根据调查，江汉大学的勤工助学岗位是按照每小时 8 元的标准进行支付，但是为了保证学生的学习时间，要求每月工作时间不超过 40 小时，这样来看，勤工助学的每生每月最多可以有 320 元，基本上是学生一个月生活费的 1/3～1/2。

助学贷款制度。国家助学贷款是党中央、国务院在社会主义市场经济条件下，利用金融手段完善我国普通高校资助政策体系，加大对普通高校贫困家庭学生资助力度所采取的一项重大措施，借款学生不需要办理贷款担保或抵押，但需要承诺按期还款，并承担相关法律责任。助学贷款制度从 1998 年首次提出来，1999 年开始试点，到 2000 年在全国全面展开，目前，助学贷款制度已经渐趋成熟，借款学生通过学校向银行申请贷款，用于弥补在校期间各项费用的不足，毕业后分期偿还，助学贷款对学生的还款压力相对而言更小一些，① 而且，根据前面我们提到的学生个人投资回报率的分析，学生的回报是远高于学生的投资的，所以，在学生工作之后，有一定的能力后再还款会比较符合家庭经济困难学生的实际情况。

近年来，这四种资助制度正不断趋于成熟及完善，相对而言，学生上大学的压力没有以前那么大，欠缴学费等情况大大减少。

3. 结　语

目前，关于普通高等学校收费制度的理论及现实依据已经基本清晰，收费政策在实行过程中遇到的问题也有所显现，当然，政策的制定是根据时代的发展不断变化的，也是根据时代的进步慢慢修

① 魏坤．教育成本理论下高校学分收费制度改革研究[D]．鲁东大学硕士学位论文，2012.

正的。

时代在发展、在进步，高校收费制度理应随着时代的变化而变化，更加符合历史发展的趋势，当前，我们需要做的就是不断改进普通公立高校收费中不公平、不合理的方面，推进高校收费制度的不断完善与发展，并且逐步趋于合理、趋于公平，道路是曲折的，但是前途必定是光明的！

和谐社会的核心是各方利益的和谐，在高等教育领域，只有充分协调好不同利益群体的利益分配关系，才能推动我国普通公立高校教育成本分担的良好持续发展，使高等学校的办学更有动力、更有活力、更有创新力。

第五章　我国公立高校政府投入机制

从管理权限的角度分析，我国当前高等教育的管理分为两个大层级：中央管理和地方管理。随着高等级教育体制的改革，目前我国高等教育主要是以省级管理为主。20 世纪 80 年代开始，随着我国经济体制改革，地方经济得到快速发展，一些有经济实力的大型城市开始兴办一些高校，这些高校后来统称为“市属高校”。从全国层面上来看，该类高校仍然属于地方高校，但是由于该类高校是由省(市、自治区)所辖的地区政府投资兴办、并纳入国家高等教育体系，有其独特性。在政府投入上来看，地方高校与中央部属院校有联系，也有一些差异，以下就政府对高校地方投入机制进行探讨。

1. 我国公立高校政府投入历史变迁

随着国家财政政策的变化，我国公立高校政府投入的政策也在不断变化。公立高校政府投入的变化是国家财政体制变革的结果。当前我国财政体制变化的基本特点是由集权向分权过渡。为此，国家的财政政策及财政基本框架也发生了变化。从中华人民共和国成立以来，我国公立高校的政府投入主要经历了以下几个发展阶段。

1.1　单一依靠财政拨款阶段(1949—1985 年)

中华人民共和国是在国家一穷二白的前提下成立的，各种制度非常不健全。当时国家的发展重点是重工业，相对于重工业，教育放在了次要的位置，教育的重要性没有体现出来。当时财政体制采用的是中央统一的财政体制，根据此种体制，我国高校的经费主要来源是其主管部门，由其主管部门纵向划拨。中央各部委和地方省市根据各自的高等教育发展计划制定相应的发展规划经费预算，然后上报中央，中央根据实际情况再行平衡审批。综合这段时间的拨款状况，其基本特征是经费来源渠道单一。产生这种状态的最主要原因是当时的计划经济体制。当时的拨款体制与当时的计划经济体制是一致的，在一定程度上促进了高等教育的发展。在此阶段，政府是高等教育唯一的兴办者和所有者，高等教育的一切教育事业经费都由政府负责。高等教育的其他权力也相应由政府控制，从一定意义上来讲，高等教育就是政府的附庸。

我国高校的国家全额财政拨款制度运行了30年(1955—1985年)，这段时间国家对高等教育的拨款制度是基于“定员定额”的原则进行，以学校的学生规模为拨款基础。以“定员定额”为原则的拨款模式主要分为两部分：一是教职工经费开支；二是学生经费开支。其中，教职工经费开支=标准工资+补助工资+职工福利，以教职工经费开支总数年终决算的实际数额计算平均工资，这个平均工资就是标准定额，再以此为标准根据公式(教职工经费开支=平均工资×教职工人数)得出下一年度国家对某高校的拨款额度。学生经费开支=公务费+业务费+设备购置费+修缮费+人民助学金等项目。根据国家相关定额标准，再以高校在校生规模为基础，两项相乘，就计算出高校学生经费开支总额。

在“定员定额”的原则下，即使高校规模稳定，其经费总额也不是一成不变的。考虑到物价上涨和高校经费逐渐增加的基本原则，我国在实行“定员定额”的基础上还增加了发展基金。在上一年度经费总额的基础上还增加发展的数量，这样就既能保证高校正常运转，也能够留有改革与发展的空间。“定员定额”的原则特点是简单易行，国家能够有效控制经费总额，也能有计划安排国家有限的教育经费。其不足也是很明显的：首先是采用上一年的基数，使得一部分办学成本越高的高校获得的经费越多，没有考虑经费的使用效率。其次对经费使用的具体支出详情未予考虑，导致部分不合理经费的增加。最后的结果是国家经费没有得到有效利用，浪费严重，同时使得高校没有提高使用经费的积极性。

在财政资助体系方面，1955—1985年，我国采用的是统一的“免学费+人民助学金”的财政资助体系。免费是这一阶段高等教育财政投资政策的典型特征。由于是我国发展的初始阶段，国家急需各方面的人才，从一定意义上来讲，当时国家的高等教育总体规模还较小，高等教育还是以精英教育为主，如何尽快培养国家急需的人才是高等教育的基本任务，因此效率是当时高等教育更为注重的方面。

1.2　多渠道投入形成阶段(1986—1998年)

从1986年开始，我国高校政府投入经费体制开始发生变化，这种变化主要是因为我国经济体制改革的结果。20世纪80年代以来，我国的经济体制改革已经由计划经济向市场经济转型。到1998年，我国财政体制也从集权制向分权制转型，由此国家对高等教育的经费投入机制也发生了根本性变化：从以中央为主的经费投入，转向以地方财政为主的阶段。由于财政体制的转变，我国高等教育政府投入政策也随之发生变化，从以前的“定员定额”全额拨款转变为“以财政拨款为主，社会筹资和高等教育办学机构自筹为辅”，从此，我国高等教育经费来源也呈现出多渠道、多元化的特征。“这时期高等教育经费来源主要包括国家的财政性教育经费、学费、杂费，社会团体和公民个人办学经费、社会捐赠和集资办学经费等。”①

调整后的财政政策的主要特征是拨款方式发生变化，最主要的是从“定员定额”拨款方式转变为“综合定额+专项补助”。1986年10月原国家教委、财政部联合颁发《高等学校财政管理改革实施办法》，该办法明确指出：“高等学校年度教育事业费预算，由主管部门按照不同科类、不同层次学生的需要和学校所在地区的不同情

① 袁连生．中国高等教育大众化进程中的财政政策选择[J]．教育与经济，2002(2)：19-23.

况，结合国家财力的可能，按“综合定额+专项补助”的办法核定。”①

《高等学校财政管理改革实施办法》规定：“综合定额”是根据有关政府主管部门制定的不同层次、不同类型、不同地区生均经费的定额标准和高校在校生数来核定下达。与以往的“定员定额”相比，“综合定额”加“专项补助”拨款机制有了明显的优势：提高了高校经费拨款的透明度，明确和细化了拨款的具体依据，考虑到了不同类型、不同地区学校之间的差异，从而改变了“基数+发展”拨款方式的随意性，有利于学校结合实际情况开展工作。当然，“综合定额”加“专项补助”拨款机制仍然存在一些不足，没有真实反映高等学校的实际培养成本，高校为了获得更多的财政资助，会采用盲目扩大招生规模的方式来增加学生数量。

在个人财政资助方面，随着国家财政从集权向分权的扩大，个人财政资助也发生了很大的变化，特别是1997年我国在一定范围内实行招生“并轨”，高等教育开始正式实行收费制度。

1.3 多渠道投入拓展阶段(1999年至今)

随着我国社会主义市场经济的建立，我国高等教育政策也在随之发生变化。到1999年，我国高等教育最为显著的政策是扩大高等教育规模。导致我国高等教育规模的扩大的因素有很多，其中经济影响是1997年亚洲金融风暴，中国受到的影响虽然不如亚洲其他国家，但是冲击仍然很大，为了扩大内需，扩大教育规模是当时重要政策之一。由于高校规模的扩大，高等教育投入显著增加，对国家财政造成了巨大的压力，为了缓解这种财政压力，国家改变了原来完全由政府提供资金的政策。高等教育投资来源逐步多样化，高校经费主要来自政府和学校自筹资金(含学费)。与此同时，国家对于高校的自主办学政策予以落实，高校的独立法人地位得以落实，高校由此以独立法人地位从事各项活动，而筹集资金是其重要的功能。为此，近些年来，高校通过学费、社会捐助、银行贷款等

① 《高等学校财务管理实施办法》教计字[1986]162号，第二章第六条。

各类直接或间接的融资渠道获得了大量的办学资金。由此，“高校的经费来源呈现多元化的态势：以国家投资办学为主、社会力量办学为辅、高等学校与各种社会组织多种形式的合作办学为补充的、多元化的高等教育投资体系”。①

2. 当前公立高校政府投入机制存在的问题

多元化的资金来源也激发了部分高校的办学积极性。但是，随着社会的发展，以及高校改革的进行，当前的高校政府投入机制仍然存在一些缺陷，这种缺陷既有机制上的，也有拨款程序和方法上的。当前高等教育拨款的问题主要体现在两个方面：“一是经费权与治事权分离，使教育主管部门很难充分发挥拨款手段对高教发展的宏观调控作用。二是经费核拨程序上不够透明，拨款标准上未能充分体现‘公平与效率兼顾’的原则。”②具体来说，包括以下五个方面。

2.1 政府独立运作的拨款体制使拨款缺乏“信度”

当前世界高等教育界的政府拨款分为两类：二元拨款体系（又称为直接拨款体系，即政府—高校）和三元拨款体系（又称为间接拨款体系，即政府—拨款中介—高校）。我国现行的拨款体制是“政府—高校”的二元体系。此类拨款体系中政府是唯一的拨款机构，高校拨款的数量主要由政府控制。而实际上，政府的行为都是由一些政府官员控制，为此，二元拨款体系从一定意义上来讲受到人为的控制。政府在二元拨款体系中的作用是“领导”拨款行为而不是“指导”拨款行为，这使得拨款行为的公正性受到质疑。③ 当

① 吴开俊．混合化：我国高等教育办学体制改革之走势[J]．北京大学教育评论，2004(4)：49-53.

② 钟宇平，龚放，陆根书．中国高等教育财政筹划刍议[J]．高等教育研究，1996(6).

③ 郭新立．基于评价的大学拨款模型及其应用[J]．高等工程教育研究，2004(2).

前我国市场经济体制已经初步建立，各种资源的配置应该以市场为导向进行配置。政府在资源配置中的干预其实是计划经济时代的产物，使得资源配置产生随意性、效率低以及不公正性等弊端。

由于我国高校拨款制度的随意性、不公正性的存在以及我国高校当前重要的特征——行政化，使得我国不同高校获得国家拨款数额方面差距巨大。另外，不同高校由于与政府之间的信息沟通不畅，导致经费拨付缺少实效性；最后，地方财政的多寡也会影响财政拨款的多少，由于国家拨款主要来源是地方财政系统，当前由于高校的扩招，加上地方财政自身的开支的费用越来越高，导致地方财政拨付高校的实际数额呈现下降趋势。地方财政对教育的供给是基于财政的供给能力，而不是社会的有效教育需求，因此，我国高校拨款的资源配置方式属于供给约束型，而非需求约束型。

“从高校拨款机制上来看，目前我国高等教育拨款主要是政府在独立运行。从利益相关者角度来看，高等教育经费所涉及的主体不仅仅是政府，还有高校、社会公众。但是当前政府拨款机制中，并没有高校和社会公众。这就导致拨款与实际需要不完全匹配，造成地区不平等、高校不平等、专业不平等现象。拨款的政府‘单方行为’，由于缺乏制度约束，调控主体(政府)的财政行为往往难以规范，出现了政府作为调控高等教育发展的主体地位不是被削弱就是包揽一切的局面。”①

2.2　粗线条的拨款方法使拨款行为难以体现公平

当前，不管是政府对公立高校采用的“综合定额加专项补助”的拨款机制，还是单一“政府—高校”的二元拨款体制，都体现了一个基本的缺点：简单、粗劣。虽然政府在拨款过程中考虑了不同地区、不同高校类别、不同专业和学位层次的差别，但是如果深入分析，我们发现，即使是同一类别所属高校，如果采用整齐划一的财政拨款核准标准和数量，还是存在极大的不公平。也许在综合定

① 王寰安，张兴，包海芹．中国高等教育拨款模式改革研究[J]．江苏高教，2003(2)．

额数量上基本一致，但是“强势高校”往往通过“专项补助”得到大量一般高校难以得到的资金。因此，综合定额的办法也没有体现效益至上的价值取向。

当前高校拨款制度存在的弊端主要原因是制度设计的不完善，但是根据中国目前的财政制度，还没有设计出更加符合实际情况的拨款制度，其中重要原因是当前对于高校运行成本的计算还没有确切的核算标准，因此，如何根据实际情况确定拨款额度非常困难。这就为某些暗箱操作的拨款留下了空间。所以，当前经费拨款制度中的单一分配主要难点在于分配依据上的不清楚。

2.3 投入型拨款机制带来效率与质量激励不足

我国公立高校的拨款标准始终没有完全建立起来。全额拨款阶段，没有计算高等教育教育成本。“基数加发展”阶段，对生均成本和规模效益基本是忽略的；“综合定额加专项补助”阶段，开始考虑不同地区、不同类别进行区别拨款，但是这阶段的拨款对成本的核算是粗略的，而对其他开支项目的计算也是非常简单的估计，而不是精确的计算。所以，以上两个阶段的财政拨款都没有准确反映财政性教育经费使用的效率。而“综合定额加专项补助”常常按平均成本而不是边际成本配置资源，明显刺激了高校盲目扩大规模，导致学科、专业不必要的重复设置，即它没有提供激励效率的有效机制。①

公立高校的财政拨款主要来自政府财政拨款，政府对高等教育的拨款数量主要依据是政府财政状况，而不是完全依据高校的需求。从经济学角度来看这种类型的拨款属于供给约束型的资源配置方式，而非需求约束型的资源配置方式，此时的财政拨款往往缺乏质量激励效应。目前，我国高等教育服务价格主要由国家统一管理，在不同地区、不同高校，学生学费差别不大，因而，高校很难通过提高自身学费来增加学费收入。在国家政府拨款一定的情况

① 钟宇平，龚放，陆根书．中国高等教育财政筹划刍议[J]．高等教育研究，1996(6)．

下。高校如果不能提高学生学费，其增加事业收入的重要手段就是扩大规模。当前高校招生计划虽然由国家控制，但是采用的是“计划加协商调剂”的机制，各高校为了扩大学生规模，尽量向政府争取更多的招生指标。

2.4　“临时性”拨款缺乏制度性保障

随着公立高校财政拨款制度的改革，在原有的拨款基础上，我国高等教育由于改革的需要，还有一些“临时性”拨款，这些临时性拨款主要指一些特别建设经费，这些经费有着特殊的对象和特殊的用途。比如“211 工程”建设经费、“985 工程”建设经费、部省共建经费和《教育振兴行动计划》中的高教建设项目经费等。这些体制外拨款，由于不是针对所有高校，只是针对部分高校，所有没有固定机制，其经费的划拨和使用基本上是游离于拨款制度框架之外，但由于其数额巨大、社会影响广泛、意义深远，所以应该给予特别关注。

一般来说，“临时性”专项资金的划拨没有固定的机制和常规依据，随意性较大。比如“九五”中央专项资金的分配，主要是根据学校的教学科研水平等多种因素综合评级、分级确定；在地方政府对地方高校的投入时候，地方政府也对高等教育提出了一些要求，比如，要求地方高校适当地在招生等方面给予诸多优惠，由于对地方过度照顾，从全局上来看，造成了新的高等教育地区不公。在这“临时性”专项资金使用方面，政府对于其资金使用的监督没有指定特别的要求，高校对于这些资金几乎拥有全部的使用权。政府拨付的时候只是指出宽泛的使用用途，并没有制定详细的使用规定，资金最后的审计也几乎没有，使用效率如何也没有评估。

与公共财政理念不同的是，我国高等教育财政经费一直存在软预算约束。在拨款制度上的表现之一就是“临时性”拨款缺乏预算支持，“临时性”拨款主要来自领导的意志，领导认为哪些该做，就临时划拨经费，事情办完了，该项经费也就没有了，因此难以实现经费合理利用和效益提高。而大多数的时候，政府的专项经费的划拨都有很强的竞争性。由于是专项经费，不是针对所有高校，高校为了获得专项经费，不惜采取激烈的竞争手段，因此有跑“部”前进的说法，就是各高校为了获得更多的专项经费而采取的手段。而实际上，这些专项经费最终还是进入了一些声誉好、有特色的重点大学之中。主要原因是这些经费的拨付没有指定规范的竞争机制和缺少规范和公正性。最终的结果是高层次、学科门类齐全和在校生规模大的学校容易获得这些经费，而对于新建院校没有给予足够的支持，从而有失公平。另外，还会加剧未“达标”的高校争设专业、争合并、争升格、盲目扩大招生的趋势。①

国外也有重点支持的高校科研或者教学等专项经费，也有向重点高校倾斜的做法。但与我国经费拨付不同的是，国外大部分都非常重视科研拨款先决条件“审核”和科研结果的监督检查，以此来提高经费使用效率。所以，当前我国高等教育经费拨付重要的工作是建立固定的法治的经费拨付制度，不能总是“会叫的孩子有奶吃”，这样既能够实现高校经费的拨付的相对公平，也能够提高经费使用的效率，将有限的经费使用到最需要的地方。有利于进一步提升整体高等教育水平。②

2.5 拨款中真正用于科研的部分难以保证

在我国高等教育经费中，特别是专项经费中，科研经费占据很大的份额。总体上来说，我国高等教育经费中事业费占有很大比例，专项拨款不但比例低，而且使用范围“扩大化”，真正用在科研方面的资金比例很小，科研拨款还存在方法和机制缺陷。我国现行的高校科研经费拨款体制，少数科研领域使用合同拨款，其他则仍采用传统的直接划拨的方式；有的是分步划拨，设立中期检查。中期检查合格才给予下批款项；有的则是一次性划拨到位，至于科研经费是如何使用的，项目管理方很少评估，而是将相关职能授权

① 李宏葱．以可持续发展观为指导改进高等教育拨款制度[J]．高等教育发展与评估，2006(4)．

② 葛大汇．执行中的中央政策与地方决策机制——以安徽省农村义务教育经费的维持为例[J]．中国行政管理，2006(3)．

高校，很少与绩效挂钩，缺乏对科研拨款使用效果的后续评估。在这样的经费管理制度下，高校为了获得更多的经费，通过各种手段获得项目立项，造成重立项、轻研究；重数量、轻质量的现象。科研经费本来是一个学校质量的表现之一，是属于学校的“发展性经费”，应该采用严格的竞争机制，但是由于管理的松散、人为因素的干扰，科研经费的应有功能没有得到发挥，这既造成了经费使用效率低，也造成了科研水平不高的结果。

针对目前高校科研经费分配的情况，应该坚持“质量第一，追求高效”的目标。首先，要在一定程度上贯彻地区、学校、专业平衡，体现科研经费的公平性；其次是应该把研究能力及研究成果的实用性作为科研经费投入的主要依据，科研经费不同于事业经费，科研经费的主要目的是要出成果，不是为了平均分配，特别是在我国当前创造力不足的情况下，集中优势力量攻克难题非常必要；最后是要加强科研经费的管理，提高资金的使用效率。

3. 公立高校政府投入机制优化理论分析

要分析公立高校政府投入机制，首先要对其进行理论分析，找到政府投入的依据和标准，设立一定的理论模型，通过模型进行投入分析，有利于投入的公平与效率。高校有三大基本职能：人才培养、科学研究和社会服务。我国《高等教育法》也明确规定：“高等教育的任务是培养具有创新精神和实践能力的高级专门人才，发展科学技术文化，促进社会主义现代化建设。”①在这三大职能中，人才培养是高校的最主要的职能。根据教学和科研在高校中所处的地位不同，我国当前将高校分为研究型、教学研究型和教学型。

政府对公立高校政府的财政投入，主要是要达到两个目标：一方面是满足公立高校资金需求，这是作为公立高校的一项基本特点，因为政府是公立高校的兴办者，同时高等教育是一项准公共事业，政府有责任与义务投入资金；另一方面是发挥政府宏观调控作

① 参见我国《高等教育法》第二章第五条。

用，政府需要通过财政投入，保证高校的发展方向使其为国家在科研与人才方面提供支持。这就使得当前国家对公立高校的财政投入模式在公立高校运行过程(弥补成本)到产出阶段(绩效导向)均能发挥调控作用。

3.1 弥补成本

分析高等教育的财政投入，首先需要了解其办学成本，不管是如何多样化的资金来源，分析办学成本能够有效实现财政投入的有效性。

3.1.1 公立高校培养成本分析

对高校学生培养成本的分析，目前还存在一定的争议。一般认为高校学生培养成本指的是高校与培养学生有关的以货币变现出来的各种消耗的总和。由于统计的对象及统计方法不同，高校学生培养成本存在一定的差异。从概念上来分析，高校学生培养成本分为广义培养成本和狭义培养成本。广义的培养成本是指包括社会、企业、个人(家庭)在高等教育中消耗的总和。狭义的培养成本，是指公立高校为培养学生所支出的各种费用。一般而言，公立高校培养成本范围包括教学支出、科研支出、公共支出(包括业务辅助支出、行政管理支出和后勤支出)、学生事务支出、基建支出、福利保障支出和社会服务支出(经营支出)。

一般来讲，将公立高校培养成本分为：人员成本、助学金、公用成本和折旧费用等。

(1)人员成本：包括在职职工和离退休人员的工资性支出、奖励支出、职工福利费、住房公积金、职工医疗费、保险等福利性支出。人员成本全额计入办学成本内，不折扣。

(2)助学金：包括学生的奖助学金、勤工助学、公费医疗、困难补助、贷款利息等费用。

(3)公用成本：包括公务费、业务费、修缮费、其他费用。不含设备购置费，因设备购置费最终形成资产，否则会与折旧费用重复计算。

(4)折旧费用：折旧费用参照工业企业折旧，采用分类折旧率，按适当方法进行折旧。

由于学校类型①的不同，不同学校在投入分配上有差异。研究型大学在科研方面的投入要多些，而教学型大学则在教学活动中投入较多。一般来讲，科研投入主要是实验设备仪器方面的固定投入以及高级科研人才投入(既可以是师资也可能是专门研究人员)；而教学方面的投入主要包括教学基本条件的投入、教学辅助用品投入以及师资投入。这些投入又可以分为固定成本和变动成本。固定成本是指在一定时间和一定学生数量的范围内，其费用发生总额不随学生数量的增减而发生变化，保持相对的稳定，比如教室、师资和大型实验设备等；变动成本则是相反，其数量会随着学生数量的增加而发生变化，比如教师课酬、教学易耗品等。对于政府投入而言，需涵盖这两方面的投入需求，考虑公立高校运营的总成本。

3.1.2　公立高校培养成本特征及影响因素

公立高校作为人才培养机构，其培养成本因学校类型、学生结构、学科差异等因素而不同。从发展的角度看，公立高校培养成本较企业成本等而言，有自身的成本特征。在已有的国内外研究基础上，可对普通高校教育成本的特征进一步进行分析：

(1)教育总成本不断递增。

从高等教育发展的历史来看，高等教育投入呈现出不断递增的特点。高等教育投入的递增性，可以从主观客观两个方面进行分析。首先是高等教育投入成本的客观性因素。高校的主要职能是培养人才、科学研究和社会服务。一方面为了能够培养出符合社会需求的人才，高校需要及时关注社会的需求，不断更新教育教学内容。同时需要用现代化的教学仪器设备供学生实验，由于科学技术的发展速度越来越快，更新的频率逐渐加快，使得教学成本不断上升；另一方面，由于经济社会的发展，人们生活水平不断提高，师

① 根据高校人才培养层次及科研水平，可以将大学分为研究型大学、研究教学型大学和教学型大学。

资的教学科研条件和生活水平逐渐提高，这些都是客观方面造成高校教育投入持续增长的原因。其次是主观原因，随着高校的数量不断增加，高校之间的竞争逐渐激烈。各高校为了吸引更多更好的学生，必须提高学校的教学质量，为此学校必须吸引更多更好的师资，开展教育教学改革，从而获得更高级的学位授予权力以及更多的同行认可。为此，学校的教育成本必然上升。

(2)人员成本是公立高校教育成本的主要部分。

随着高等教育的发展，现代化的教学手段在高校不断出现，然而高科技的教育技术和设备并不能完全取代教师，为此高水平的教师仍然是各高校争抢的对象，从而造成教师及科研人员的报酬越来越高。

教职工工资、福利支出是公立高校培养成本的主要成分，这反映了教育行业与现代经济行业不同的劳动密集特点。人员成本上升带动了教育总成本与单位成本的上升，主要原因是：①

第一，在教育快速发展时期，生师比例会提高，这种提高是有限的，一旦达到稳定状态，教师数量将随着学生数增加而线性增加。当学生规模进入稳定期后，由于班级规模会有所缩小，通常不可能同比例裁减教师，因此，教师数量下降幅度远小于学生数量下降幅度。

第二，教师工资随着教师学历和资历提高而增加，主要是因为教师工资随着教龄延长而增加。

第三，提高教师学历层次及大规模的师资培训也将大幅提高人员成本。

(3)教育单位成本必然上升。

高等教育教育总成本的上升，最主要的原因是教育单位成本的上升，纵观世界高等教育的发展历史，这种趋势是非常明显的。综合分析，造成教育单位成本上升的原因主要有如下几个：

第一，竞争性导致的成本上升。人才的竞争一直是高校发展的重要手段，而高素质的人才是社会的稀缺资源，由于供不应求，使

---

① 蒋鸣和．教育成本分析[M]．北京：高等教育出版社，2000：47.

得高素质人才的价格不断上涨，从而导致竞争性成本上升。目前我国高校的教师工资具有一定的统一性，高素质人才的工资上涨，必然导致其他相关师资的工资上涨，虽然上涨幅度没有高素质人才大，但是总体上是一个向上的趋势，从而导致教育总体成本的上升。

第二，正常的工资晋升机制导致的成本上涨。一般来讲，教师的工资上涨与两个因素有关，一个是工作年限，另一个是职级。由于教育职业的相对稳定性，教师的流动性不是很大。为此，工作年限的提升会使得教师的工资逐渐上涨，加上教师职务的提升，使得单位成本也将随着时间而上升。

第三，教育条件的改善导致的成本上涨。由于科学技术的发展，教育教学条件不断改善，各种新技术、新装备进入教学活动中。这些新条件的引入不仅加大了教育设备的购入成本，为了提高其使用效率，需要安排特定的人员维护，从而使得维护成本上提高，最终也是总成本提高的原因之一。

第四，提高教育教学质量导致的成本上升。目前高等教育的一个重要的趋势是进一步提高教育的质量，这种提升主要是为了适应社会对人才的需求。为此，高校都普遍进行教育教学改革，比如采用小班教学、开展实践活动等，这必然使生均成本上扬。

(4)公立高校培养结构和物价水平是影响培养成本的主要原因。

①公立高校培养结构。“高等教育结构是指整个高等教育内部各个部门、各个要素的比例关系及其结合方式。从不同的层次、不同的角度分析高等教育的结构，可以划分出多种类型的结构，如层次结构、科类结构、形式结构、地区结构等。”①从高校内部成本效益分析，影响高等教育成本的主要是层次结构与科类结构。

高校层次结构是指高校培养不同类型人才在高校人才培养总体中所占比例情况。目前我国高等教育人才层次主要分为三个层次：专科生、本科生和研究生。层次结构比例情况主要是由这三者之间

① 陈敬良．高等教育成本管理理论[M]．上海：上海科技教育出版社，2001：11-34.

的比例构成，一般来讲高校三个层次同时培养的相对较少，具体到某所高校，则主要是指本科生与专科生比例、本科生与研究生比例。由于三者在人才培养中的要求与内容不同，因此培养的成本也不尽相同，不同的比例会影响到高校人才培养的成本。科类结构是指不同学科高校之间的比例。不同科类的人才培养成本差异很大，比如，理工科学生需要更多实验室、实践基地，而文科类学生相对较少。不同学科的高校在人才培养中投入有较大差异，为此，不同科类结构对高校的成本会造成影响。

②物价水平。衡量通货膨胀的常用指标是消费物价指数。一般意义上的高校培养成本都是以实际支出的货币数量来衡量，从经济学角度来看，这只是名义成本，而不是实际成本。经济学上的实际成本是按照消费物价指数计算的成本。在计算高校真实成本的时候，需要用实际成本加以核算才能够计算出高校投入成本的变化情况，比如，如果某一年度的经费从数量上来看比上一年增加，但是如果其增加的幅度小于物价上涨的幅度，按照经济学上的意义则是下降，而非增加。

3.1.3 公立高校政府投入机制要求“公平”

公立高校的政府投入依据是高校人才培养成本，为此，如何计算高校成本，成为确定政府投入的前提。目前有针对高校人才培养成本的研究很多，但是得出的结论各异，未形成一个统一的标准。事实也是如此，由于高校处于不同地区、培养不同层次人才、从事不同学科研究，其成本差异很大，但是如何通过更优化的机制能够在统一的基础上，对不同的高校做到相对“公平”是政府应考虑的问题。特别是公立高校，由于其性质和定位，要求政府在投入机制上做到“公平”。

公平在不同的学科领域中的具体内涵不同。“从教育财政学的角度来看，公平是指一个学生费用支出的公平和对纳税人待遇的公平。因为学生在能力、需求和教育需要方面具有显著的差异，教育财政投入的公平(fairness)比平等(evenness)、同等(sameness)更为重要。基于公平这一概念，有四个不同相关的原则：财政中性、横向公平、纵向公平、充分性。公平的优先性，指公立高校政府投入机制的优化，以实现各公立高校之间发展的起点公平为首要选择，政府投入为各公立高校提供公平的发展条件。”①

对公立高校的投入，应该注重的是“公平优先”的基本机制，这种公平集中体现在如下几个方面：

(1)横向公平：即学校之间的公平。虽然都是高校，但是各个高校之间有着较大的差异，不同高校在人才培养成本上有所不同。这种差异主要表现为：首先是地域的差异(也称为地区差异)。政府在对公立高校投入时要考虑地区的不同。即使是在同样的省份，不同的高校之间也会有差别，比如在大城市与在县级市之间在物价、房租等方面有差异。其次是高校类型的差异。不同类型高校其教学成本不一样，同时不同类型高校获得社会资源的能力也不一样。比如一些师范类学校、军事类学校需要政府更多的资助，如果单纯从学生培养成本来考虑而没有考虑其社会效益也是不公平的。

(2)纵向公平：即办学历史上的公平。高校除了以地区、学科来划分不同类型，还可以发展阶段不同来进行划分，将高校划分为新建院校和一般高校。新建院校由于学校在各个方面还没有形成固定的模式，需要有更多的资源进行扶持，特别是在学科建设、人才引进等方面，政府都应该在投入中考虑到，使其尽快走上正轨。

(3)生均公平：即学生之间的公平。生均公平主要是不同专业、不同学科之间的差异，由于社会对不同类型人才的要求不同，高校培养不同类型学生的投入是不一样的。政府可以通过对不同学科学生的投入来调节不同人才的培养数量，从而达到调节人才市场的资源配置状况的结果。

3.2　效率激励

公平不是绝对的，在考虑公平的时候，政府对公立高校的投入还要兼顾效率的原则。如果过度强调公平，使得一些高校培养过多

① 史秋衡，王德林等．诚信：解决高等教育公平与效率矛盾的一个新视角[J]．科学与科学技术管理，2002(11)：27.

的不适应社会需求的人才，从一定意义上来讲就是浪费。因此，政府财政投入在考虑学生规模、学科类别、地区分布等因素基础上，还应当考虑高校的产出效率。高校的产出主要分为两个部分：毕业生和科研成果。毕业生和科研成果的质量直接影响政府投入的效益。为了避免“马太效应”，要求政府对公立高校的投入机制在讲求公平的基础上还要讲求效率，并制定相应的绩效指标衡量公立高校的效率水平。

3.2.1 出于委托代理的需要

公立高校是一种所有权与经营权分离的机构，其所有权归属于政府，经营实行委托制。基于“理性经济人”假设，每个理性经济人的行为动机趋向于追求自身效用最大化，就公立高校的决策者而言，其效用函数可以定义为有关公立高校获得的政府投入、学校声誉等的函数。

政府对公立高校的投入主要用于教学、科研等方面，可以提高公立高校的办学条件、教学水平和科研能力，从而提升公立高校在学校中的排名和声誉。在这种情况下，公立高校的决策者行为从各个角度均可视为追求学校排名。公立高校的排名对于公立高校的决策者而言，是其管理能力的表现；对于公立高校的消费者(学生)而言，是其作出消费选择的依据。

由于道德风险等因素，政府不能简单地相信高校代理人能够实现长期合同的目的。长期合同必须与监督、短期绩效合同一起使用。因此，将绩效目标抽象为反映公立高校教学水平和科研能力的、被社会公认的公立高校排名，则公立高校的决策者将追求期望排名与实际排名差异最小化。进而，代理方(公立高校)的排名越高，委托方(政府)就会选择高效率的公立高校进行投入，所以，政府投入的资金就越多。

在绩效的激励下，更高的排名、更有效率的教学、科研，才能获得理想的公立高校投入额度。公立高校的效率表现在数量和质量两个方面。数量是指公立高校产出的毕业生、科研成果应该有一定的数量，从数量上说，同等条件下，产出的毕业生、科研成果越多，表明效率越高，这是规模的效率；质量是指公立高校产出的毕业生和科研成果应该具有一定的质量要求，比如毕业生的要求是要达到国家规定的相关指标并能够适应社会的需要。只有在数量和质量上都达到最优化，才能够说高校的产出、运行是有效率的。

3.2.2　公立高校的规模经济

根据投入机制的定义，公立高校政府投入机制应该反映资金分配的特定的依据、标准和方式。其中，标准是解决通过什么因素测算政府对公立高校投入的数量。就公立高校而言，除了培养成本变动，"学生数量"是政府投入的标准之一。"学生数量"的变动引起培养成本的变动，成为影响政府投入额度的直接因素之一。然而，"学生数量"的变动，又遵循"规模经济"。

规模经济(economies of scale)又称"规模利益"(scale merit)。按照《拉夫经济学辞典》的解释，规模经济指的是："给定技术的条件下(指没有技术变化)，对于某一产品(无论是单一产品还是复合产品)，如果在某些产量范围内平均成本下降(或上升)，就认为存在着规模经济(或不经济)。规模经济具体表现为'长期平均成本曲线'向下倾斜，从这种意义上说，长期平均成本曲线便是规模曲线，长期平均成本曲线上的最低点就是'最小最佳规模'。"①对于公立高校而言，此结论也成立。

当公立高校规模扩大时，单位成本会呈现出先下降，至低谷而后上升的趋势，其最低点正是最小单位成本。无论在校生人数有多少，必定需要一定数量的教师、行政人员、教学楼、操场、教科书、实验仪器等，这是高校的"固定成本"。随着学生数增加，每个学生承担的"单位固定成本"逐渐下降；当学生增加到某一数量时，现有的教学资源已经无法满足其需求，需要增加"固定成本"，此时，"单位固定成本"渐渐增加。"边际成本"则指每增加一个学生所增加的成本。

① 袁连生．教育成本计量研讨[M]．北京：北京师范大学出版社，2000：50.

“学生数量”不能够成为公立高校政府投入机制的单一标准，是因为，在学生规模超过生均成本最小点之后(即最佳规模)，继续上升，这将使得现有的固定资产超过负荷而需要增加新的固定成本，同时，可变成本更是“学生数量”的线性函数，这使得总成本上升。

3.2.3 公立高校绩效评价内容

公立高校另一方面的效率在于生产、运行的效率，这主要通过对公立高校产出的评价来衡量。对于公立高校产出的评价，目前高等教育界还没有一个清晰的绩效评价指标体系，但是当前政府已经意识到这个问题。国家层面已经开展了教学评估，当然现在评估注重过程，对于结果的评价在评估中所占权重不大。但是，这也是一个非常重要的进展，政府通过评估来决定高校的办学质量，从而影响高校投入。为此，对高校开展绩效评估是当前高等教育重要的一项工作。

绩效的概念来自于企业管理，主要指的是企业各部门指标完成情况。而在此主要指的是公立高校的产出(主要是毕业生和科研成果)。高校的绩效与企业管理中的绩效又有很大的不同，最大的不同点在于绩效考核的长期性。高校绩效有些指标是能够及时考核的，比如毕业生的数量、科研成果的数量等。但是有些作用短期内无法考核，比如公立高校在传承社会文明等方面起到的对社会的综合性推动作用。所以要全面客观地评价一所公立高校对社会的贡献具有相当的难度。一般认为，公立高校作为一种消耗资源的组织，其产出是可以评价的，虽然目前使用的绩效指标有不足之处，但可以通过改进使评价更为合理和有效。

公立高校的产出(绩效)应当符合社会对公立高校作用的期望，相应地对公立高校绩效的评价可以从以下几方面入手：

(1)公立高校的使命。高校的使命是高校定位的重要体现，反映高校的个性特征，提供高校未来发展方向。适当并具有独特个性的使命是公立高校突出特色、顺利办学的重要保证。为此，高校的使命应该作为高校绩效评价的基石，有必要将其作为单独的评价方面。

(2)教学与科研。教学和科研是高校最基本的两大职能，一直是高校绩效评价的重要内容。教学和科研水平是高校教育教学质量的直接反映。对高校的绩效评价，主要是对教学和科研的评价，二者之间的关系也是相辅相成的，高质量的科研能够有效促进教学水平的提高。为此，应将二者综合起来评价。

(3)社会服务。社会服务是高校从象牙塔走向社会的重要标志，也是高校进行知识转化的重要途径。对高校社会服务的评价主要由社会相关服务对象来进行。由于政府对公立高校的投入逐渐减少，公立高校开展社会服务，不仅是为社会提供科技服务、继续教育服务，也是高校进行社会筹资的重要途径，社会服务不仅有利于高校为社会发展提供支持，也为高校自身发展提供机会。所以，在政府对高校进行财政投入时对其社会服务进行综合评估非常必要。

(4)管理效率。高校的绩效评价，如果只考虑教育、科研及社会服务，则更多的是结果评价。实际上高等教育最为受到人们关注的是其"行政化"倾向，这种倾向之所以受到关注是因为高校的管理受到人们的质疑。为此，对高校的管理过程进行评价则也是绩效评价的重要部分。行政管理费用过高是影响高校资金使用效率的重要方面。公立高校的行政管理效率一直以来受到社会各界的批评，公立高校资金不足也部分是由于管理效率低下造成的。

就公立高校产出而言，有效的公立高校一般可以从以下指标体现：

(1)经费来源结构：公立高校的总经费收入中财政性资金、学生学费、社会资金、学校自筹资金等经费的比例。

(2)经费使用结构：①生均事业支出：年生均图书如期刊购置费、年生均教学仪器设备购置费、年生均网络使用费等；②人员经费占总支出的比例；③教学业务费与公务费比率。

(3)教学成果产出：①毕业率；②获得学位率；⑨就业率；④每百名教师、学生获教学奖人数。

(4)科研成果产出：公立高校科研成果主要包括三个方面：教师的科研成果(包含论文、课题、专利等)、学生成果(包含学生论文、学生专利、学生获奖等)和应用科技成果的经济效益(主要是指科技成果专业所产生的经济效益)。

(5)社会效果评价：社会评价主要是高校的社会声誉，主要包括社会的认知度(如高校综合实力排名、学科专业排名等)、学生对高校的满意度(主要是指学生对学校教学、管理及生活的满意程度)、教师和行政人员对高校的满意度。

(6)办学条件状况：①生均占用资源数量。主要包括平均每个学生占有的土地面积、教学用房面积、图书资料、教学经费和教学实验设备量等；②专任教师结构。专任教师结构主要是指专任教师的职称、年龄、学缘、性别、学历等结构。

(7)专业教育能力：学科学位点数量、规划课程开设率、学分完成率。

高校绩效评价是系统工程，以上评价指标体系基本包含高校的各个方面，由于各高校的特色及发展重点不一样，评价的不同方面可以通过权重加以协调，这样就既能够体现评价的公平，也能够发挥各高校的特长。

4. 公立高校政府投入机制政策优化建议

4.1 财政性投入体制的政策优化建议

(1)成立公立高校政府拨款委员会。

目前我国公立高校政府拨款模式主要采用的是政府主导模式。也就是国家根据财政状况由财政部门依据国家有关规定向教育主管部门划拨教育经费。再由教育主管部门向高校划拨。从拨款效率上来看，简单易行，但是政府主导模式受主观影响较大，而且缺乏透明度，监督机制不健全，容易滋生不公平和腐败现象。特别是没有有效监督资金使用的手段，使得资金使用效率得不到保障。

为了避免政府主导模式的缺陷，当前世界许多国家成立了专门的机构来负责政府拨款决策。这些机构有的是政府派出机构，有的是中间机构。以英国为例，1919 年成立了教育拨款委员会，它的职权范围是“调查大不列颠大学教育的财政需要，就议会可能做出满足这种需要的任何拨款申请向政府提供建议”。英国大学拨款委员会成立的目的是降低大学对政府拨款的敏感度，因为通过拨款委员会的评估、拨款，能够保持大学的自治。因而英国大学拨款委员会在政府和高校之间起到重要的“缓冲器”作用。一方面，拨款委员会通过调查和评估为政府提供拨款的依据与拨款数额；另一方面，拨款委员会又代表着高校的利益，向政府提出要求，缓解政府与大学之间的直接矛盾。这种高等教育拨款模式为大多数国家认可和采用。①

通过对国外的中介拨款模式的研究，结合我国国情，我们认为，成立高等教育拨款委员会是解决公平与效率的有效手段。高等教育拨款委员会是从事教育拨款政策制定及使用监督的事业性中介机构。其可以由政府官员、教育专家、学者和工商界人士联合组成。通过建立高等教育拨款委员会，可以理顺政府、社会和高校三者之间的关系。

(2)实行高等教育绩效拨款。

我国现在实行的是“基本支出预算加项目支出预算”的拨款模式，这种模式对于高校的绩效没有进行有效的评价，对高校如何使用资金没有规范的评估，从而使得高校有申请的积极性，但是没有合理调配的积极性。因此，建议将把绩效拨款模式应用到当前高等教育拨款模式中。绩效拨款模式至少可以起到两个作用：第一，政府通过对高校的绩效评价，明确具体高校资金需求状况与拨款额度，从而提高作为稀缺资源的政府拨款的使用效率。与此同时，高校为了获得更多的政府拨款，要加强资金监管与使用效率，更加会通过提高管理效率，减少资金浪费的途径获得好的绩效评价。客观上促进了高校的管理效率与教育教学质量的提高。第二，绩效评价具有很强的导向性，政府可以指定不同的绩效评估标准，通过评价对高校进行有效的宏观管理。

---

①　王寰安，张兴，包海芹．中国高等教育拨款模式改革研究[J]．江苏高教，2003(2).

绩效拨款由于其过程较复杂，评价更专业，在拨款钱需要有更多的专业支持，为了确保绩效拨款有效推进，其拨款的基本程序如下：

第一，政府根据国家财政状况及相关高等教育拨款政策，结合教育部门相关的建设项目、任务以及高校数量和水平，制定总体拨款控制量。

第二，公立高校根据相关政策、教育主管部门的年度目标和任务，结合学校的实际情况制定相关可行性财务报告，报送相关部门审批。

第三，公立高校编制项目预算。

第四，政府相关部门委托中介机构对高校财务报告进行预算，并根据上一年财务执行情况进行评价，评价情况直接影响下一年度拨款。绩效评价不仅针对基本开支评价，也包括专项开支评价。

第五，公立高校完善专项资金管理制度，严格审查资金流向与效率。每一年度终了，项目学校应将专项资金收支情况纳入年度单位决算统一编报并进行必要的文字说明，文字说明主要内容有预算执行情况、资金使用效益情况、资金管理情况、存在的问题和建议。报政府相关部门审核、汇总。

第六，政府相关部门根据有关规定对项目学校专项资金预算执行、资金使用效率和财务管理状况等进行监督检查。若发现有截留、挤占、挪用专项资金行为，以及因管理不善导致资金浪费、资产毁损、效率低下的将暂停其后续拨款。

4.2 非财政性投入体制的政策优化建议

高等学校在制定学费标准时，应充分考虑到高等教育成本、居民承受能力、高等教育供给和需求等多方面因素，使得公立高校收费标准更加合理化和科学化。从经济学来看，学费是学生为获得经验和知识所花费的成本的货币化表现。在高等教育精英化时期，学费完全由国家承担，学生个体不支付费用。但是随着高等教育规模逐渐从精英化教育过渡到大众化教育，高等教育成为大多数人竞争的资源。大学收费已经成为一种趋势，即使现在实行教育完全免费的部分发达国家，也开始逐渐实行征收学费的制度，而且费用越来越高。为此，对高等教育收费政策如何优化一直是高等教育专业所研究的课题。对此，我们认为，优化高等教育收费制度，应从以下几个方面着手：

(1)根据教育成本的不同确定不同的收费标准。当前，我国公立高校的学费标准基本统一，不同层次学校的学费差异不大，这样导致了不公平。一些学校由于注重教育教学改革，提供高水平的师资，建造现代化的实验设备，学生质量高，这样的高校学费应该有所差别。而且不同学科类别的高校由于在实验条件、实践环节、教学资源等方面提供给学生的不同，教育学成本明显不同，可以适当根据具体情况确定不同的学费标准。

(2)用个人回报率来确定收费的高低。高等教育一个重要任务是培养各种类型的人才，这些人才最终都要走向人才市场，但是由于市场中不同职业类型所带来的个人收益是不同的，这种不同不是个人原因，而是整个社会的原因。因此，不同学科类别的人的个人回报率是不一样的，这也应该成为衡量高校收费的一个标准。高校都有一些所谓的“好专业”，这些好专业的共同特点是将来能够找到一份好的工作，因而，很多人都挤入这种专业，实际上可以通过不同的收费标准来调节专业人数，其实也是对将来就业的一种调节。

4.3　资助制度优化

随着我国高等教育进入大众化阶段，我国高等教育规模已经成为世界第一。与之相伴随的一个现象是高校的经济困难的学生比例在逐渐加大，这一方面是扩招带来的结果，另一方面也是高校学费上涨带来的后果。随着经济困难学生队伍的不断扩大，经济困难学生上学问题逐渐成为一个社会问题。为此，国家出台了各种政策缓解这些学生的学习压力。国家通过奖励、补助等不同形式对这些学生进行资助。当前，国家在高等教育阶段建立起国家奖学金、国家励志奖学金、国家助学金、师范生免费教育、国家助学贷款、勤工助学、学费减免等多种形式的高等学校家庭经济困难学生资助体系。除了国家的资助政策，现在一些个人、企业、社会团体等也开始在高校设立奖学金、助学金或基金会。这些措施极大地改善了经济困难学生的学习状况，有利于高等教育的健康发展。但是在整个资助体系中，国家还是最主要的资助主体，为此，国家应该进一步完善助学贷款为主体、勤工俭学为主要，“奖、贷、助、补、减”联动助学的资助体系，构建我国新型高等教育财政助学模式。

(1)构建个人信用体系。个人信用体系是开展高校学生资助的基础。目前在其他学生资助体系发达的国家，之所以能够很好地开展学生资助，资助体系和资助政策制定的灵活多样，很大的保证来自于个人信用体系。当前，我国还没有建立完善的个人信用体系，很多资助制度难以有效落实，一些参与资助的机构(比如银行)不愿意参与到资助体系中来。为此，要先从构建个人信用体系开始，在没有完善的个人信用体系的基础上，可以通过更多的监督措施来加大个人信息的准确性。同时要加大对个人虚假信息的提供的惩罚力度，保证资助到应该资助的人。

①银行方面。个人信用体系建立首先要从银行着手，当前我国已经有了相关政策，关键是如何落实。在学生资助体系中，涉及银行的主要是学生贷款，银行要做到通过信用体系将贷款发放到经济困难学生手中，同时要实时监控，防范风险。当然对于学生贷款的返还，不同国家有着不同的规定，在英国，如果学生在毕业后工资没有达到一定标准，是不需要还贷款的，在一定的年限内，如果都没有达到标准，国家将会承担还款责任，学生则免除还款。这样的政策实施也是以完善的个人信用体系为基础。当前我国还没有建立完善的学生资助体系，还不可能由国家来承担贷款。银行为了能够收回贷款，就需要对没有按照约定期限、数额归还国家助学贷款的学生，采取一定的措施，确保银行的利益。

②国家助学贷款管理中心方面。国家助学贷款管理中心作为学生资助的管理机构，应加强对学生相关信息的记录与管理，国家助学贷款管理中心要完善对借款学生的信息管理，对借款学生的基本信息、贷款、还款情况等及时进行记录，加强对借款学生的贷后跟踪管理。

③高校方面。高校在助学贷款方面首先有资格审查的责任，作为学生所在学校，对学生提供的信息有审查的责任，确保有限的资源分配到需要的人手中。对于接受助学贷款的学生，高校要进行一定的教育活动，鼓励其利用政策完成高校的学习任务，同时加大个人信用教育，鼓励其及时归还贷款。最后还要强化对学生的贷后管理，按隶属关系及时向国家助学贷款管理中心和经办银行提供借款学生信息。

(2)建立助学贷款风险基金。由于银行是企业，不能不考虑经济效率，因此，在贷款中必定会设立一定的门槛。如果贷款不能按时归还，银行就不愿经办助学贷款业务；而作为学校对学生不归还贷款也不能完全承担责任。为此，要解决发放资助，又要能够收回贷款，这就需要设立国家助学贷款风险基金，用国家助学贷款风险基金补偿银行或者学校因承担责任造成的损失。国家助学贷款风险基金的作用在于两个方面：第一是为利息补偿。补偿对象是在毕业后没有找到工作或是暂时没有偿还能力的大学生，为这类学生提供利息补贴；第二是针对银行或是学校因为发放、担保助学贷款而造成的损失，可以由助学贷款风险基金加以适当补偿，以减少其损失。

第六章 我国公立高校学费定价机制

1. 学费标准的含义

1.1 基于规范研究方法下的学费标准

1996年《高等学校收费管理暂行办法》出台，该文件是我国高等教育学费制定的基础政策性文件，其核心原则是以后有关高等学校学费政策的依据。该文件规定：在现阶段，高等教育学费占年生均教育培养成本比例最高不得超过25%；其具体比例还需根据各地区经济发展状况和群众承受能力逐步调整到位；此外，高等教育学费标准审批权限在省级人民政府等。从上述文件内容中可知，在高等教育学费占年生均教育培养成本的比例不超过25%的大前提下，各省级政府有权制定地方高校各专业的具体学费标准。

2006年教育部、国家发改委和财政部联合发出《关于进一步规范高校教育收费管理若干问题的通知》，该通知要求，“高等教育学费标准的制定由省级教育部门提出意见，物价部门会同财政部门根据当地经济发展水平、办学条件和居民经济承受能力进行审核，三部门共同报省级人民政府批准后，最后由教育部门执行”。从上述规定中可知，高等学校实际上不具有确定学费标准的权力。

合理学费标准的制定应在社会、学校、学生及学生家庭几方面之间寻求均衡点。由于高等教育的最终获益者是全社会，按照市场经济“谁受益，谁付费”的原则，政府作为教育受益者之一的主要代表，其对高校的投资及基础设施建设具有义不容辞的责任。同时，高等教育还能创造显著的个人收益，它可以提高受教育者的知识、文化、技能和综合素质，从而增加受教育者的就业机会和预期收入。作为高等教育受益者的政府及学生，高等教育投入是必不可少的。因此，高等教育学费是高等教育受益者应付出的必要成本。

1.2　基于实证研究方法的现实学费标准

由上文中可知，高等教育学费标准制定的基本政策依据是以下两个文件：1996 年的《高等学校收费管理暂行办法》和 2006 年的《关于进一步规范高校教育收费管理若干问题的通知》。由上述两个文件可知，高等教育学费标准按照占高等教育的教学成本的一定比例(最高不超过 25%)来确定。

在高等教育学费标准制定中，我国政府强调兼顾公平和效率。实际上，当前各级政府在制定高校学费标准时，在公平和效率之间权衡，主要以效率为主，公平为辅。高等学校学费的公平原则主要侧重于考虑高等教育的需求方面，侧重于能力原则，是从高等教育需求者的角度来测度学费标准。而高等学校学费的效率原则主要是侧重于考虑高等教育的供给方面，侧重于成本补偿原则，是从高等教育供给方的角度来制定学费标准。实践中，由于高等学校学费在效率方面有具体指标规定，而在学费公平方面却没有具体指标，此外，由于当前我国高等教育求过于供，因此，基于实证研究方法的现实学费标准研究主要从供给方和成本角度考虑。

1.3　基于模型构建方法下的模拟学费标准

学费标准制定在政策理论上的要求和在实践中存在的上述问题，引起专家学者对于影响学费的各种因素和学费标准制定的关注。毛建青(2006 年)根据能力原则和受益原则，初步构建了一个涵盖承受能力、高等教育个人收益率、高等教育供需状况、生均教育成本、专业收益差异及地区经济差异等 6 个主要经济因素的学费标准量化模型。①

---

①　田文义等．多视角下的高等教育学费标准确定模型[J]．清华大学教育研究，2009(30)．

这个模型不仅符合高等教育成本分担与补偿理论和公共产品理论，也以两个基本原则为依据，同时考虑了决定学费的几种经济影响因素。田文义等(2009年)从与高等教育学费标准相关的高校、家庭和社会三大主体的角度出发，同时考虑地域、时间、专业和公平四种因素，从多个角度分析高等教育学费问题，构建基于高等教育成本的学费优化模型、基于家庭收入的学费预测模型和基于社会效益的仿真定价模型。① 通过对上述三个模型的有机整合，得到高校、家庭、社会各方面利益均衡时的最优学费标准。纪秋颖(2006年)在考虑经济效率和教育公平的前提下，基于多智能系统建立高校学费定价模型，以个人及其家庭高等教育选择为微观准则，通过MAS仿真得到社会收益值最大时对应的学费为最优学费。②

2. 学费标准的理论依据及定价原则

2.1 学费标准的理论依据

2.1.1 高等教育成本分担与补偿理论

美国纽约州立大学约翰·斯通(John Stone)提出了“高等教育成本分担与补偿理论”，他认为高等教育是一种既有投资也有收益的活动，它能够满足国家、社会及家庭等多个主体的需求。按照“谁受益，谁付费”的市场经济规律，国家、社会及家庭等高等教育的受益人应共同分担高等教育成本，学生及其家庭应该向高校交纳一定的学费。

2.1.2 公共产品理论

高等教育服务是一种准公共产品，依据公共产品理论，高等教

① 毛建青. 我国普通高等院校学费制定标准探讨[J]. 湖南师范大学教育科学学报，2006(3).

② 纪秋颖. 基于Agent的高校学费定价模型及实现[J]. 计算机工程与应用，2006(22).

育应由政府和市场共同提供。高等教育学费是该准公共产品的一种收费，它体现了国家、社会、高校及家庭间一种崭新的高等教育关系。

2.2　学费标准的定价原则

2.2.1　受益原则

由于高等教育费用是由不同的个体(纳税人或受益人)承担的，因此由高等教育直接受益人来承担其中的大部分是较为公平的。在政府投入一定的情况下，高等教育学费是高等学校办学经费的主要来源。由于接受高等教育学生所获得的利益(如收入或地位等)与未接受高等教育的普通群众差别显著，受教育学生按一定比例承担高等学校运转的费用是必需的。

2.2.2　能力原则

政府、高校、学生家庭是高等教育系统的三个主要组成部分，在整个教育体系中承担着不同的角色。政府和学生是教育成果最终的受益者，他们也应该是高等教育费用的承担者，但二者所承担高等教育费用的比例应依据他们从高等教育中获得的收益大小来决定。此外，学校作为高等教育运行的场所，其正常的运转是保障高等教育顺利开展的前提，但高校的正常运转需要一定的费用保障。因此，合理的高等教育学费标准应综合考虑政府投入、学校运转和家庭承受能力三方面因素。

2.2.3　成本原则

1993 年颁布的《中国教育改革和发展纲要》规定：高校收费的主要标准是生均培养成本的一定比例和社会及学生家庭的承受能力，并且高等教育收费还应体现地区、学校和专业等方面的差别。

生均培养成本主要反映了高等学校的教育成本，但由于我国教育部门是按事业单位进行统计的(学校是非营利机构，目前还不具有完善的成本核算制度)，因此在统计资料中没有明确的生均培养成本的数据。事实上，目前核定真正意义上的高校年生均培养成本还有很多实际困难，现行制度下学校和政府不可能提供准确、系统的生均培养成本信息。本书采用《中国教育经费统计年鉴》中的教育经费支出数值来表征生均培养成本。

2.2.4 兼顾效率与公平原则

学费标准制定中各级政府意在兼顾公平原则和效率原则。效率原则主要考虑高等教育的供给方面，侧重于成本补偿原则，是从高等教育供给方的角度来制定学费标准的。公平原则主要考虑高等教育的需求方面，侧重于能力原则，是从高等教育需求方的角度来考量学费标准。

3. 公立高校学费实际标准研究

3.1 普通高等学校学费实际标准的发展状况

从中华人民共和国成立到20世纪80年代末期，我国高等教育实行免收学费制度。改革开放后，由于城乡居民收入大幅上升，城乡居民有一定能力分担高等教育成本。1989年，国家教委、国家物价局、财政部联合下发的32号文件规定，从1989年开始对新入学的本专科学生实行收取学杂费制度，明确规定高校学费、住宿费的收取应根据本地经济发展水平、群众收入水平和经济承受能力以及学校条件等实际情况研究确定。从1989年我国高校实行收费制度以来，学费标准呈逐年快速上升的趋势。最初一般地区高等学校学费每学年100元，高收入地区高等学校学费每学年300元，到2000年高等学校学费飙升至3550元。2001年教育部、国家计委和财政部联合发出《关于2001年高等学校招生收费工作有关问题的通知》，该通知规定2001年的高等教育收费需稳定在2000年的水平上，不再提高。2002年，有关通知再次强调高校教育收费不得提高，至此，高等教育学费猛涨的势头才得到一定程度的缓解。

目前，我国普通高等学校收费标准（以一般本科理工类平均学费标准为基准）大致在4000~6000元之间，由于地区、学校层次和专业等方面的差异，具体学费标准有所不同。由于学费的多少与高校办学经费和办学质量紧密相关，而学校办学成本上涨，城乡居民收入水平增加，国家拨款的增长低于高等教育发展的经费需求，高校可向学生收取更多学费来弥补学校经费的不足。

3.2　高等学校学费水平与地区经济水平关系研究

本书以2010年我国30省市地区高等学校学费水平及相应经济水平为例研究高等学校学费水平与地区经济水平的关系。书中以地区生产总值、城镇居民可支配收入及农村居民纯收入表征地区经济水平，用以研究高等学校现行学费与地区经济水平的关系。

3.2.1　高等学校学费水平与人均GDP相关关系分析

30多年的改革开放给我国带来了巨大变化，使我国在经济、科技、文化和教育等各方面都有了显著进步。最显著的变化就是人民生活水平普遍提高、综合国力增强、人均GDP提高。高等学校学费与人均GDP关系紧密，根据湖北省2010年普通高校招生计划和《中国统计年鉴》的数据，整理得表6-1和表6-2。

表6-1　**2010年各省市高等学校学费及基本经济情况比较** 单位：元

地区	文史类	理工类	艺术类	地区人均生产总值	城镇居民可支配收入	农村居民纯收入
北京	4944	5047	10039	75943	29072.9	13262.3
天津	3843	4053	9045	72994	24292.6	10074.9
河北	3726	3851	6281	28668	16263.4	5958.0
山西	3611	4129	5857	26283	15647.7	4736.3
内蒙古	3558	3516	6423	47347	17698.2	5529.6
辽宁	5437	4798	11683	42355	17712.6	6907.9
吉林	4438	4405	6632	31599	15411.5	6237.4
黑龙江	4248	4344	8217	27076	13856.5	6210.7

续表

地区	文史类	理工类	艺术类	地区人均生产总值	城镇居民可支配收入	农村居民纯收入
上海	5241	5097	10216	76074	31838.1	13978.0
江苏	4612	4553	8190	52840	22944.3	9118.2
浙江	4174	4216	9129	51711	27359.0	11302.6
安徽	3816	4495	6600	20888	15788.2	5285.2
福建	4092	4396	8445	40025	21781.3	7426.9
江西	4755	4816	10350	21253	15481.1	5788.6
山东	3904	3889	8585	41106	19945.8	6990.3
河南	3517	3737	5973	24446	15930.3	5523.7
湖北	4806	5022	10134	27906	16058.4	5832.3
湖南	4282	4766	7575	24719	16565.7	5622.0
广东	4483	5056	9560	44736	23897.8	7890.3
广西	3717	4028	8019	20219	17063.9	4543.4
海南	5032	5039	8800	23831	15581.1	5275.4
重庆	5171	5371	11086	27596	17532.4	5276.7
四川	4391	4817	10718	21182	15461.2	5086.9
贵州	3256	3473	6069	13119	14142.7	3471.9
云南	3828	4609	8938	15752	16064.5	3952.0
陕西	3936	4658	9805	27133	15695.2	4105.0
甘肃	3578	4320	6400	16113	13188.6	3424.7
青海	2775	3238	—	24115	13855.0	3862.7
宁夏	2800	2935	7250	26860	15344.5	4674.9
新疆	3275	3517	6000	25034	13643.8	4642.7
平均	4108	4340	8345	33964	18170.6	6399.7
最小值	2775	2935	5857	13119	13188.6	3424.7
最大值	5437	5371	11683	76074	31838.1	13978.0
标准差	694	617	1746	17343	4825.8	2686.5

由表 6-1 中数据计算可得，30 个省市地区高等学校学费(以各省理工类平均学费为例)与人均 GDP 相关系数为 0.2176，呈现微弱正相关关系，但相关程度显著性不强。这进一步说明高等学校合适学费的模拟需考虑各省市人均 GDP。其次，从表 6-2 中可知，30 个省市中，高等学校学费占人均 GDP 比重为 10%左右的地区有北京、天津、内蒙古、辽宁、上海、江苏、浙江、福建、山东、广东和宁夏等 11 个省区，其他地区高等学校学费占人均 GDP 比重明显高于 10%。

表 6-2　**2010 年各省市高等学校学费与基本经济状况的比例关系**

地区	学费占地区人均生产总值比重(%)	学费占城镇居民可支配收入比重(%)	学费占农村居民纯收入比重(%)
北京	6.65	17.36	38.06
天津	5.55	16.68	40.23
河北	13.43	23.68	64.64
山西	15.71	26.39	87.18
内蒙古	7.43	19.87	63.59
辽宁	11.33	27.09	69.46
吉林	13.94	28.58	70.62
黑龙江	16.04	31.35	69.94
上海	6.70	16.01	36.46
江苏	8.62	19.84	49.93
浙江	8.15	15.41	37.30
安徽	21.52	28.47	85.05
福建	10.98	20.18	59.19
江西	22.66	31.11	83.20
山东	9.46	19.50	55.63
河南	15.29	23.46	67.65
湖北	18.00	31.27	86.11

续表

地区	学费占地区人均生产总值比重(%)	学费占城镇居民可支配收入比重(%)	学费占农村居民纯收入比重(%)
湖南	19.28	28.77	84.77
广东	11.30	21.16	64.08
广西	19.92	23.61	88.66
海南	21.14	32.34	95.52
重庆	19.46	30.63	101.79
四川	22.74	31.16	94.69
贵州	26.47	24.56	100.03
云南	29.26	28.69	116.62
陕西	17.17	29.68	113.47
甘肃	26.81	32.76	126.14
青海	13.43	23.37	83.83
宁夏	10.93	19.13	62.78
新疆	14.05	25.78	75.75
平均	15.45	24.93	75.75
最小值	5.55	15.41	36.46
最大值	29.26	32.76	126.14

3.2.2 高等学校学费水平与居民收入水平相关关系分析

城乡居民对高等教育的支付能力主要取决于其收入水平。改革开放以来，我国居民的收入水平有了很大程度的提高，但总体来说还比较低。

由表6-1中数据可计算得到，30个省市地区高等学校学费(以各省理工类平均学费为例)与城镇居民可支配收入及农村居民纯收入的相关系数分别为0.3472和0.3557，其正相关程度都不太显著。这也进一步说明高等学校合适学费的模拟还需考虑城乡居民收入情况。

3.3　高等学校学费实际标准差异研究

以各省市普通高等学校学费为研究对象，重点探讨学费地区差异、校际差异和专业差异现状。

3.3.1　高等学校学费的地区差异

高等教育学费差异中的地区学费差异表现明显，地区学费差异是高等教育学费差异形成的重要因素。1992 年学费改革相关文件认为，由于我国各省市地区经济发展和高等教育发展不平衡，全国统一的高等学校收费标准不再适应改革开放新形势和各地区、各校、各专业的具体情况，高等教育收费标准需要改革和完善。该文件认为各普通高等学校可以根据本地区、本高校或本学科的情况等来制定高等教育收费标准。继而，1996 年的《高等学校收费管理暂行办法》规定，根据年生均教育培养成本的一定比例确定高等教育学费标准，不同地区、不同专业、不同学校的学费收费标准根据办学成本和支付能力等可以有差异。此外，该规定还明确划分了中央政府和各省级政府的学费管理职责。

2006 年的《关于进一步规范高校教育收费管理若干问题的通知》进一步规定高校学费标准按属地化原则管理，省级教育行政、物价部门和财政部门在制定学费标准时要综合考虑当地经济发展水平、办学条件和居民经济承受能力。学费政策的变迁为学费地区差异的形成提供了可能。

从表 6-1 中可了解到各省市普通高校学费的地区差异。其中，以理工类学费平均水平为例，学校学费水平最高的重庆为 5371 元，最低的是宁夏，其理工类专业学费水平为 2935 元，两者相差 2436 元，前者是后者的 1.83 倍。学费水平的标准差达到 617 元，两极差异显著。从高等学校学费占城镇居民可支配收入比重来看，城镇居民学费平均负担程度为 24.9%。其中，最高的是甘肃，其学费占城镇居民人均可支配收入的 32.8%。负担程度最低的是浙江，其学费占城镇居民人均可支配收入的 15.4%。从农村居民学费负担程度来看，农村居民学费平均负担程度为 75.6%。其中，负担程度最重的依旧是甘肃，其学费占农村居民年人均纯收入的121.1%，负担比重最低的是上海，其学费占农村居民年人均纯收入的36.5%。

从各地区高等教育学费绝对水平和地区经济发展水平的相关分析来看，普通高等学校学费绝对水平和地区经济发展水平不存在显著相关关系，但居民学费负担比重和地区经济发展水平呈现出显著负相关。数据显示，学费占城镇居民人均可支配收入比重与地区经济发展水平的相关系数为-0.750，且高度显著；学费占农村居民年人均纯收入的比例与地区经济发展水平相关系数为-0.828，显著性水平小于0.01。这表明当前我国各地区间城镇居民学费分担水平存在较大差异，总的来看，经济发达地区居民高等教育学费负担水平低，而经济落后地区居民高等教育学费负担水平高；城镇居民高等教育学费负担水平低，而农村居民高等教育学费负担水平高。由于经济落后地区或农村居民接受高等教育的成本比经济发达地区或城镇居民高，这也成为制约落后地区农村居民高等教育发展的不可轻视的因素。

3.3.2 高等学校学费的校际差异

本书界定经教育部批准的56所设有研究生院的大学为研究型大学，这些大学不仅全是“211工程”大学，而且包含了全部的“985工程”院校。教学研究型大学是指不属于上述研究型大学，但拥有博士学位授权的高等院校，截至目前这些高等院校已经有291所。其余普通本科院校统称为教学型大学。表6-3是这三类大学的三类不同专业的学费情况。

表6-3 不同类型学校不同专业学费比较 （单位：元）

	文史类	理工类	艺术类
研究型大学	4841	5086	9539
教学研究型大学	4690	4663	9595
教学型大学	4115	4268	8755

利用表 6-3 中数据，进行无交互影响的两因素方差分析，分析结果如表 6-4 所示。

表 6-4　　**不同类型学校不同专业学费两因素方差分析表**

	离差平方和	自由度	离差均方	值	显著性水平
大学类型	996000.9	2	498000.4	27.167	0.005
专业类别	43937008.2	2	21968504.1	1198.449	0.000
误差	73323.1	4	18330.8		
总计	45006332.2	8			

从表 6-3 和表 6-4 可以看出，高等学校学费标准由于学校类别差异存在显著差异。总的趋势是，研究型大学学费高于教学研究型大学，教学研究型大学学费高于教学型大学。以理工类专业的平均学费为例，研究型大学的学费平均为 5086 元，教学研究型大学为 4663 元，教学型大学最低，为 4268 元。文史类专业的学费平均水平也呈现出类似特点，研究型大学的学费平均水平比教学研究型大学的学费平均水平高 151 元，教学研究型大学比教学型大学高 575 元。艺术类专业研究型大学的学费平均水平和教学研究型大学的学费平均水平比较接近，但都要明显高于教学型大学的学费平均水平。

3.3.3　高等学校学费的专业差异

普通高校的专业学费差异来自于定价方式的差异和专业培养成本的差异。定价方式的差异是指由于高等教育产品具有私人产品和公共产品的特点，被称为准公共产品，因此高等教育学费被看作成本补偿。① 但不同专业准公共产品的程度又有所差别，对于一些基

① 袁连生等．我国普通高校学费差异实证研究[J]．教育发展研究，2010(23)．

础性学科，由于其社会收益高而私人收益程度较低，需由政府分担大部分教育成本，学费只是教育成本的小部分补偿。但对于一些应用性学科，社会收益程度远小于其私人收益，可以由私人承担大部分教育成本。专业培养成本的差异是指对实行成本补偿定价的专业，在补偿比例确定的情况下，学费取决于专业培养成本的高低。

表6-3的结果显示，普通高校学费因专业不同也存在显著差异。总的来看，学费水平最高的是艺术类专业，其次是理工类，最后是文史类。表6-4的两因素方差分析结果显示，各类专业学费差异显著。总的来看，艺术类专业学费显著高于文史类和理工类专业学费。由于艺术类专业实行成本定价，而文史类和理工类专业主要采用的是成本补偿定价，上述差异主要反映了学费定价方式上的差异，其次才部分反映了专业培养成本上的差异。此外，文史类和理工类的专业学费之间也存在显著差异，但这种差异主要来源于文史类和理工类专业教育成本上的差异。

3.4 结论及建议

当前我国普通高校本科生学费水平呈现出明显的地区差异、校际差异和专业差异。学费平均水平与地区生产总值、城镇居民可支配收入及农村居民纯收入均呈现出微弱正相关关系。但学费负担比重和地区经济发展水平呈现出较为显著的负相关关系，即经济发达地区或城镇居民接受高等教育的成本相对较低，经济欠发达地区或农村居民接受高等教育的成本相对偏高。

高校学费根据学校类型不同也呈现出一定差异。总的来说，研究型大学的学费水平高于教学研究型大学的学费水平，教学研究型大学的学费水平高于教学型大学的学费水平，这与相关政策文件要求高等教育学费要能体现高等学校教育质量差异的要求相吻合。此外，高校学费因专业类型不同也有所不同，艺术类专业的学费高于理工类专业，理工类专业的学费高于文史类专业。专业类别差异导致的高等教育学费差异更主要地来源于专业定价方式的不同，其次才是来源于专业培养成本的差异。

4. 公立高校学费模型

4.1 引言

当前公立高等学校收费标准的确定依然处于定性和静态相对稳定态势，这与社会对公立高等教育的需求、地区经济发展、城乡居民收入的提高及公立高等学校教学质量提升要求的动态发展不相匹配，也给从定量和动态角度来制定合适的地方高等学校收费标准带来了一定的局限。

高等教育学费标准的制定极其复杂，与各级政府教育经费预算、地区经济发展水平、社会综合效益、学生培养成本、高等教育教学质量、高等学校发展和家庭收入等因素息息相关。本节分别从高校、家庭和社会这三大主体的角度出发，对高校的生均培养成本、家庭的高校学费支付能力和社会整体经济效益进行界定，依据现有统计数据或依据相关原理模拟的数据建立如下三个模型：基于高等教育成本核算的学费优化模型、基于城镇居民家庭收入的学费承受能力模型和基于社会整体综合效益的学费仿真模型。对于以上三个模型，利用不同的数学工具确定各模型下的高等教育学费标准，最后通过一定规则整合上述三个模型的学费标准，考虑高校、家庭和社会各方面的诉求，确定最优的学费标准。

4.2 数据及来源

本书中的数据主要包括各地区普通高等学校生均教育经费支出、人均 GDP、城镇居民可支配收入、城镇居民消费性支出、农村居民家庭现金收入、农村居民家庭现金支出，这些数据来源于 2009 年至 2012 年的《中国统计年鉴》、《中国教育经费统计年鉴》、《国民经济和社会发展统计公报》和《湖北统计年鉴》等。

4.3 基于高校教育成本的学费优化模型

高等教育成本是受教育者接受教育所耗费的资源的价值。高等教育成本核算模型是利用相关资料的支出明细数据，从中抽出与培养学生支出相关的部分作为成本数据进行相应的加和计算。根据相关文献，高等教育生均教育成本主要由三部分组成：生均人员成本、生均固定资产折旧成本和生均教育公用成本。

生均人员成本。高校为培养学生所支付的所有教职工的费用，分为教师工资成本、职工工资成本及教职工各项杂费(包括教职工补助工资、教职工福利、社会保险费、助学费、其他工资等)，这些数据可查阅《中国教育经费统计年鉴》获得。

生均固定资产折旧成本。可收集学校土地使用、教学行政用房、教学仪器设备、图书资料四个主要方面的统计数据进行测算。

生均教育公用成本。高校用于培养学生教学过程中维持学校教育教学运行和行政管理的一般性支出，如公务费、业务费、维修费、招待费以及与教学相关的其他各种费用支出。查阅《中国教育经费统计年鉴》得到 2010 年全国平均生均教育公用成本约为 10736.2 元，湖北省平均生均教育公用成本约为 9935.5 元。

根据生均教育成本进行学费定价，同时考虑制定学费标准的受益原则和能力原则，这样可以兼顾生均培养成本、高等教育个人收益率、家庭的支付能力、地区及专业差异。模型假定：在市场经济的体系下，价格由供求关系决定，所以各专业的学费差异体现在专业个人收益率上，专业个人收益率与生均培养成本关系密切；各地区的发展不均衡反映在各地区的人均 GDP 上。鉴于以上假定，建立基于高校教育成本的学费优化模型如下式所示：

某地区某个专业平均学费=此专业生均培养成本×国家固定比例×此专业个人相对收益率×a+国际一般比例×我国人均 GDP×地区发展不均衡系数×b

上述模型中，a、b 为权重，考虑到生均培养成本相对于地区人均生产总值对高等教育学费影响程度更大，a、b 可取(0.8，0.2)、(0.7，0.3)或(0.6，0.4)。生均培养成本数据用《中国教育经费统计年鉴》中高等学校生均教育经费支出项核算，人均 GDP 数据来源于《中国统计年鉴》。根据《高等学校收费暂行办法》的规定，公立高校学费不超过生均教育培养成本的 25%，占人均 GDP 的比重为10%左右。专业个人收益率的相对值采用吕孟仁(2001)的研究结论：新闻学的专业个人收益率为1，装潢、广告设计、会计、管理、法律、计算机、机械、新闻学、数学、气象学、地质学、资源环境管理、军事指挥、航天技术的专业个人收益率从1.7依次递减至0.4。地区发展不均衡程度以地区生产总值与全国人均GDP的比值进行测算。

根据上述模型可求得全国31省市普通高等教育学费标准。由于数据可得性的原因，本书以2010年各地区普通高等学校所有专业生均教育经费支出为基础测算各地区一般本科专业学费标准。31省市普通高等学校学费标准如表6-5所示。

表6-5　**31省市普通高等学校学费标准**　单位：元

权重 / 省域	普通高等学校生均教育经费支出	人均GDP	（90%，10%）	（80%，20%）	（70%，30%）	（60%，40%）	（50%，50%）
全国	19952.96	30015	4789.57	4590.89	4392.22	4193.54	3991.35
北京	48514.65	75943	11675.23	11221.79	10768.35	10314.92	10076.64
天津	25374.85	72994	6439.28	6534.85	6630.42	6725.99	9446.21
河北	13654.36	28668	3358.91	3304.23	3249.55	3194.87	3751.45
山西	12334.69	26283	3038.14	2992.60	2947.06	2901.52	3437.28
内蒙古	16642.72	47347	4218.08	4275.48	4332.89	4390.29	6129.28
辽宁	19929.09	42355	4907.60	4832.92	4758.24	4683.56	5539.75
吉林	17425.02	31599	4236.62	4116.98	3997.35	3877.71	4161.71
黑龙江	18146.81	27076	4353.79	4170.88	3987.97	3805.06	3602.19
上海	38465.34	76074	9415.44	9214.55	9013.65	8812.76	9980.02
江苏	23434.66	52840	5801.20	5743.73	5686.27	5628.80	6895.06
浙江	28108.89	51711	6841.61	6656.00	6470.39	6284.77	6805.96
安徽	13220.65	20888	3183.53	3061.89	2940.25	2818.62	2770.18

续表

省域＼权重	普通高等学校生均教育经费支出	人均GDP	(90%，10%)	(80%，20%)	(70%，30%)	(60%，40%)	(50%，50%)
福建	19245.05	40025	4730.39	4649.51	4568.63	4487.76	5239.64
江西	12766.09	21253	3084.90	2978.28	2871.66	2765.03	2810.87
山东	14460.85	41106	3664.75	3714.29	3763.83	3813.37	5321.49
河南	11249.02	24446	2775.49	2738.72	2701.96	2665.19	3194.52
湖北	19843.62	27906	4743.87	4526.84	4309.81	4092.78	3725.44
湖南	13160.76	24719	3208.36	3126.53	3044.70	2962.87	3250.29
广东	22397.28	44736	5486.75	5374.18	5261.60	5149.03	5866.34
广西	12906.60	20219	3106.18	2985.70	2865.23	2744.75	2682.68
海南	15404.71	23831	3704.37	3557.56	3410.75	3263.95	3164.09
重庆	20012.48	27596	4778.77	4554.42	4330.06	4105.71	3688.44
四川	19352.00	21182	4566.02	4294.04	4022.06	3750.08	2876.05
贵州	13189.17	13119	3098.75	2900.21	2701.67	2503.14	1794.81
云南	16700.75	15752	3915.19	3655.19	3395.19	3135.19	2164.76
西藏	22837.49	17319	5311.63	4913.88	4516.13	4118.38	2430.46
陕西	20938.75	27133	4982.55	4730.41	4478.27	4226.13	3640.75
甘肃	13841.56	16113	3275.48	3090.57	2905.66	2720.75	2177.90
青海	17674.92	24115	4218.01	4017.28	3816.56	3615.84	3225.28
宁夏	18340.37	26860	4395.18	4205.27	4015.36	3825.46	3577.26
新疆	18224.41	25034	4350.83	4145.56	3940.29	3735.02	3346.79

以湖北省为例，从表 6-5 中可知，当权重 a、b 依次取(0.6，0.4)、(0.7，0.3)、(0.8，0.2)或(0.9，0.1)时，湖北省普通高等学校学费取值区间为[4092.78，4743.87]元。

此外，以湖北省武汉市某公立高校为例，该校 2010 年和 2011

年生均教育成本分别为 3.11 万元和 3.67 万元，武汉市 2010 年及 2011 年人均 GDP 分别为 58961 元和 68315 元，当权重 a、b 依次取(0.6，0.4)、(0.7，0.3)、(0.8，0.2)或(0.9，0.1)时，武汉市公立高等学校 2010 年学费(一般本科专业)上限可位于[7023.44，7587.11]元，2011 年学费(一般本科专业)上限可位于[8237.6，8940.65]元。

实践中，结合各地区物价局关于高校教育收费管理的有关规定，重点专业由学校根据学科建设发展、专业设置、学生报考志愿、社会对人才的需求及培养成本等情况，其学费标准可在一般本科专业学费标准的基础上向上浮动一定比例；师范和体育专业学费按一般本科专业学费标准执行；农林、航海、民族专业学费按一般本科专业学费标准向下调整一定比例。

4.4　基于家庭收入的学费支付能力模型

通过分析湖北省城镇居民可支配收入和消费性支出以及农村居民现金收入和现金支出，确定城镇居民和农村居民家庭对高等教育学费和生活费的最大承受能力。根据《中国统计年鉴》和《湖北统计年鉴》全国城镇居民可支配收入、消费性支出和家庭平均人口以及农村居民现金收入、现金支出和家庭平均人口等数据，并根据田文义①(2009 年)和张帆②(2004 年)文献计算公式确定城镇与农村居民的高等教育最大支付能力。

4.4.1　城镇居民家庭对高等教育的支付能力分析

根据 2011 年《中国统计年鉴》和 2011 年《湖北统计年鉴》城镇居民家庭收入基本情况的统计数据，对湖北城镇居民 2010 年高等教育的支付能力进行分析。统计年鉴将城镇居民按照城镇居民可支

① 田文义等．多视角下的高等教育学费标准确定模型[J]．清华大学教育研究，2009(30)．

② 张帆．我国居民高等教育支付能力及学费政策的实证研究[J]．中国软科学，2004(2)．

配收入高低分为最低收入户（10%）、低收入户（10%）、中等偏下收入户（20%）、中等收入户（20%）、中等偏上收入户（20%）、高收入户（10%）和最高收入户（10%）共7组。

2010年湖北省城镇居民家庭对高等教育的最大支付能力可按如下方法计算：用每组的平均可支配收入乘以该组平均每户人口，得到该组的户均年收入。用该组平均每户人口乘以该组人均消费性支出，可得出该组城镇居民家庭所有成员的必要支出。若假设该组每户家庭恰有一人上大学，用该组户均年收入减去该组家庭所有成员的必要支出后得到剩余，该剩余就是城镇居民家庭为培养一个大学生所能支付的高等教育费用的最大承受能力。如：2010年湖北城镇居民家庭最低收入户对高等教育的最大支付能力计算公式为：

$$5282.41 \times 3.44 - 4936.49 \times 3.44 = 1189.28$$

类似的，可得到2010年湖北城镇居民家庭所有收入分组户对高等教育的最大支付能力，如表6-6所示。

表6-6　**2010年湖北城镇居民对高等教育学费的最大承受能力**

单位：元

分组	比重（%）	平均每户家庭人口	可支配收入	消费性支出	对高等教育学费的承受能力
总　　计	100	2.93	16508.37	11450.97	14818.18
最低收入户	10	3.44	5282.41	4936.69	1189.28
低收入户	10	3.34	8007.27	6568.82	4804.42
中等偏下户	20	3.17	10578.24	8020.33	8108.57
中等收入户	20	2.94	13856.35	10507.72	9844.97
中等偏上户	20	2.68	18576.45	13649.96	13202.99
高收入户	10	2.63	24550.19	16269.18	21779.06
最高收入户	10	2.40	44538.78	26893.88	42347.76

以2010年湖北城镇居民家庭各收入分组户对高等教育的最大支付能力和各分组收入户所占比重为依据，加权平均得到2010年湖北城镇居民家庭对高等教育学费的最大平均最大支付为

13243.36元。

此外，因为2010年湖北省普通高等学校平均学费为5022元（以一般本科院校理工类专业平均学费为基准），由表6-6可知，不能承受这种高等教育学费的城镇居民比重接近20%。

4.4.2　农村居民家庭对高等教育的支付能力分析

根据《中国统计年鉴》和《湖北统计年鉴》农村居民家庭物质生活基本情况的统计资料，对湖北农村居民2010年高等教育费用的最大承受能力进行分析。依据统计年鉴，将农村居民按照收入等级分为低收入户（20%）、中低收入户（20%）、中等收入户（20%）、中高收入户（20%）和高收入户（20%）共5组。同理，对于每组收入户，用平均每人现金收入乘以平均每户人口，可得该组的户均年收入。假设每户有1人上大学，用平均每户人口乘以平均每人现金支出，可得出该组农村居民家庭所有成员的现金支出，用户平均年现金收入减去农村家庭所有成员的必要现金支出后的剩余若全部用于高等教育投资，该结果就是农村居民家庭对培养一个大学生的学杂费及住宿费的最大承受能力。如：2010年湖北农村居民家庭高收入户对高等教育的最大支付能力计算公式为：

$$17200.74 \times 3.30 - 12863.24 \times 3.30 = 14313.75$$

类似的，可得到2010年湖北农村居民家庭所有收入分组户对高等教育的最大支付能力，如表6-7所示。

表6-7　**2010年湖北农村居民对高等教育学费的最大承受能力**

单位：元

分组	平均每户常住人口（人）	现金收入	现金支出	对学费和住宿费最大承受能力
低收入户	4.52	2721.69	3694.44	-4396.83
中低收入户	4.25	4085.30	4227.51	-604.39
中等收入户	4.00	5918.80	5354.04	2259.04
中高收入户	3.71	8553.02	7069.57	5503.60
高收入户	3.30	17200.74	12863.24	14313.75

以2010年湖北农村居民家庭各收入分组户对高等教育的最大支付能力和各分组收入户所占比重为基础，加权平均得到2010年湖北农村居民家庭对高等教育学费的最大平均最大支付为3415.03元。此外，因为2010年湖北省普通高等学校平均学费为5022元(以一般本科院校理工类专业平均学费为基准)，由表6-7可知，不能承受高等教育学费的农村居民比重接近60%。

由于2010年湖北省城镇和农村居民占全省人口比重分别为49.7%和50.3%，综合以上城镇居民和农村居民对高等教育最大承受能力，2010年湖北城乡居民高等教育学费最大承受能力为8299.71元。此外，2011年湖北省城镇和农村居民占全省人口比重分别为51.8%和48.2%，综合测算得到2011年湖北城乡居民高等教育学费最大承受能力为11505.19元。类似的，可得到2006—2009年湖北城乡居民对高等教育最大承受能力，如表6-8所示。从表6-8中可看出，湖北省城乡居民对高等教育学费最大承受能力呈现逐年上升趋势。考虑到地区经济持续平稳上扬，2013年湖北城乡居民高等教育学费最大承受能力将继续增强。

表6-8 **2006—2011年湖北城乡居民对高等教育学费承受能力**

单位：元

分组	2006年	2007年	2008年	2009年	2010年	2011年
城镇居民高校学费承受能力	9152.37	8338.88	13519.87	14555.75	13243.36	19528.48
农村居民高校学费承受能力	1806.01	2017.32	2211.96	2576.34	3415.03	2872.29
城镇/农村居民人口比	43.8/56.2	44.3/55.7	45.2/54.8	46.0/54.0	49.7/50.3	51.8/48.2
城乡居民高校学费承受能力	5023.72	4817.77	7323.14	8086.87	8299.71	11505.19

此外，根据湖北省城镇和农村居民不能承受高校学费的比重和城乡居民全省人口比重，综合得到城乡居民家庭对高等教育学费承受比重，如表6-9所示。从表6-9中可看出，湖北省城乡居民高等教育学费能承受比重呈现逐年上升趋势。

表6-9　**2006—2011年湖北城乡居民对高等教育学费承受比重分析**

分组	2006年	2007年	2008年	2009年	2010年	2011年
城镇居民家庭不能承受比例(%)	20	20	20	20	20	20
农村居民家庭不能承受比例(%)	80	80	80	80	60	60
城镇/农村居民人口比	43. 8/56. 2	44. 3/55. 7	45. 2/54. 8	46. 0/54. 0	49. 7/50. 3	51. 8/48. 2
城乡居民家庭不能承受比例	53. 7%	53. 4%	52. 9%	52. 4%	40. 1%	39. 3%

4.5　基于社会效益的Agent仿真定价模型

就社会整体的效益而言，一方面，我们希望保证可支付学费的人数占接受高等教育的人口总数比例较大，即成绩优秀的城乡高中毕业生不会因经济因素而失学，都能进入高等学校学习。另一方面，就经济层面而言，学费过低会增加国家财政负担，导致学校被迫降低教育培养成本，从而影响高等教育的总体质量。

本书基于多智能系统(Multi-Agent System，MAS)建立高校学费定价模型，对公立高等学校学费进行研究。①②③ 该 MAS 模型以学生高考成绩、家庭高等教育学费承受能力和学费确定学生是否能取得入学资格为基本准则，在此基础上通过 MAS 仿真得到高等教育成绩公平度、城乡学生入学公平度和整体经济效益值，最后基于整体社会经济效益最优，从定量和动态角度来制定适合地方高等学校的学费标准。

4.5.1 基本定义

为综合体现高等教育的整体社会效益，现作如下定义：

定义 1：学习成绩公平度

学习成绩公平度定义为：

$$A = \frac{R}{R_f}$$

其中，R 为可被录取的最后一名学生的高考成绩排名，R_f 为实际录取的最后一名学生的高考成绩排名。理论上 A 越接近 1 学习成绩公平度越高。

定义 2：城乡学生入学公平度

城乡学生入学公平度定义为：

$$B = \frac{n_v}{n_t} - \frac{N_v}{N_t}$$

其中，n_v 为录取的农村学生数量，n_t 为录取的学生总数；N_v 为全国范围内农村人口总数，N_t 为全国城乡人口总数。理论上 B 越接近 0，城乡学生入学公平度越高。

定义 3：经济效益

高等教育经济效益定义为：

---

① 蔡思洁．基于数学模型的高校学费标准的研究[J]．东莞理工学院学报，2010(10).

② 李洪英．高等学校学费标准模型探讨[J]．曲阜师范大学学报，2010(2).

③ 邵桂荣．高等教育学费标准评价与优化[J]．绍兴文理学院学报，2010(12).

$$C = \frac{n_a}{n_t} \cdot T$$

其中，n_a 为高等学校录取学生中家庭具有支付能力的总数，n_t 为高等学校录取的学生总数；T 为高等教育基准学费。

定义 4：高等教育综合效益

高等教育综合社会效益定义为：

$$D = 0.25A_s + 0.25B_s + 0.50C_s$$

上述高等教育综合效益模型中，A、B 两部分综合起来代表公平，C 部分代表效率，为兼顾公平和效率，社会公平和经济效益分别占比 50%。在社会公平部分，成绩公平和城乡学生公平分别占比 50%。因此，在上述综合社会效益模型中，成绩公平、城乡入学公平和经济效益权重依次为 25%、25% 和 50%。模型中 A_s、B_s 和 C_S 分别指对 A、B、C 进行中心化和单位化的结果。

4.5.2　Agent 仿真模拟思路及步骤

基于以上定义，为了体现高等教育学费社会效益的整体影响，本节建立如下仿真模型。首先选取某个较大样本数，每个样本代表一个学生及其家庭。由于每个学生平时学习能力和高考临场发挥情况有一定随机性，假设学生学习成绩的赋值由上述两个随机数值共同确定。家庭高等教育学费支付能力根据前文中城乡居民家庭高等教育学费支付能力、城乡人口比重和各收入水平人口比例进行赋值。随后加入不同学费序列学费 1，学费 2，…，学费 n，将各样本的高等教育学费支付能力与不同的学费序列进行比较，得到不同学费序列条件下高等学校录取情况，从而计算不同学费情况下的 A、B、C，进而将其标准化后计算得到高等教育综合社会效率值 D。比较不同学费序列情况的 D 值，取最大 D 值所对应的高等教育学费为基于社会整体效益最佳的高等学校学费。

仿真模拟路径图如图 6-1 所示。

4.5.3　模型主体分析

(1)样本学习成绩赋值。

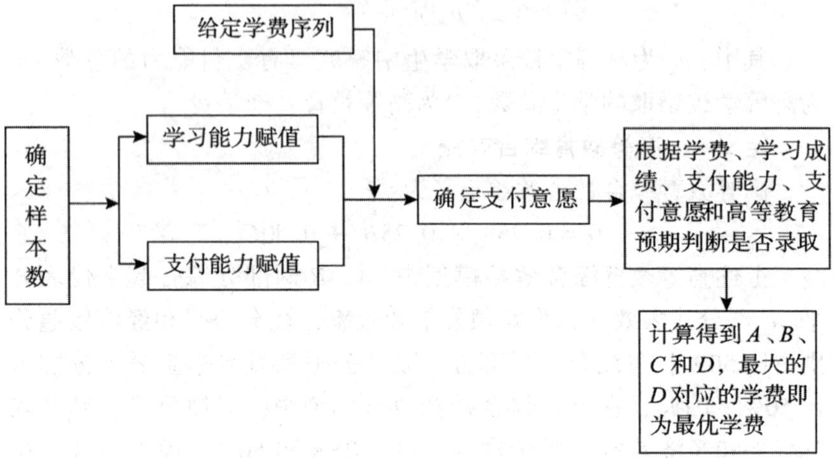

图 6-1　Agent 仿真模拟路径图

样本学习成绩由下式确定：

$$\text{Score}=\text{Abile}\times\text{Site}$$

其中，Abile 为能力指标，假设它服从 $\mu=75$ 和 $\sigma=6$ 的正态分布；Site 为临场发挥指标，假定它服从 $\mu=1$ 和 $\sigma=0.05$ 的正态分布。

本书选取样本数 1000 人，通过上述方法模拟 1000 名学生的学习成绩，模拟成绩的基本统计分析如表 6-10 所示。

表 6-10　　**城乡居民对高等教育成本承受比重分析**

统计量	平均	中位数	标准差	峰度	偏度	区域	最小值	最大值
指标值	75.30	75.09	7.16	0.15	−0.05	47.10	52.85	99.95

(2)样本高等教育学费承受能力赋值。

首先按 2010 年湖北省人口普查中城镇、农村居民人口比重(城镇人口占比 49.7%，农村人口占比 50.3%)，对 1000 个家庭进行城乡随机划分(其中，497 户为城镇家庭，503 户为农村家庭)。再依据上文中 2010 年湖北省城镇、农村居民的收入划分等级及支付能力相应赋值，如表 6-11 所示。

表 6-11　**模拟湖北城乡居民对高等教育学费的最大承受能力**

城镇家庭			农村家庭		
分组	频数（户）	对学费和住宿费的承受能力（元）	分组	频数（户）	对学费和住宿费的承受能力（元）
最低收入户	50	1189.28	低收入户	100	-4396.83
低收入户	50	4804.42	中低收入户	101	-604.39
中等偏下户	99	8108.57	中等收入户	101	2259.04
中等收入户	99	9844.97	中高收入户	101	5503.60
中等偏上户	99	13202.99	高收入户	100	14313.75
高收入户	50	21779.06	总计	503	—
最高收入户	50	42347.76			
总计	497	—			

（3）确定样本支付意愿。

尽管某些城乡居民家庭对高等教育支出的最大承受能力并不足以支付学生的学费和住宿费，但从教育投资的角度而言，其中相当大一部分家庭依然会选择借款、亲友资助或助学贷款等方式支持子女读书。由于高等教育学费支付意愿与学费承受能力、高等教育期望收益率及高等教育学费息息相关，高等教育学费支付意愿有下式确定。

$$\text{Pay}=\begin{cases}0 & \text{offer}<T,\ \dfrac{\mu\cdot \text{Expe}}{T}<1\\[2ex] 1 & \text{offer}<T,\ \dfrac{\mu\cdot \text{Expe}}{T}\geqslant 1\\[2ex] 1 & \text{offer}\geqslant T\end{cases}$$

Pay 表示高等教育学费支付意愿，其取值为 1 或 0，分别表示愿意或不愿意支付高等教育学费。Expe 为高等教育期望收益，依据岳昌君(2009年)文献，高等教育期望回报为12002元。上式用μ表示家庭支付高等教育学费的乐观程度，其值越高，乐观程度越高，本书中取其值为分布在0与1之间的平均随机数。T为高等教育学费。Offer为城乡居民对高等教育学费承受能力。

(4)确定样本是否录取。

对1000名样本成绩进行排序，录取人数根据2010年高等学校毛入学率26.5%确定，即可录取265名学生。通过综合考虑学习成绩排名、支付能力、支付意愿和学费，确定样本是否录取。

(5)确定最优学费。

结合湖北省公立高等学校实际情况，一般本科专业学费区间为[3800，6500]，每次累加100元，利用Matlab编程确定最优学费。

以学费为4000元时为例，仿真结果为：因支付能力和支付意愿等原因，录取的265名学生中，176人有支付能力，134人为农村人口，录取的学生中排名最后的一位名次为308名。通过这些数据计算得到：

$$\text{学习成绩公平度 } A=\frac{265}{308}=0.8571$$

$$\text{城乡入学公平度 } B=\frac{134}{265}-0.503=0.0046$$

$$\text{经济效益 } C=\frac{176}{265}\times 4000=2666.67$$

当学费是其他取值时(书中仅列出学费标准取[3800，5200]元时的计算结果)，用同样方法求得以上3种统计量，如表6-12所示。

表6-12 **基于社会效益的仿真模拟数据**

学费(元)	成绩公平	城乡公平	经济效益
3800	0.9231	0.0046	2706.06
3900	0.8408	-0.0182	2688.64
4000	0.8571	0.0046	2666.67

续表

学费(元)	成绩公平	城乡公平	经济效益
4100	0.8462	0.0046	2795.45
4200	0.8199	−0.0106	2990.91
4300	0.7952	−0.0409	3159.85
4400	0.7904	−0.0333	3266.67
4500	0.7952	−0.0560	3306.82
4600	0.7765	−0.0560	2822.73
4700	0.7333	−0.0939	3097.73
4800	0.7543	−0.0636	3018.18
4900	0.7333	−0.0636	3229.55
5000	0.7333	−0.0863	3295.45
5100	0.7458	−0.0712	3245.45
5200	0.7458	−0.0788	3309.09

由于以上 3 个统计量计量单位不同，求高等教育整体社会效益时不能直接加权平均，还需将它们中心化、标准化后再加权平均。利用中心化和标准化数据得到的不同学费水平下高等教育综合社会效益如表 6-13 所示。

表 6-13　　**仿真模拟数据标准化及综合社会效益**

学费(元)	成绩公平	城乡公平	经济效益	综合社会效益
3800	2.4134	1.4719	−1.4107	0.2660
3900	0.8901	0.7819	−1.4843	−0.3241
4000	1.1932	1.4719	−1.5771	−0.1223
4100	0.9898	1.4719	−1.0330	0.0989
4200	0.5035	1.0119	−0.2072	0.2753
4300	0.0464	0.0920	0.5066	0.2879

续表

学费(元)	成绩公平	城乡公平	经济效益	综合社会效益
4400	-0.0417	0.3220	0.9579	0.5490
4500	0.0464	-0.3680	1.1275	0.4834
4600	-0.2998	-0.3680	-0.9178	-0.6258
4700	-1.0982	-1.5179	0.2441	-0.5320
4800	-0.7104	-0.5980	-0.0920	-0.3731
4900	-1.0982	-0.5980	0.8010	-0.0235
5000	-1.0982	-1.2879	1.0795	-0.0568
5100	-0.8682	-0.8279	0.8683	0.0101
5200	-0.8682	-1.0579	1.1371	0.0870
权重	0.25	0.50	0.50	—

根据上述结果，当公平和效益同样重视，高等教育学费为4400元时，社会整体效益最高。

此外，不同时期、不同社会形势下制定学费标准时，在权衡公平和效益时，可根据当时的主要问题确定这两个部分的不同权重来达到最优效果。表6-14中所列为公平和效益取不同权重时的高等教育综合社会效益。

表6-14　　**公平和效益不同权重下的综合社会效益**

学费序列	不同权重下综合社会效益(公平,效益)				
	(70%,30%)	(60%,40%)	(50%,50%)	(60%,40%)	(30%,70%)
3800	0.8737	0.5669	0.2601	-0.0468	-0.3536
3900	0.0811	-0.1231	-0.3274	-0.5316	-0.7359
4000	0.4002	0.1369	-0.1264	-0.3897	-0.6529
4100	0.4952	0.2972	0.0991	-0.0989	-0.2969
4200	0.4164	0.3492	0.2821	0.2149	0.1478

续表

学费序列	不同权重下综合社会效益(公平,效益)				
	(70%,30%)	(60%,40%)	(50%,50%)	(60%,40%)	(30%,70%)
4300	0.1522	0.2262	0.3002	0.3741	0.4481
4400	0.3397	0.4523	0.5648	0.6774	0.7900
4500	0.1796	0.3396	0.4996	0.6597	0.8197
4600	−0.5626	−0.5928	−0.6230	−0.6532	−0.6835
4700	−0.8895	−0.7047	−0.5199	−0.3351	−0.1504
4800	−0.5344	−0.4490	−0.3636	−0.2783	−0.1929
4900	−0.3971	−0.2020	−0.0069	0.1882	0.3833
5000	−0.5546	−0.2967	−0.0387	0.2192	0.4772
5100	0.8737	0.5669	0.2601	−0.0468	−0.3536
5200	0.0811	−0.1231	−0.3274	−0.5316	−0.7359

由表6-14可知，在强调教育公平时期，高等教育最优学费为3800元。而在强调提升高等教育质量和效益，同时兼顾公平时期，高等教育最优学费为4400~4500元。

4.5.4　各影响因素的模型整合

以上基于高校生均教育成本、家庭收入和高等教育整体社会效益三个角度对湖北省公立普通高等学校学费进行了测算。由于高等教育学费的确定是一个极其复杂的问题，为兼顾学生家庭、学校和社会各方面诉求，需要找到一个平衡点。相关部门在制定学费标准时，可依据不同时期、不同社会形势下的主要矛盾，判断并确定不同主体的权重，最终达到三方面利益整体最优效果。

三方面因素综合考虑后，学费标准可由下式确定：

$$T_t = w_1 T_1 + w_2 T_2 + w_3 T_3$$

其中，T_1、T_2和T_3分别表示基于生均培养成本、家庭承受能力和社会综合效益视角的高等教育学费，w_1、w_2和w_3表示其相应权重。

以上文中对湖北省2010年公立高校一般本科专业学费研究相关结果为依据：从教育成本角度考虑，湖北省公立高校的学费标准(一般本科专业)区间为[4092.8，4743.9]元；从城乡居民家庭收入角度得出家庭可接受的学费的最大承受能力为8299.71元；从社会整体效益考虑，学费(一般本科专业)收取的合理位置为4500元左右。同时，考虑到为提高高等学校教学质量和物价上涨等因素，本研究中 w_1、w_2 和 w_3 分别取0.4、0.3和0.3。利用上式，综合上述三方面因素测算得到：湖北省公立高校一般本科专业学费标准的合理区间为[5477.0，5737.5]元。

考虑到武汉市公立高校生均培养成本高于湖北省公立高校平均培养成本，武汉城乡居民家庭对高等教育学费的最大承受能力也高于湖北城乡居民家庭高等教育学费最大承受能力，因此，武汉市公立高校学费可在上述基础上有所上浮。此外，结合各地区物价局关于高校教育收费管理的有关规定，重点专业由学校根据学科建设发展、专业设置、学生报考志愿、社会对人才需求及培养成本等情况，其学费标准可在一般本科专业学费标准的基础上向上浮动一定比例；师范和体育专业学费按一般本科专业学费标准执行；农林、航海、民族专业学费按一般本科专业学费标准向下调整一定比例。

5. 结论及建议

模型考虑了与学费相关的学校、家庭、社会三大主体因素并对相关因素进行了量化处理，使得与学费相关的各因素之间的关系清晰具体。以湖北省2010年公立高校相关数据为依据，从教育成本角度考虑湖北省公立高校的学费标准(一般本科专业)区间为[4092.8，4743.9]元；从城乡居民家庭收入角度得出家庭可接受的学费的最大承受能力为8299.71元；从社会整体效益考虑学费(一般本科专业)收取的合理标准为4500元左右。综合上述三方面因素测算得到：湖北省公立高校一般本科专业学费标准合理区间为[5477.0，5737.5]元，即5500左右。考虑到物价因素和地区因素，武汉市公立高校一般本科专业今后学费的制定还可在上述基础上有所上浮。

本书从影响学费标准的三个重要因素——高校生均教育成本、家庭收入和高等教育整体社会效益考虑，建立相对应的数学模型，运用不同的数学工具分析得出不同角度考虑下的学费标准。结果表明：随着物价的上涨，生均培养成本增加，湖北省目前执行的公立高校学费标准稍低，为保证教学的正常运行和教学质量的稳步提升，应适当循序渐进地提高公立高校学费标准。笔者建议：制定并完善高校成本核算制度；实行差别收费政策，依据不同地区、不同学校、不同专业的收益率以及回报率，制定和调整收费标准；进一步完善教育成本分担体系，确保城乡学生高等教育机会公平。

第七章　我国公立高校的学生资助

1. 我国公立高校学生资助的发展变化

1.1　学生资助的含义

学生资助的含义，从狭义上讲，是指用钱和物质对家庭经济困难的学生给予帮助，使其能安心学习，顺利完成学业。

从广义上讲，不仅是指用钱和物质对家庭经济困难的学生给予帮助，而且要从学生的活动能力上、心理上、学习上、就业上等各方面给予帮助。培养学生的社会交往能力和团队合作意识，克服自卑心理，使其能安心学习，顺利完成学业，并能顺利地找到工作。

1.2　我国公立高校学生资助的发展

1.2.1　我国公立高校学生资助发展的五个阶段

我国公立高校学生的资助最早是1952年开始实行的人民助学金制度。中华人民共和国成立初期，我国高校在管理上学习苏联的管理模式，高校只设有人民助学金，没有奖学金。这个制度沿袭了30多年，一直持续到1983年。中华人民共和国成立60多年来，我国高校的资助制度大致经历了五个发展阶段：

第一阶段：人民助学金制度(1952—1982年)。

助学金是一种对家庭经济困难的学生进行资助的方式。它主要是以家庭收入为标准进行发放。在我国，人民助学金是国家对高等学校、中等专业学校、技工学校和普通中学学生生活费和学习费的补助，由国家预算中教育事业费及其他各部门的事业费拨付，学校根据有关规定负责向学生无偿发放。人民助学金根据学校的层次分为普通高等学校本、专科学生人民助学金、中等专业学校和技工学校人民助学金、中学生助学金等。

人民助学金制度的建立是与当时特定的历史条件分不开的。中华人民共和国成立后，为了保证工农子弟有受教育的权利并为社会主义建设培养大批人才，根据1949年《中国人民政治协商会议共同纲领》的规定，国家将“提高人民文化水平，培养国家建设人才”①作为文化教育战线的基本任务。为此，党和政府根据中华人民共和国成立初期中国的实际情况建立了人民助学金制度。中华人民共和国成立之初，各地人民政府根据本地区的具体情况，制定了一些临时性的高等学校和中等学校助学金的实施办法，但标准极不统一。为此，政务院于1952年7月发出《关于调整全国高等学校及中等学校学生人民助学金的通知》，决定自1952年9月起实行统一的人民助学金制度。教育部为了贯彻政务院通知精神也发布了具体规定，要求全国高等学校、中等学校及工农初等学校学生的人民助学金一律依照新规定的标准执行。文件规定了高中、初中学生人民助学金按总人数的享受面及标准；高等学校、高等师范院校、中等专业学校、工农速成中学、工农初等学校学生均全部享受人民助学金，并分别规定了标准。

第二阶段：人民助学金、人民奖学金并存制度(1983—1986年)。

人民助学金制度在它30多年的执行过程中发挥了积极作用。尤其值得一提的是，人民助学金制度在促进高等教育发展和大学生的培养，特别在增加工农子女及贫困家庭子女就读高等教育的比例方面，在改变学生家庭成分的组成方面，做出了不应忽视的贡献，从而在一定程度上推动了教育，尤其是高等教育的机会均等，此

① 《中国人民政治协商会议共同纲领》第四十一条“文化教育政策”，http：//news. baidu. com，引用日期2013-02-25.

外，人民助学金制度的产生与发展，是与我国一定时期的政治、经济相联系相适应的，这从一个侧面论证了一定时期的教育从属于并受制约于一定时期的政治、经济的基本教育原理。但是，人民助学金制度也确实存在一些突出的弊端：一是国家对学生，尤其是高等学校和中等专业学校学生包得过多，这不仅加重了国家的财政负担，而且助长了学生一切依赖国家的思想；二是不利于鼓励先进和调动广大学生奋发向上、刻苦学习的积极性，因为人民助学金评定中存在着平均主义思想；三是不利于促进学生思想、品德健康成长，因为评定人民助学金主要依据学生的家庭经济困难状况，很少考虑学生的思想政治、道德品质等，但对学生的家庭经济状况，学校又难以调查清楚。此外，不少地方和学校评定人民助学金的办法不够合理，管理也很混乱。正因为如此，国家教委和财政部在1986年上报国务院的《关于改革现行普通高等学校人民助学金制度的报告》中指出，现行的人民助学金制度助长了学生一切依赖国家包下来的思想，不利于鼓励先进和调动学生奋发向上、刻苦学习的积极性，不利于学生思想品德的健康成长等。

为了克服人民助学金制度中的弊端，1983年，教育部、财政部对人民助学金办法进行了初步改革，颁布了《普通高等学校本、专科学生人民助学金暂行办法》和《普通高等学校本、专科学生人民奖学金试行办法》，规定从1983年秋季入学的新生开始实行人民助学金和人民奖学金并存的办法。家庭经济有困难的学生，可以申请人民助学金，规定“学习成绩优秀的发给人民奖学金”，以减少学生及其家庭依赖国家的思想，鼓励学生勤奋学习，促进学生德、智、体全面发展，加速培养“四化”建设人才。根据教育部、财政部联合制定的《普通高等学校人民奖学金试行办法》及其颁发的通知，从1983年秋季入学的新生开始，凡是连续时间满一年以上的普通高等学校和中等专业学校学生，可以评发人民奖学金。其条件是：(1)热爱社会主义祖国，拥护中国共产党的领导，立志为社会主义事业服务，道德品质优良，模范执行大学生守则和学校有关规章制度。(2)热爱所学专业，勤奋学习，学业成绩优秀。(3)积极参加社会工作和体育锻炼、文艺活动。享受人民奖学金学生的人数，按高等学校和专科学生总人数的10%～15%掌握。在国家拨发的年生均资助经费158.40元，105元仍用于人民助学金，约占总额的66.3%，而用于试行的人民奖学金的钱款为15元，仅占总额的9.5%，其余的为困难补助9.5%，校系集体活动12.2%等。人民奖学金标准，由各省、市、自治区制订，可以分为几个等级，每个等级的金额应有区别，但全国最高奖励金额，每生每年不超过150元。奖学金按年评定，分学期发放。有违反校规校纪或发生道德品质方面的问题，停止发给待发的人民奖学金。

从1983年9月实施的人民助学金与人民奖学金并存制度，至1987年7月停止，虽然只有4年时间，但它毕竟是我国学生资助制度的一个发展阶段，是人们对这种制度认识和实践过程中的有机一环。

第三阶段：人民奖学金和学生贷款制度（1987—2001年）。

1986年秋季原国家教委在全国85所高校实行贷学金试点工作。实行贷学金的目的，是为了克服人民助学金制度中学生过分依赖国家和国家财政负担过重的弊端。1987年9月在实行贷学金试点的基础上，原国家教委和财政部根据国务院批转的《关于改革现行普通高等学校人民助学金制度的报告》精神，决定在1987年入学的本科普通高等院校的新生中停止人民助学金制度，全面实行奖学金制度和学生贷款制度，要求普通高等学校建立奖学金和学生贷款基金（简称奖贷基金），其来源是从主管部门拨给高等院校的经费中，按原助学金标准计算的总额80%～85%转入奖贷基金账户。

奖学金分为三种：

（1）优秀奖学金，用于奖励德、智、体全面发展的优秀学生。优秀奖学金又分为三个等级。

（2）专业奖学金，用于奖励考入师范、农林、体育、民族、航海等专业的学生。

（3）定向奖学金，用于奖励立志毕业后到边疆地区、经济贫困地区和艰苦行业工作的学生。

学生贷款则主要为了帮助确有经济困难，不能部分或全部支付在校学习期间费用的学生。对家庭经济困难的界定，由各校根据当地实际情况作出具体规定。

高等院校在实行了新的奖贷制度后，奖贷基金的来源仍为原国家核拨的人民助学金标准，但该专项拨款的支付结构发生了明显的变化。从整体来看，获一、二、三等优秀学生奖学金的人数比例，依次按本、专科学生人数的5%、10%和10%评定，而且学校在经费总额内可适当降低一、二等奖的比例，增加三等奖学金和增设单项奖，为扩大获奖面提供条件。其标准为一等奖学金每人每年350元，二等为250元，三等为150元，单项奖国家没有统一规定。优秀学生奖学金在新生入学的第二学期开学时进行评定，并补发前一学期的奖学金。每学期评定一次，每学年按10个月发给。单项奖一次发给。学生贷款的发放，按最高限额每人每年300元计算，严格控制在本、专科学生人数的30%以内，最高不得超过35%；已获得奖学金后的学生，如生活仍有困难，也可以申请贷款，但申请的贷款和获得奖学金两项之和全年应控制在350元之内。此外，学生贷款的发放和催还等全部管理工作由学校负责，而贷款的偿还由学生在毕业前一次或分次还清，或由学生毕业后所在的工作单位将全部贷款一次垫还给发放贷款的部门。对贷款学生因触犯国法校纪而被开除、勒令退学和学生自动退学的，由学生家长还款。

1986年试行，1987年全面实施的奖学金和学生贷款制度是建立在学生免费入学且免交学杂费和住宿费基础上的。尽管当时的奖贷金不能满足学生的各种消费之用，但毕竟可以解决全部或大部分伙食费用问题，所以对绝大部分学生来说，其作用是明显的。

奖学金和学生贷款制度的显著优点在于：

(1)有利于减轻国家负担，加快教育事业发展。教育是一项耗资巨大，着眼于未来的事业。随着我国教育事业，尤其是高等教育事业的飞速发展，国家投入不足的矛盾日益加剧。在这种形势下，如果仍然对大多数大中专学生实行人民助学金制度，国家财政将越来越难以承受。建立奖学金和学生贷款制度，有利于缓解教育的财政危机，保证整个教育事业的顺利发展。

(2)有利于对家境贫困学生的资助。改革开放以来，我国人民的生活得到了很大改善，多数人解决了温饱问题，相当一部分人甚至已经步入小康的行列。但与此同时，应当承认在我国当前的情况下，相当多的家庭的确是通过节衣缩食来供子女求学的，也确有相当多的家庭无力供养子女上学。因此为了保证考生不会由于经济原因而影响升学及在校生不会因家庭经济状况窘迫而影响学业，实施奖学金和学生贷款制度无疑是一种较好的选择。这也是与国际发展趋势相吻合的。

第四阶段：国家奖学金、国家助学金并存制度（2002—2006年）。

（1）国家奖学金。国家奖学金是国家为帮助家庭经济困难的普通高校学生顺利完成学业，激励家庭经济困难的普通高校学生勤奋学习，努力进取，促进学生德、智、体、美等方面得到全面发展所设立的奖学金。国家奖学金是中央政府对家庭经济困难，品学兼优的全国普通高校全日制在校本专科生提供的无偿资助。国家奖学金的资助对象为全国普通高校的家庭经济困难，品学兼优的全日制本专科二年级及以上的学生。2002 年 9 月 1 日起国家将人民奖学金更名为国家奖学金，每生每年奖励 4000 元。

（2）国家助学金。国家助学金根据学生家庭贫困程度予以资助，优先资助孤残学生、父母丧失劳动能力学生、少数民族贫困学生、烈士子女、单亲贫困家庭学生、农村绝对贫困或低收入家庭学生、享受城镇居民最低生活保障政策家庭和因突发事件导致家庭经济困难的学生等。2002 年 9 月教育部在本科院校和高职高专院校设立国家奖学金的同时，又重新恢复了国家助学金。国家助学金每生每年资助 1000～3000 元，分为三个档次，平均每生 2000 元。

（3）“绿色通道”。“绿色通道”是学校为保证家庭经济困难学生入学、报到、顺利完成学籍注册而设立的特别措施。1989 年，全国高校全面实行收费入学制度后，很多考取大学的贫困学生，因为家庭经济困难交不起高昂的学费而辍学，有些读了一年的学生因筹不齐后面几年的学费而失学。为了不使大学生因家庭经济困难辍学或失学，1998 年 9 月清华大学率先在全国设立“绿色通道”，为家庭困难新生先办入学手续，再核实每人具体情况，分别以“奖（奖学金）、贷（助学贷款）、助（勤工助学）、补（补助生活费）、减

(减免学费)”等方式给予资助，解除学生及其家长的后顾之忧。2002年教育部、国家发改委、财政部发文：规定各公办全日制普通高等学校都必须建立“绿色通道”制度，即对被录取入学、家庭经济困难的学生，学校一律先办理入学手续，然后再根据核实后的情况，分别采取不同办法予以资助。全国高校“绿色通道”的设立，为贫困学生顺利入学和各项助学项目的实施打下了基础，具有重要的意义。

第五阶段：国家奖助学金制度(2007年至今)。

党的十七大提出了建设中国特色社会主义要坚持“科学发展观”、坚持“以人为本”构建和谐社会的指导思想。为了贯彻落实十七大精神，2007年6月党中央提出了建立国家新资助政策体系的指导意见。2007年9月教育部根据中央精神，在国家奖学金和国家助学金的基础上又新设立了国家励志奖学金，每生每年奖励5000元，用以奖励在校学习成绩优异的二年级以上的贫困大学生。有3%的贫困大学生可以享受国家励志奖学金。从2007年开始，高校全面实行国家奖学金、国家励志奖学金、国家助学金制度，简称国家奖助学金制度。同年，将国家奖学金由每生每年奖励4000元提高到每生每年奖励8000元。

综上所述，我们了解到国家助学金制度是从1952年开始实行的；国家奖学金制度是从1983年开始实行的；国家励志奖学金制度是从2007年开始实行的。

1.2.2 人民奖助学金与国家奖助学金的异同

(1)人民助学金与国家助学金的异同。

1952年国家在高校设立的人民助学金与2002年国家恢复的国家助学金不仅名称不同，其受助学生的比例规定和资助内容也不同。

①人民助学金。国家规定高校学生均全部享受人民助学金，学生在校的所有费用(学费、住宿费和生活费)均由国家承担。所以当时流行一句话：“进了学校的门，就是国家的人。”

②国家助学金。国家助学金根据学生家庭贫困程度予以资助，

优先资助孤残学生、父母丧失劳动能力学生、少数民族贫困学生、烈士子女、单亲贫困家庭学生、农村绝对贫困或低收入家庭学生、享受城镇居民最低生活保障政策家庭和因突发事件导致家庭经济困难的学生等。只有20%左右的高校学生享受国家助学金。国家助学金只能解决学生的生活费，学生的学费和住宿费还得学生自筹解决。

它们的共同点都是由国家和地方财政拨款对家庭经济困难学生进行的资助。

(2)人民奖学金与国家奖学金的异同。

人民奖学金与国家奖学金在评选的对象、比例及发放的标准和时间上不一样。

①人民奖学金。新入学的新生也可参评人民奖学金，只不过要等第一学期的考试成绩出来后在第二学期评选；人民奖学金评选的比例为在校生总人数的10%~15%，按年评定，分为不同的等级，分学期发放，每生每年不超过150元。

②国家奖学金。新入学的新生不能参评国家奖学金，只有二年级(含二年级)以上的在校学生才能申请国家奖学金，国家奖学金评选的比例占在校生总人数的3%左右，按年评定，不分等级，每年一次性发放，每生每年奖励8000元。

人民奖学金与国家奖学金的共同点都是对热爱党、热爱社会主义祖国，勤奋学习，思想品德优秀的学生进行的奖励。

2. 我国公立高校学生资助的法律与政策

我国的学生资助政策形成于中华人民共和国成立之初，发展于改革开放之后，完善于国力增强之中。

1952年7月政务院发出《关于调整全国高等学校及中等学校学生人民助学金的通知》，决定自1952年9月起实行统一的人民助学金制度。这标志着我国学生资助制度的开始。

1954年高教部、教育部联合颁发了《关于改进全国高等学校、中等专业学校及工农速成中学的调干学生人民助学金的使用办法》，对调干生助学金规定按照学生入学前的职务及工资，分为五个等级。

1955 年 8 月高等教育部为了合理使用人民助学金，颁发了《全国高等学校一般学生人民助学金实施办法》，决定从 1955 年 10 月起，全国高等学校（高等师范院校除外）学生人民助学金由原来的全体学生发给改为部分学生发给；凡家庭富裕能自费者，不发给助学金；凡能自费半数或 1/3 伙食费者，发给所缺部分；完全无力负担者，发给全部伙食费。经济特殊困难的学生的其他费用，可另外申请困难补助。而革命烈士子女学生、少数民族学生、归国华侨学生，在一般学生同等经济条件下优先给予照顾。

1956 年 12 月高教部对高等学校研究生人民助学金标准作出规定。1960 年 1 月国务院转发教育部《关于改进工人、农民、干部、学生和研究生人民助学金标准问题的报告》及有关文件，规定连续工龄在 3 年以上的工人、干部，从事农业劳动 3 年以上的农民学生，发给工人、农民、干部学生人民助学金，标准比一般学生高。1963 年 8 月，国务院批转了教育部《关于调整中等专业学校学生人民助学金问题的报告》。该报告建议把中等技术学校人民助学金的享受比例由原来的 100%降为 60%～80%。

1977 年教育部、财政部根据国务院批转教育部《关于 1977 年高等学校招生工作的意见》，又制定了《普通高等学校、中等专业学校和技工学校学生实行人民助学金制度的办法》，规定国家职工被录取为研究生和工龄满五年的国家职工进入普通高等学校，在学习期间，工资由原单位照发，一切费用自理，其他学生一律享受人民助学金，享受比例研究生为 100%，高师、体育和民族学院学生为 100%，其他学生为 75%。

1979 年 8 月，教育部等又规定：连续工龄满五年的国家职工考入大学后，将一律实行职工助学金制度，不再享受原工资；一般学生实行人民助学金制度，除高等师范、体育、民族学生全部享受人民助学金外，其他学生的人民助学金享受面按 75%计算。

1983 年教育部、财政部规定，高等学校和中等专业学校实行人民助学金、人民奖学金并存的办法。对家庭经济有困难的学生，可以申请人民助学金，规定“学习成绩优秀的发给人民奖学金”。

1986年7月，国务院批转了国家教委和财政部《关于改革现行普通高等学校人民助学金制度的报告》，同意试点实行奖学金和学生贷款制度。

1999年5月，中国人民银行、教育部、财政部联合颁发了《关于国家助学贷款的管理规定(试行)》。启动了对高校贫困学生助学贷款的资助。

2004年6月，经国务院批准，教育部、财政部、人民银行、银监会联合发文《关于进一步完善国家助学贷款工作的若干意见》，制定了《国家助学贷款风险补偿专项资金管理办法》、《国家助学贷款财政贴息管理办法》、《国家助学贷款招投标办法》、《中央部门所属高校国家助学贷款业务招标文本》。这四个文件的出台对于创新工作机制、完善高校资助体系，进一步理顺国家助学贷款工作中教育、财政和银行各方面的关系，化解贷款风险，推进国家助学贷款工作具有积极作用。

2006年财政部、教育部颁发财教〔2006〕133号《高等学校毕业生国家助学贷款代偿资助暂行办法》。鼓励高校毕业生到中西部边远地区和其他艰苦地区工作和就业3年以上，其国家助学贷款全部由国家代为偿还。

2007年5月，国务院下发(国发〔2007〕13号)《关于建立健全普通本科高校、高等职业学校和中等职业学校家庭经济困难学生资助政策体系》的指导意见(简称国家新资助政策体系)。建立健全家庭经济困难学生资助政策体系，使家庭经济困难学生能够上得起大学、接受职业教育，是实践“三个代表”重要思想、落实科学发展观、构建社会主义和谐社会的重要举措；是实施科教兴国和人才强国战略，优化教育结构，促进教育公平和社会公正的有效手段；是切实履行公共财政职能，推进基本公共服务均等化的必然要求。这是继全部免除农村义务教育阶段学生学杂费之后，促进教育公平的又一件大事，具有重大意义。

2007年5月，国务院办公厅转发《教育部直属师范大学师范生免费教育实施办法(试行)》。《教育部直属师范大学师范生免费教育实施办法(试行)》规定，免费师范生入学前要与学校和生源所在地省级教育行政部门签订协议，承诺毕业后从事中小学教育10年以上。到城镇学校工作的免费师范毕业生，应先到农村义务教育学校任教服务两年。

该办法还规定，免费师范毕业生未按协议从事中小学教育工作的，要按规定退还已享受的免费教育费用并缴纳违约金。省级教育行政部门负责履约管理，并建立免费师范生的诚信档案。确有特殊原因不能履行协议的，需报经省级教育行政部门批准。

该办法对免费师范毕业生的工作问题也进行了明确规定，解除毕业生找工作的压力。免费师范毕业生一般回生源所在省份中小学任教。有关省级政府要统筹规划，做好接收免费师范毕业生的各项工作，确保每一位到中小学校任教的免费师范毕业生有编有岗；省级教育行政部门负责组织用人学校与毕业生在需求岗位范围内进行双向选择，切实为每一位毕业生安排落实任教学校。

免费师范生毕业前及在协议规定服务期内，一般不得报考脱产研究生；经考核符合要求的，可录取为教育硕士专业学位研究生，在职学习专业课程，任教考核合格并通过论文答辩的，颁发硕士研究生毕业证书和教育硕士专业学位证书。

2007年6月教育部、财政部下发(教财〔2007〕7号)《高等学校学生勤工助学管理办法》；勤工助学管理办法强调了学校的责任，规定了学校的职责，是高校家庭经济困难学生资助政策体系的一个重要组成部分。

2007年6月财政部、教育部下发《普通本科高校、高等职业学校国家奖学金管理暂行办法》(财教〔2007〕90号)；《普通本科高校、高等职业学校国家励志奖学金管理暂行办法》(财教〔2007〕91号)；《普通本科高校、高等职业学校国家助学金管理暂行办法》(财教〔2007〕92号)。

国家奖学金、励志奖学金和国家助学金管理暂行办法对评审对象、申请条件、发放标准等都作出了明确规定，进一步规范了国家奖助学金的评审发放工作。

2009年，受国际金融危机的影响，我国高校毕业生就业面临严峻的形势。为了缓解大学毕业生就业压力，在鼓励高校毕业生到中西部边远地区和其他艰苦地区工作和就业，财政部、教育部联合下发《高等学校毕业生学费和国家助学贷款代偿暂行办法》(财教〔2009〕15号)。国家出台了代为偿还学费和国家助学贷款的政策。该项政策的出台，在完善高校资助体系，引导和鼓励高校毕业生面向基层就业等方面具有积极意义。

2009年4月，财政部、教育部和解放军总参谋部联合出台了《应征入伍服义务兵役高等学校毕业生学费补偿国家助学贷款代偿暂行办法》(财教〔2009〕35号)。其规定，毕业生在校期间每学年实际缴纳的学费或获得的国家助学贷款本息高于6000元的，按照每年6000元的金额补偿或代偿；低于6000元的，按照学费和贷款本息两者就高的原则补偿或代偿。补偿或代偿的年限，按照国家规定的相应学制计算，实行一次性补偿或代偿。

3. 我国公立高校学生资助的现状和问题

3.1　高校学生资助的现状

2004年8月，中共中央颁发的16号文件强调“思想政治教育既要教育人、引导人，又要关心人、帮助人”，高校“要加强对经济困难大学生的资助工作”。根据有关资料显示，高校每年对新生调查约有30%学生面临经济压力，家庭难以提供包括学费、住宿费及生活费等基本求学费用。如何帮助这些学生顺利完成学业，建立经济困难学生资助体系，是学校重要而光荣的社会责任，也是促进教育公平、实践“三个代表”重要思想、贯彻落实科学发展观、构建社会主义和谐社会的重要举措。从2007年9月开始，党和国家逐年增加了对高校家庭经济困难学生的资助力度和资金投入，使高校的贫困学子充分享受到党和国家的惠民政策。极大地激发了他们努力学习，回报社会、报效祖国的热情。

3.1.1 国家奖助学金

国家奖助学金是指国家在高校设立的国家奖学金、国家励志奖学金和国家助学金 。国家奖学金每年在全国高校勤奋学习、品学兼优的大学生中评选，每生每年奖励 8000 元。国家励志奖学金在勤奋学习、品学兼优的贫困学生中评选，每生每年奖励 5000 元。国家助学金按在校生的比例在贫困学生中评选，共分为三个等级，一等助学金每生每年 4000 元，二等助学金每生每年 3000 元，三等助学金每生每年 2000 元，平均每生每年 3000 元。

3.1.2 国家奖学金与国家助学金的区别

国家奖学金与国家助学金在评定的对象和资金的发放上存在着不同之处。

①国家奖学金评定的对象是二年级(含二年级)以上勤奋学习、品学兼优的大学生，国家奖学金每年评审一次，每年一次性发放，由中央财政拨款。

②国家助学金评定的对象是所有的在校贫困学生，包括新入学的新生，国家助学金按年评定，分学期发放，资金由中央财政和地方财政分担。

3.1.3 助学贷款

(1)国家助学贷款。

国家助学贷款是由政府主导、财政贴息、财政和高校共同给予银行一定风险补偿金，银行、教育行政部门与高校共同操作的，帮助高校家庭经济困难学生支付在校学习期间所需的学费、住宿费及生活费的银行贷款。国家助学贷款是信用贷款，学生不需要办理贷款担保或抵押，但需要承诺按期还款，并承担相关法律责任。

1999 年，国家助学贷款试点工作正式在北京、上海、天津、重庆、武汉、沈阳、西安、南京等 8 个城市部属本科院校启动。由中国人民银行承办。

2000 年 2 月和 8 月，国家对该政策进行了两次调整，将贷款范围扩大到全国高校，承办银行扩大到中国工商银行、中国农业银行、中国人民银行、中国建设银行等4家国有独资商业银行，贷款对象扩大到研究生和攻读双学位的全日制学生，并将担保贷款改为信用贷款。

2003年下半年，国家助学贷款出现了下滑现象，面临停顿的危险。教育部、财政部、中国人民银行、银监会等4部门对国家助学贷款政策和机制进行了重大改革，建立了以风险补偿机制为核心的新政策、新机制。

2004年6月28日，新机制颁布实施后，实行贷款学生在校期间贷款利息全部由财政补贴、还款年限延长至毕业后6年。

2006年9月初步启动的国家助学贷款代偿机制等，为完善以国家助学贷款为主体的高校经济困难学生资助体系奠定了良好基础。

①国家助学贷款的申请。在新学年开学后学生通过学校向银行提出贷款申请，银行不直接受理学生个人的贷款申请。经办银行原则上每年集中受理一次国家助学贷款申请。

②申请国家助学贷款需要提供的材料：

a. 国家助学贷款申请书。

b. 本人学生证和身份证复印件(未成年人须提供法定监护人的有效身份证明和书面同意申请贷款证明)。

c. 本人对家庭经济困难情况说明。

d. 乡、镇、街道民政部门和县级教育行政部门关于其家庭经济困难的证明。学生本人对其提供证明材料真实性承担法律责任。

e. 银行或学校要求提供的其他证明文件和资料。

③审核与发放贷款。学校学生资助管理中心在全国学生资助管理中心下达的年度借款额度及控制比例内，组织学生申请借款并对学生提交的国家助学贷款申请材料进行资格审查，对其完整性、真实性、合法性负责，初审工作将在收到学生贷款申请后20个工作日内完成。此项工作完成后，学校学生资助管理中心进行为期5天的公示，并对有问题的申请进行纠正。初审工作无误后，学校学生资助管理中心在10个工作日内，在审查合格的贷款申请书上加盖

公章予以确认，将审查结果通知学生，并编制《国家助学借款学生审核信息表》。

经办银行在收到学校统一提交的借款合同及借据后的15个工作日内完成签署工作，并在5个工作日内将签署完毕的借款合同送达学校学生资助管理中心。学校学生资助管理中心在收到借款合同及借据后，5个工作日内发还给借款学生本人保管。银行将为每名学生办理一张借记卡或活期存折，将一个学年内的学费、住宿费贷款，一次性发放给贷款学生。贷款金额每年不超过6000元。

贷款学生在校学习期间，如果家庭经济状况明显改善，或获得了其他较大额度的资助、捐助，不需要继续贷款时，学生应在当年放款10天前，通过所在学校向银行提出书面的终止贷款发放申请。经银行同意后，学生与银行办理贷款合同变更等手续。

国家助学贷款期限最长不超过10年。有条件的学生偿还贷款，可以在毕业前到申请贷款银行一次性还清本金，利息由国家贴付，如果不能一次性还清本金的，可以将钱足额存入银行为学生办理的借记卡或活期存折上，银行将会每月自动划扣本息。

④国家助学贷款代偿制度。为引导和鼓励高校毕业生面向西部地区和艰苦边远地区基层单位就业，减轻家庭困难学生的还款负担，从2006年起，中央部门所属普通高等学校中全日制本专科生(含高职)、研究生、第二学士学位的应届毕业生，自愿到西部地区和艰苦边远地区基层单位就业，服务期达到3年以上(含3年)的，其在校学习期间获得的国家助学贷款本金及其全部偿还之前产生的利息，由国家代为偿还。国家对获得国家助学贷款代偿资助的高校毕业生采取逐年代偿资助的办法，毕业后的第一年和第二年各代偿助学贷款本息的30%，第三年代偿本息的40%，三年代偿资助完毕。每人代偿资助总额以该毕业生在校学习期间实际获得的国家助学贷款本金及其全部偿还之前产生的利息为限。每所学校每年上报的贷款资助学生人数原则上不得超过当年高校毕业获得资助贷款学生人数的5%，农林、水利、地质、矿产、石油、师范、民族、航海等专业学生占在校生比例较大的高校可适当提高比例，但不得高于8%。

(2)生源地信用助学贷款。

生源地信用助学贷款是由学生或其合法监护人，向家庭所在地的农村信用社、银行等金融机构申请办理的用以支付学生在校学习期间所需的学费、住宿费及生活费的银行贷款。生源地信用助学贷款，不需要担保或抵押，但需要承诺按期还款，学生和家长(或其他法定监护人)为共同借款人，共同承担还款责任，并承担相关法律责任，贷款金额最多不超过6000元。

2007年8月，国家新出台了“生源地信用助学贷款”政策。财政部、教育部和国家开发银行联合发文(财教〔2007〕135号)《关于在部分地区开展生源地信用助学贷款试点的通知》。并于当年在江苏、湖北、重庆、陕西、甘肃等5省市试点开办生源地信用助学贷款业务。2011年生源地信用助学贷款开始在全国范围内推广实行。贷款业务由国家开发银行具体承办。

①生源地信用助学贷款的申请。在新学年开学前学生向户籍所在地县(区)教育局学生资助中心提出贷款申请，准备齐全的证明材料，领取并填写申请表，借款人和共同借款人本人签订《国家开发银行生源地信用助学贷款借款合同》。

②申请生源地信用助学贷款需要提供的材料：

a. 高考入学的新生：当地村乡开具的贫困证明、入学通知书、本人身份证、户口簿。

b. 大二以上续贷的学生：就读高校开具的经过认定的贫困生证明，本人身份证、户口簿。

③审核与发放贷款。各县(区)学生资助中心审核贷款学生材料，将符合贷款条件的学生材料汇总上报国家开发银行，国家开发银行审核后按合同约定将贷款发放到学生就读高校的账户上。

生源地信用助学贷款借款期限最长不超过14年。有条件的学生偿还贷款，可以在毕业前到国家开发银行申请一次性还清本金，利息由国家贴付。如果不能一次性还清本金的，可以分期偿还本息。毕业后两年内先还利息，两年后再还本息。偿还方式是将钱足额存入个人支付宝，国家开发银行每月将会自动划扣本息。

(3)国家助学贷款与生源地信用助学贷款的区别。

国家助学贷款和生源地助学贷款从大的方面讲，它们之间没有什么区别，在就读高校办理的助学贷款叫国家助学贷款。在户籍所在地向经办银行申请的助学贷款叫生源地助学贷款。最终都是为了帮助贫困家庭学生解决学费和住宿费。

不同之处在于：国家助学贷款学生只需提出一次申请，在一份合同上签订几年的贷款金额，银行每年发放一年贷款；生源地信用助学贷款学生必须每年提出申请，如果当年不提出申请，银行就会终止贷款的发放。

3.1.4 困难学生生活补助

近几年随着物价上涨，国家对高校困难学生发放了生活补助。困难学生生活补助属于"粮油副食品价格补贴"，初衷是在伙食方面补贴大学生生活。从2008年秋季开始实行，每人每月60元，每学期每人可领到300元的生活补助。地方高校学生的生活补贴，实行属地化管理，由各地省级财政、教育部门制定具体的发放和管理办法。有的高校由于家庭经济困难学生较多，资助任务较重，便将这部分经费集中用于资助家庭经济困难学生。

3.1.5 特困学生学费减免

国务院《关于建立健全普通本科高校、高等职业学校和中等职业学校家庭经济困难学生资助政策体系的意见》(国发〔2007〕13号)指出："对高校特困学生实行学费减免。"为帮助经济特别困难的学生完成学业，根据国家教育部、财政部的有关文件精神，各高校相继制定了特困学生学费减免的有关规定，从学校事业收入中拿出一定的资金用于资助特困学生顺利完成学业。

3.1.6 勤工助学

勤工助学是指学生在学校的组织下利用课余时间，通过劳动取得合法报酬，用于改善学习和生活条件的社会实践活动。勤工助学是学校学生资助工作的重要组成部分，是提高学生综合素质和资助家庭经济困难学生的有效途径。

2007 年 7 月教育部、财政部颁布了《高等学校学生勤工助学管理办法》。这是我国第一个关于学生勤工助学的管理规定，较好的指导和规范了高校学生勤工助学活动的开展。

《高等学校学生勤工助学管理办法》规定："勤工助学活动必须坚持'立足校园、服务社会'的宗旨，按照学有余力、自愿申请、信息公开、扶困优先、竞争上岗、遵纪守法的原则，由学校在不影响正常教学秩序和学生正常学习的前提下有组织地开展。"

"勤工助学活动由学校统一组织和管理。任何单位或个人未经学校学生资助管理机构同意，不得聘用在校学生打工。学生私自在校外打工的行为，不在本办法规定之列。"

"学校学生资助工作领导小组全面领导勤工助学工作，负责协调学校的财务、人事、学工、教务、科研、后勤、团委等部门，配合学生资助管理机构开展相关工作。充分发挥学生会等学生社团组织在勤工助学工作中的作用，共同做好勤工助学工作。"

"学校学生资助管理机构下设专门的学生勤工助学管理服务组织，具体负责勤工助学的日常管理工作。"①

最早勤工活动的源头是在 1915 年，由李石曾、蔡元培、吴玉章等人在巴黎成立"留法学生俭学会"，以帮助更多的中国人走出国门学习西学，掀起一股勤工俭学留学法国的风潮。参加勤工俭学运动的留学生，包括周恩来、邓小平、张振华等著名人士。早期的勤工俭学往往和爱国救国活动联系一起。

随着勤工活动对象逐渐从留学学生回归到大多数的国内学生中来，勤工俭学日渐成熟。社会、学校倡导"生活节俭，课余勤工"的勤工俭学思想，并通过国家助学金帮助学生安心学习。其针对的是那些经济困难但想通过勤工来继续求学的贫困学生。勤工活动使得众多学校成立了勤工组织，从而对大量学生继续求学有着巨大作用。随着其需求增加，大多数高校都设置了专门管理勤工助学的部门，提供了专门的勤工助学岗位，安排贫困学生上岗，发放勤工助

① 参见教育部、财政部关于印发《高等学校学生勤工助学管理办法》的通知（教财〔2007〕7 号），http：//news. baidu. com，引用日期 2013-03-18.

学酬金补贴贫困生。学生通过参加勤工助学活动，不仅希望改善生活，而且希望通过实践，得到思想的锻炼和磨砺，增强对社会认识。对于勤工助学的活动及报酬，财政部、教育部亦对之作出了一些原则性规定，以求保障学生的权益和保证学生的安全。

规定的内容主要包括在四个方面：

一是勤工助学活动的管理，由学校统一安排，任何单位和个人未经学校同意，不得聘用在校学生打工。

二是时间安排，学生参加勤工助学不应当影响学业，原则上每周不超过 8 小时，每月不超过 40 小时。

三是劳动报酬，学生参加校内固定岗位的勤工助学，其劳动报酬由学校按月计算。每月 40 个工时的酬金原则上不低于当地政府或有关部门制定的最低工资标准或居民最低生活保障标准，可以适当上下浮动。学生参加校内临时岗位的勤工助学，其劳动报酬由学校按小时计算。每小时酬金原则上不低于 8 元。学生参加校外勤工助学的酬金标准不低于学校所在地政府或有关部门规定的最低工资标准，具体数额由用人单位、学校与学生协商确定，并写进聘用协议。

四是权益保护，学生在开始勤工助学活动前应当与有关单位签订协议，保护自身的合法权益。学生在进行校内勤工助学前，应当与学校的学生勤工助学管理服务组织签订具有法律效力的协议书。学生在进行校外勤工助学前，应当与代表学校的学生勤工助学管理服务组织、用人单位签订具有法律效力的三方协议书。协议书应当明确学校、用人单位和学生三方的权利和义务，意外伤害事故的处理办法以及争议解决方法。

3.1.7 社会捐赠

社会捐赠是指自然人、法人或其他社会团体出于爱心，自愿无偿地向公益性社会团体、公益性非营利单位、某个群体或个人捐赠财产进行救助的活动。

目前，社会捐赠不仅被列为民政部门的一项日常性工作，而且也是街道、居委会等基层组织工作的重要内容，并逐步扩展为政府机关、社会团体、企事业单位、各类学校、人民解放军、武警官兵和热心群众积极响应的一种奉献爱心的公益活动。

2008年5月四川汶川地震后，我国在社会广泛开展和推崇了社会经常性的捐赠或捐助活动，极大地开发和促进了我国农村贫困地区和城市贫困户的扶贫力度，有力地促进了我国社会公益事业的发展，有效地维护和巩固了我国社会、经济和文化现代化发展的成果，对加快我国小康生活水平建设，具有非常重要的现实意义。

有计划地开展经常性的社会捐赠活动，对于灾区、农村的贫困地区、城市的贫困户来说，物资或资金的捐赠与捐助，不仅可以在生活和物质上感受社会的温暖和人间的关爱，迅速地恢复生产，重建家园，也会使他们在心理上感受到安全和稳定，这一功效比物资方面的帮助更具有实际的意义。

许多企业在高校设立了奖助学金，鼓励贫困学子刻苦学习，社会团体和个人也纷纷向孤残学生伸出援助之手，济困扶贫，这些社会的捐赠和捐助，充分体现了社会主义大家庭"人人有爱心，处处有温暖"，有利于我国历来弘扬的中华民族扶贫帮困、团结友爱、互帮互助的优良传统和美德发扬光大，对提高我国的国民素质，促进我国社会的精神文明建设，执行和贯彻我党一贯坚持的群众路线和根本的宗旨，让广大人民群众安居乐业，共同富裕，促进全国走上社会现代化的发展步伐，意义重大。

3.2　高校学生资助存在的问题

贫困生是个社会历史问题。近年来，随着我国高等教育大众化的推进，在校学生规模进一步增大，贫困生的问题日益突出，需要的资助资源也越来越大。高校经济困难学生的求学问题越来越成为社会所关注的焦点问题。探讨构建高校贫困生的资助体系，解决如此庞大的贫困生群体的实际问题对于营造一个和谐稳定、协调发展的校园，对于构建社会主义和谐社会具有重要的理论意义和现实意义。

贫困生问题的存在，引起了党和政府的高度重视和关注，制定了一系列资助贫困生的政策，特别是国家新资助政策体系建立后，国家逐年加大了对高校家庭经济困难学生的资助力度，在高校设立了国家奖学金、国家励志奖学金、国家助学金、制定了生源地信用助学贷款政策。使家庭经济困难学生通过生源地信用助学贷款解决了学费问题，通过国家奖助学金和勤工助学解决了生活费问题。通过国家的资助，家庭经济困难学生基本上解决了入学难的问题。几年来，我国学生资助工作成效显著，党的惠民政策深入人心，国家新资助政策体系对解决贫困生群体的实际问题起到了一个较好的导向作用。但由于承载贫困生资助的基层教育行政部门和高校的部分人员对贫困生资助的重要性认识不足，存在着一些不容忽视的突出问题，这些问题的存在从一定层面上抵消了党的惠民政策在人民群众中的影响，因而，解决这些存在的问题刻不容缓。

3.2.1 机构和人员编制的问题

有些地方和高校对学生资助工作的重要性认识不足、重视不够，没有从思想上真正认识到学生资助工作是关系到社会稳定，关系到我国高等教育事业全面、协调、可持续发展的大局，在机构设置和人员编制上不到位，没有稳定的队伍，缺乏专职的人员，有的单位是财务人员身兼两职，有的单位是临时抽调的人员。虽然教育部在机构设置、人员编制上有明文规定，但由于地方各级政府并没有把落实的情况作为考核的指标，以至于机构设置和人员编制不到位的问题在少数地方和高校并没有得到真正地解决。

3.2.2 高校从事业收入提取用于学生资助的比例不足的问题

2007 年国务院颁发了《关于建立健全普通本科高校、高等职业学校和中等职业学校家庭经济困难学生资助政策体系的意见》(国发〔2007〕13 号)，明确指出：学校要按照国家有关规定从事业收入中足额提取一定比例的经费，用于学费减免、国家助学贷款风险补偿、勤工助学、校内无息借款、校内奖助学金和特殊困难补助等。并明确规定高校用于学生资助的经费比例为事业收入的 5%。但实际情况是，高校在自身建设和发展中，方方面面都需要资金的投入，自身的办学经费都面临资金的缺口，所以，许多高校用于学生资助的经费比例都未能达到5%的规定。

3.2.3　家庭经济困难学生认定的问题

这个问题主要表现在国家助学金的评定工作中没有真正体现公平、公正的原则。国家助学金评审工作能否顺利进行，关键是看家庭经济困难学生认定的工作做得是否细致、扎实。贫困生认定工作做好了，就为国家助学金的评审奠定了坚实的基础，就能让真正需要的贫困学生享受到国家助学金。2007年以来，各高校按照《关于认真做好高等学校家庭经济困难学生认定工作的指导意见》(教财〔2007〕8号)的精神，认真开展了贫困生认定工作。这项工作的开展，对规范国家助学金的评审、发放起到了积极的指导作用。但由于该意见只是从组织机构、工作程序、贫困证明材料等方面做了一些原则性的要求，而没有在认定标准上做具体明确的规定，所以，各高校在贫困生认定工作的具体操作上分别存在着不同程度的一些问题，在国家助学金评审过程中经常出现学生投诉的情况。这些问题归纳起来主要有如下几个方面：

(1)没有综合考虑学生的基本情况。

有些高校的辅导员并没有摸清学生家庭的经济状况，也没有深入了解学生的消费情况，仅凭学生一纸贫困证明材料就认定为贫困学生，有些家庭经济并不是很困难的学生很容易开具贫困证明材料，而有些边远山区真正困难的贫困学生，到县城去一趟很不容易，缺县民政部门开具的贫困证明材料，所以，失去了贫困认定的机会。因而，贫困证明材料只能作为认定工作的参考，而不应将其视为唯一的依据。

(2)暗箱操作。

有些辅导员没有在全班公开开展认定工作，而是和几个班委私下确定人员名单，个别辅导员和院系学生工作办公室负责认定工作的老师凭对学生的印象，把名额分给家庭经济并不困难的学生干部，结果名单公示后，学生对此意见很大。

(3)拉选票。

有些班级全班学生都交了贫困证明材料。辅导员就采取投票选举的方法来确定学生的贫困等级。有些学生为了能评上国家助学金，就在私下拉选票。这种做法，不能公平、公正、合理地分配资助资源，不能保证把国家的资助政策真正落实到贫困学生身上，有些家庭经济很困难的学生由于平时的人际关系一般，选票少而落选。

(4)主动放弃。

有些学生家里很贫困，还有些学生是单亲家庭，家里经济状况也不好，但这些学生又不想让大家知道自己家庭的隐私，于是主动放弃了国家助学金的申请机会。

3.2.4 家庭经济困难学生心理自卑的问题

据调查，我国高校学生中约有25%是贫困生，而这其中的5%~10%是特困生。① 由于来自家庭经济困境的压力，这些学生极易产生深深的自卑感，总是低估自己，不能很好地完成本来可能完成的学习和工作任务。他们过分保护自己，变得敏感多疑，自尊心极易受到伤害，容易在内心产生消极的、敌对的情绪。有的学生甚至发展成自闭症或抑郁症，而不得不退学。

3.2.5 国家助学贷款的问题

国家助学贷款自1999年实施以来，它已成为我国高校学生资助体系中覆盖面较广、资助力度较大、较有利于帮助贫困学生解决经济困难的一项政策方案。然而，随着还款期的到来与学生还款逾期违约的情况发生，银行开始出现了惜贷、贷款拖欠、贷款分布不均衡等问题，导致助学贷款的供需矛盾十分突出，严重影响到助学贷款的顺利运行。这些问题产生的原因有：国家助学贷款性质定位模糊、风险补偿力度不够、金融环境不健全、缺少配套的法律法规保障、政府作为不够、学生还贷负担率过高和高校对助学贷款的投入不够等。从2007年9月开始，银行停止了对武汉市属高校的国

① 冯刚等. 辅导员队伍专业化建设理论与实务[M]. 北京：中国人民大学出版社，2010.

家助学贷款，经武汉市学生资助中心多次与银行交涉仍未果。许多在当地未能办理生源地信用助学贷款的考生，满怀希望来到学校申请国家助学贷款，却未能如愿。幸好学校设立了“绿色通道”，让这些学生顺利入学，办理了报到手续。银行为什么停止了对武汉市属高校的国家助学贷款呢？其根本原因就是贷款学生还款逾期违约率高，有的高校学生的逾期率高达18%，大大高于国家规定的2%的标准，国家的财政贴息和高校缴纳的风险补偿金不足以弥补银行贷款的亏损。

3.2.6　生源地信用助学贷款的问题

生源地信用助学贷款是国家助学贷款的重要补充，在解决高校贫困学生上不起大学方面起了很重要的作用。但在实际工作中还存在如下问题。

(1)名额限制。

随着生源地助学贷款在全国推广，从2011年开始，生源地助学贷款开始进入还款期。但由于一些地方贷款学生未能信守承诺逾期还款，影响了当地学生资助中心的考核，因此，当地学生资助中心不再进行“应贷尽贷”，而是在贷款名额上进行限制。在高中对参加高考的学生进行贷款登记，凡是在高中登记的学生可以申请生源地助学贷款，凡是高中没有登记的学生则不予办理助学贷款；有些大二以上的学生暑假在外地打工，开学前回家办理助学贷款，当地学生资助中心以名额用完来回答，以致很多家庭经济困难的学生没能办成生源地助学贷款，入学时的学费靠东借西筹才凑齐，交了学费后，生活费就没有着落。

(2)地方保护、本位主义。

生源地助学贷款缓解了家庭经济困难学生交学费难的问题，使广大贫困学生得以顺利入学。但由于各省高考生源逐年减少，各地为了保证本省高校的生源，规定只有报考本省高校的学生才能申请生源地助学贷款，报考外省高校的学生则限制申请生源地助学贷款。如甘肃省规定凡申请生源地助学贷款的学生只能报考本省高校。凡报考外省高校的学生一律不能申请生源地助学贷款。

(3)贷款学生还款逾期违约。

2007年实行的生源地助学贷款政策为家庭经济困难学生入学提供了方便，学生和家长只需在当地申请，无需任何担保和抵押。但随着还款期限的临近，贷款学生逾期违约的现象越来越突出。2011年是第一批生源地助学贷款学生还款的第一年，根据国家开发银行2011年10月提供的数据显示，2007年湖北省生源地助学贷款的人数居全国第一，贷款金额也居全国第一，同时贷款学生还款逾期违约的人数也居全国倒数第二。很多学生家长在外地打工，学生毕业后也换了手机号，当地学生资助中心联系不上学生及家长，给催还款工作带来了困难。如果贷款学生不能按时还贷，则会给银行的后续贷款增加困难，同时，由于学生逾期违约，在学生的诚信系统里也会添加不良记录，学生将会进入银行系统的黑名单，今后要想贷款买房、买车将会遭到银行的拒贷。

3.3 解决资助问题的方法研究

3.3.1 解决机构和人员编制问题的方法

要解决机构和人员编制问题，首先，要使地方各级教育行政部门领导和高校领导，从思想上真正重视学生资助工作，不能把这种重视只停留在口头上，不落实到具体行动中，领导重视是解决问题的关键。其次，上级有关部门要把学生资助工作纳入到地方各级教育行政部门领导和高校领导的年度工作考核中，只要做到这一点，就能保证机构落实，人员到位。

3.3.2 解决高校从事业收入中用于学生资助比例不足问题的方法

随着我国高等教育大众化的推进，大学扩招，办学规模扩大，高校面临着校舍、学生宿舍和教学设备等诸多不足的问题。为了适应办学的需要，高校只有通过银行贷款来解决办学资金不足的困难。在学校自身负债的情况下，学校怎么可能拿出更多的资金用于学生资助呢？这就好比一个家庭，家长的工资收入只能维持每月基本生活开支，就不可能拿出更多的钱来为孩子们添置新衣一样，要想穿新衣，就得饿肚子。湖北省金叶会计事务所2012年对全省高校国家奖助学金发放情况审计的结果显示，只有负债较少的省部属重点本科院校达到了5%的比例，一般高校只达到了2%~3%。

要想解决高校从事业收入中用于学生资助比例不足问题，首先，国家要增加对教育的财政投入，切实解决高校办学资金不足的困难。其次，国家要采取化债的办法，帮助高校逐年偿还银行贷款，减轻高校负债的压力。只有高校自身的资金困难解决了，才能从事业收入中提取国家规定的比例用于学生资助。

3.3.3 解决家庭经济困难学生认定问题的方法

在家庭经济困难学生认定工作中存在诸多问题的主要原因，就是在实际工作中缺乏科学、具体的认定标准。简单地说，就是在认定工作中存在很多的主观因素。辅导员在操作上，没有统一的参照标准，每个辅导员因个人的能力、水平以及对国家资助政策的领会程度不一，难免会出现这些问题。要想解决在贫困生认定工作中存在的诸多问题，就必须制定出科学的、可行的、具体可操作的认定标准。

各高校可结合各自的实际情况，制定“家庭经济困难学生认定实施细则”，并采取量化评分的方法，从家庭经济状况(70%)、日常消费(10%)、学习情况(10%)、思想品德(10%)等四个方面进行评定，就能较好地解决了家庭经济困难学生认定中存在的问题。认定方法和评分标准如下：

(1)家庭经济状况(70%)

①家庭成员(20分)：

父母双亡或烈士子女：20分

父或母一方去世：15分

父或母残疾或自身残疾：12分

父母务农，收入仅供自用：10分

父母下岗未再就业：10分

父母一方打工，一方务农或下岗未就业：8分

父母双方打工：5分

如同时具备多项，得分不超过20分。

②家庭收入25分：

家庭人年均纯收入2300元以下　25分(国家贫困线以下)

家庭人年均纯收入2300~4800元　20分(月收入400元以下)

家庭人年均纯收入4800~7200元　15分(月收入400~600元)

家庭人年均纯收入7200~8400元　10分(月收入600~700元)

家庭人年均纯收入8400~9600元　5分(月收入700~800元)

③家庭支出15分：

家庭成员长期患病，医疗费用支出较大：15分

兄弟姐妹中有上大学：10分

弟、妹中有上高中：5分

如同时具备多项，得分不超过15分。

④学生生源10分：

国家级、省级贫困地区：10分

老区、少数民族地区、边远山区、库区：8分

一般农村地区：5分

如同时具备多项，得分不超过10分。

(2)日常消费(10%)

①个人支出主要用于基本生活费用，基本餐饮、服装。(10分)

②个人支出除基本生活费用外，购买辅助必须学习用品。(5分)

(3)学习情况(10%)

大二(含大二)以上学生：

①平时学习态度端正，学习勤奋，无旷课、迟到、早退等现象，考试成绩无不及格。(10分)

②平时学习态度端正，学习勤奋，极少有特殊原因上课迟到或请假，考试成绩不及格在2门课(含2门课)以内。(5分)

大一新生：

①军训：积极参加军训，军训成绩优秀。(5分)

②高考成绩及上课情况：新生以高考成绩为准，学校可以按照

录取学生高考成绩分段计分。(5分)

此项最低可以打0分。

(4)思想品德(10%)

①诚实守信(5分)：无能力缴纳学费的，积极办理生源地助学贷款，不拖欠学费5分；因家中经济困难未办理贷款，但能按规定时间及时办理缓缴手续，并按承诺时间缴清学费3分。

②积极上进(5分)：思想追求上进，积极参加学校、院系与班级活动，乐意为学校、院系与班级奉献。

此项最低可以打0分。

(5)加、减分项目

加分：

①获得省、市、校级荣誉：获得省及以上荣誉加8分，获得市级荣誉加6分，获得校级荣誉加4分。

②家庭遭遇国家确定的突发性自然灾害，如洪灾、旱灾、雪灾、地震和泥石流等导致颗粒无收、房屋受损等重大灾情(10分)；家庭遭遇局部地区自然灾害导致农作物歉收(有相关证明材料，材料上需加盖村、乡、县民政部门三级公章)(5分)。

③积极参加勤工助学后，仍无法解决学费和生活费问题的学生(5分)。

减分：本学年已获得3000元以上项目无偿资助的，按实际情况减10~20分。

3.3.4　解决家庭经济困难学生心理自卑问题的方法

解决家庭经济困难学生心理自卑问题的有效方法，就是要指导和培养学生掌握正确的自我评价方法。能对自己进行正确的评价是大学生心理健康的重要条件。要让这些有心理自卑问题的学生明白这样一个道理：一个人只有真正认识了自己，才可能获得成功的人生。如果改变不了环境，就要适应环境；如果改变不了别人，就要改变自己；如果改变不了事情，就要改变对事情的态度；如果改变不了命运，就要改变生活。要让他们在自我观察、自我认定、自我判断和自我评价时，能做到自知自明，恰如其分地认识自己，摆正自己的位置，既不以自己在某些方面高于别人而自傲，也不以自己在某些方面低于别人而自卑。面对挫折和困境，不言败，不放弃，正视现实，积极进取，学会在逆境中奋起，在任何时候都能做到：自信、自尊、自强、自立。

3.3.5 解决国家助学贷款问题的方法

为了解决银行惜贷、贷款拖欠和贷款分布不均衡等问题，使国家助学贷款能够惠及更多的贫困大学生，必须为国家助学贷款立法、进一步完善国家助学贷款政策，明确贷款担保主体、实施弹性偿还制度、具体化减免制度等，同时建议成立助学贷款基金会来协调助学贷款参与主体——国家、银行、高校、学生之间的利益关系，形成严密的制约机制来解决国家助学贷款中存在的问题。

3.3.6 解决生源地信用助学贷款问题的方法

为了使生源地信用助学贷款良性发展，使广大贫困学生充分享受国家的惠民政策，同国家助学贷款一样，生源地信用助学贷款也必须立法，进一步完善生源地信用助学贷款政策，尤其要加强贷后管理，降低还款逾期违约率。

解决生源地信用助学贷款中存在的“名额限制”、“地方保护”等问题，可以通过国家立法解决。对于贷款学生的贷后管理问题，则需要各地县(区)学生资助中心和高校学生资助中心精密配合，高校学生资助中心要大力协助县(区)学生资助中心做好催还款工作。在学生毕业离校前，要加强学生的诚信教育，要让学生明白：如果不能按时还贷，不仅会给银行的后续贷款增加困难，使以后的贫困学生享受不了国家的这项资助政策，而且会使自己在银行的诚信系统里留下不良记录，自己今后若想贷款购房就将遭到银行的拒贷。高校学生的贷后管理主要靠辅导员来完成，不仅要消除辅导员思想上的错误认识，生源地信用助学贷款与学校无关，充分调动辅导员的工作积极性，而且要把贷后管理与辅导员的年度考核(如评优、评先、职称晋级等)挂钩。如果辅导员所带班级学生贷款逾期违约率低，则在评先、职称晋级时优先，使辅导员能经常提醒学生按时还款。只有做到学校和当地学生资助中心紧密联系、紧密配合，共同做好贷后管理工作，才能把学生贷款逾期违约率降下来。

4. 我国公立高校学生资助问题的解决

4.1　国家新资助政策体系概述

2007年国务院颁发了《关于建立健全普通本科高校、高等职业学校和中等职业学校家庭经济困难学生资助政策体系的意见》(国发[2007]13号)，简称国家新资助政策体系，是指国家在高等教育阶段颁布实施的国家奖学金、国家励志奖学金、国家助学金、师范生免费教育、国家助学贷款、生源地助学贷款、免除农村九年义务教育学杂费、高等本科院校和高等职业院校设立新生“绿色通道”、特困学生生活补助、勤工助学、学费减免等一系列有关政策、规定。2007年9月国家在高校新设立国家励志奖学金。至此，国家在高校全面实行国家奖学金、国家励志奖学金、国家助学金制度(统称国家奖助学金制度)。可以说，国家新资助政策体系从2002年开始提出，至2007年形成了完整的体系，既符合我国国情，又与国际接轨。

国家新资助政策体系明确提出了家庭经济困难学生入学后，解决生活费问题，以国家助学金为主，以勤工助学为辅；解决学费、住宿费问题，以国家助学贷款、生源地助学贷款为主，以国家励志奖学金为辅。

4.1.1　国家新资助政策体系的内容

国家新资助政策体系的内容概括地讲，主要体现在五个方面：

(1)完善国家奖学金制度。

中央相继设立国家奖学金，用于奖励普通本科高校和高等职业学校在校生中特别优秀的学生，每年奖励5万名，奖励标准为每生每年8000元，所需资金由中央财政负担。

中央与地方共同设立国家励志奖学金，用于奖励资助普通本科高校和高等职业学校全日制本专科在校生中品学兼优的家庭经济困难学生，资助面平均约占全国高校在校生的3%，资助标准为每生每年5000元。国家励志奖学金适当向国家最需要的农林水地矿油核等专业的学生倾斜。

中央部门所属高校国家励志奖学金所需资金由中央负担。地方所属高校国家励志奖学金所需资金根据各地财力及生源状况由中央与地方按比例分担。其中，西部地区，不分生源，中央与地方分担比例为8∶2；中部地区，生源为西部地区的，中央与地方分担比例为8∶2，生源为其他地区的，中央与地方分担比例为6∶4；东部地区，生源为西部地区和中部地区的，中央与地方分担比例分别为8∶2和6∶4，生源为东部地区的，中央与地方分担比例根据财力及生源状况等因素分省确定。人口较少民族家庭经济困难学生资助资金全部由中央分担。鼓励各地加大资助力度，超出中央核定总额部分的国家励志奖学金所需资金由中央给予适当补助。省(区、市)以下分担比例由各地根据中央确定的原则自行确定。

(2)完善国家助学金制度。

中央与地方共同设立国家助学金，用于资助普通本科高校、高等职业学校全日制本专科在校生中家庭经济困难学生和中等职业学校所有全日制在校农村学生及城市家庭经济困难学生。

普通本科高校和高等职业学校。国家助学金资助面平均约占全国普通本科高校和高等职业学校在校生总数的20%。财政部、教育部根据生源情况、平均生活费用、院校类别等因素综合确定各省资助面。平均资助标准为每生每年3000元，具体标准由各地根据实际情况在每生每年2000~4000元范围内确定，可以分为2~3档。

中等职业学校。国家助学金资助所有全日制在校农村学生和城市家庭经济困难学生。资助标准为每生每年1500元，国家资助两年，第三年实行学生工学结合、顶岗实习。

国家助学金所需资金由中央与地方按照国家励志奖学金的资金分担办法共同承担。有条件的地区可以试行运用教育券发放国家助学金的办法。

(3)完善和落实国家助学贷款政策。

进一步完善和落实国家助学贷款政策。大力开展生源地信用助学贷款。生源地信用助学贷款是国家助学贷款的重要组成部分，与国家助学贷款享有同等优惠政策。地方政府要高度重视，积极推动和鼓励金融机构开展相关工作。要进一步完善和落实现行国家助学贷款政策，制定与贷款风险和管理成本挂钩的国家助学贷款风险补偿金使用管理方法。相关金融机构要完善内部考核体系，采取更加积极有效的措施，调动各级经办机构的积极性，确保应贷尽贷。

对普通本科高校和高等职业学校全日制本专科生，在校期间获得国家助学贷款，毕业后自愿到艰苦地区基层单位从事第一线工作且服务达到一定年限的，国家实行国家助学贷款代偿政策。

(4)师范生实行免费教育。

从2007年起，对教育部直属师范大学新招收的师范生，实行免费教育。

(5)高校要从事业收入中提取一定的比例用于学生资助。

学校要按照国家有关规定从事业收入中足额提取一定比例的经费，用于学费减免、国家助学贷款风险补偿、勤工助学、校内无息借款、校内奖助学金和特殊困难补助等。

(6)进一步落实、完善鼓励捐资助学的相关优惠政策。

要充分发挥中国教育发展基金会等非营利组织的作用，积极引导和鼓励地方政府、企业和社会团体等面向各级各类学校设立奖学金、助学金。

4.1.2　国家新资助政策体系建立的原则

国家新资助政策体系确立了五大原则：

(1)加大财政投入的原则。

按照建立公共财政体制的要求，大幅度增加财政投入，建立以政府为主导的家庭经济困难学生资助政策体系。

(2)经费合理分担的原则。

国家奖学金由中央财政拨款，国家励志奖学金和国家助学金由中央和地方按比例分担。中央对中西部地区给予倾斜。

(3)政策导向明确的原则。

在努力使家庭经济困难学生公平享有受教育机会的同时，鼓励学生刻苦学习，接受职业教育，学习国家最需要的专业，到艰苦地区基层单位就业；鼓励学校面向经济欠发达地区扩大招生规模。

(4)多元混合资助的原则。

统筹政府、社会等不同资助渠道，对家庭经济困难学生采取奖、贷、助、补、减等多种方式进行资助。

(5)各方责任清晰的原则。

中央与地方、各相关部门及学校明确分工，各司其职、落实责任、完善制度，操作办法简便易行，并接受社会各界群众监督，确保各项政策措施顺利实施。

4.2 建立国家各级学生资助管理机构

(1)中央学生资助机构的建立。

为进一步做好家庭经济困难学生资助工作，2006 年 2 月，经教育部党组研究并报中央机构编制委员会办公室批准，将“全国学生贷款管理中心”更名为“全国学生资助管理中心”，统一管理全国高校、中等职业学校和中小学的学生资助工作。全国学生资助管理中心的成立，为进一步规范管理全国学生资助工作提供了组织保证。

(2)省(市)学生资助机构的建立。

根据教育部的文件精神，2007 年各省“学生贷款管理中心”相继更名为“学生资助管理中心”，湖北省“学生贷款管理中心”率先在 2003 年 11 月更名为“学生资助管理中心”，随后全国各市级教育行政部门也都于 2007 年相继成立了“学生资助管理中心”。

(3)(县、区)学生资助机构的建立。

2007 年 8 月教育部、财政部发文《关于要求县级教育行政部门成立学生资助管理中心的紧急通知》(教财〔2007〕14 号)。文件要求全国县级教育行政部门成立学生资助管理中心，负责当地家庭经济困难学生生源地助学贷款的办理及其他资助工作。县级学生资助管理中心的成立，使资助家庭经济困难学生的工作在基层得到了落实，形成了中央、省(市)、县(区)教育行政部门学生资助工作的管理网络。

(4)高校学生资助机构的建立。

2006年5月教育部发出《关于进一步加强高等学校学生资助工作机构的通知》(教人〔2006〕6号)，指出："资助贫困家庭学生工作关系到高校乃至社会稳定的大局，关系到我国高等教育事业全面、协调、可持续发展，是当前以及今后相当长一段时期内高等学校的一项重要任务。进一步加强高校学生资助工作机构的建设，是保证高校资助工作顺利开展的重要基础。各高校一定要从着力解决关系人民群众切身利益的'上学难、上学贵'问题，维护学生资助工作的大局出发，高度重视，认真落实。在2006年秋季开学前，各高校必须成立专门的学生资助管理中心，该中心为常设机构，由校级领导直接负责，统一归口管理全校的国家助学贷款、奖学金、勤工助学、特殊困难补助、学费减免等资助贫困家庭学生工作。学生资助管理中心要配备相应的专职工作人员，原则上按学校全日制普通本专科生、研究生在校生规模1∶2500的比例，在现有编制内调剂落实，为进一步做好资助贫困家庭学生工作提供组织保证。"

根据教育部的文件要求，2006年全国高校相继成立了学生资助管理中心。高校学生资助管理中心的成立，标志着国家、省市、区(县)、高校全国学生资助网络的全面形成。

第八章　英美公立高校学费政策及其对我国的启示

1. 英美公立高校学费政策的演变

1.1　美国公立高校学费政策的演变

作为世界教育强国的美国共有 3600 多所高校，其中公立高校 1700 所。美国公立高校与私立高校的本质区别在于经费来源和学校管理方式的不同，公立高校主要是指由州政府出资创办和运营的州立高校，其办学经费主要靠政府的教育预算，而私立高校经费来源于学费、科研和捐赠。同许多西方国家一样，美国公立高校的学费政策也经历了一个从免费入学到收费加资助的长期发展演变的过程。

1.1.1　减免学费

美国尽管私立高校数量众多，但公立高校在校学生数占全部高校学生数的 4/5。美国公立高校是基于教育公共政策设立的，它履行着普及高等教育和维护社会公平的重要责任。长期以来，美国州政府在公立高校的发展中扮演着主导角色，这主要表现在对州政府公立高校的立法、财政、规划和评估等方面。其中，财政拨款以及对学费定价的控制是最主要的管理手段。20 世纪 80 年代以前，公立高等教育作为一项公益事业，受到联邦政府和各州政府的高度重视，公立高校一直实行免费或低收费的学费政策。维持公立高校的低学费甚至不交纳学费，以保证家境一般的学生能够接受高等教育，各州政府加大了财政投入，在20世纪50年代，甚至“大多数州都采取借债方式满足高校建设新校园或扩大现有办学规模的资金需求”。① 在20世纪六七十年代，美国公立高校学费公共政策为促进美国高等教育大众化发挥了巨大作用。

1.1.2　教育成本分担

自20世纪80年代以来，由于经济衰退的影响，加上州政府在诸如基础设施建设、医疗保障、环境保护以及监狱管理等领域的开支不断增加，美国各级政府开始逐渐减少对于公立高校的财政拨款。根据美国《1993年教育统计摘要》，1980—1990年美国全部高校的办学经费中，来自各级政府的比例下降了7.1%，下降总量达710亿美元之多。1980年州政府提供了公立高校46%的支出，到2000年，这一数字下降到34%。② 为了寻求公立高校办学经费困境的出路，美国引入高等教育成本分担理论和人力资本理论对公立高校学费政策进行调整。高等教育成本分担理论认为，高等教育大学生应该承担公立高等教育所带来的个人收益部分的成本。而人力资源理论强调，高等教育能够为社会和市场提供广泛的专业人才，因此，市场应该在高校经费配置中发挥一定的作用，公立高校也应通过市场建立多渠道筹措经费的机制和模式。美国政府认为，让受教育者及其家长支付一定的学费，对于那些没有接受高等教育的纳税人来说是更为公平的，而且有利于调动民间资源支持高等教育的发展。

面对高等教育财政拨款减少，通货膨胀不断加剧，办学成本迅速增加的困境，同时在高等教育成本分担和人力资本理论的影响下，各州政府开始通过立法允许其公立高校提高学费以满足学校正

---

① 杨晓波．试析美国公立高等教育的政府财政政策．外国教育研究，2006(11)．

② 余英．美国高等教育学费政策的变迁与影响[J]．教育财会研究，2007(6)．

常运转的需要。在20世纪80年代前期，公立高校学费平均增长了20%；到20世纪80年代后期，州政府高等教育财政支持力度有所恢复，学费增长的速度逐渐放慢为15%；20世纪90年代前期，公立高校学费平均增长1/3，学费真正成为公立高校收入的重要来源，占公立高校收入的20%左右，① 到20世纪90年代后期，受通货膨胀的影响，美国公立高校生均成本不断增加，导致学费标准继续攀升，1990—2000年，公立四年制高校的学费上升了51%。②

然而，在当今知识经济的背景下，学费的高涨并没有阻止美国民众对高等教育的需求热情，公立高校的规模和办学成本不断扩大，这进一步导致公立高校学费分担政策的调整。美国教育部2012年6月公布的高校收费数据显示：美国四年制公立高校的平均学费从2009年至2010年上涨了15%。佐治亚州、亚利桑那州和加利福尼亚州部分公立高校的学费涨幅甚至达到40%或更多。③ 2010年，佛罗里达州11所公立大学继2009年学费上涨之后再次增收学费15%，两年之内总共上涨了32%。④

随着政府的财政拨款大幅减少和学费收入的不断上涨，学费占公立高等教育经费收入比重不断提高。2001—2004年，美国州政府拨款占公立高等教育经费收入的百分比从45%下降到36%，而学费占公立高等教育经费收入的百分比却从12%上升到19%。⑤ 在2004—2005学年公立研究性高校经费来源中，净学费收入达到

① 杨晓波．试析美国公立高等教育的政府财政政策[J]．外国教育研究，2006(11)．

② 余英．美国高等教育学费政策的变迁与影响[J]．教育财会研究，2007(6)．

③ 阿南．美国高校学费不断飞涨　学贷恐引新“次贷危机”[N]．广州日报，2012-06-15．

④ 胡乐乐．美国公共教育预算大幅削减　公立大学艰难求生[N]．中国教育报，2012-05-04．

⑤ 杨明，杨建华．论美国高等学校收费偏高的现状、成因和后果[J]．外国教育研究，2006(2)．

25%，而州政府的拨款收入占 31%。①

1.1.3 "企业化"改革

进入 21 世纪以来，随着公立高校学费的市场化改革步伐加快，美国各州政府逐步弱化了对公立高校的管制，给予公立高校"企业地位"。"企业化"改革的主要内容就是政府放松对公立高校的传统管理模式，使公立高校逐步成为市场竞争中的主体，通过办学质量、规模和价格等竞争以及扩大高校的社会服务职能，达到公立高等教育资源配置更优化的状态。②

在"企业化"改革的背景下，美国公立高校除学费和州政府拨款以外的其他收入占比快速增加。如今，美国公立高校每年的其他收入来源呈多样化，包括各级政府合同收入、教育性服务与销售、私人捐赠、学校投资收益等。在 2004—2005 学年公立研究性高校经费中，除了州政府拨款和学费收入，来自政府合同收入达 26%，其他收入等占 17%。以 2005 年密歇根大学收入为例，州政府拨款占 16%，学费占 26%，而来自各级政府的合同收入、学校投资收入、私人捐赠、教育服务销售收入等占比 58%。到 2007 年，密歇根大学来自州政府拨款占总来源比例降为 13%，而学生净学费收入升为 29%，除此之外皆为其他收入。③ 通过"企业化"改革，公立高校增加了学费收入，拓展了学费和政府拨款之外的资金渠道，在一定程度上缓解了公立高校资金压力。

1.2 英国公立高校学费政策的演变

英国是实行高等教育最早的国家，其高校基本是公立的，英国高等教育政策给世界各国的高等教育带来较大影响。英国公立高等

① 陈萦，史秋衡. 美国公立高校经费来源结构变化分析[J]. 教育发展研究，2009(3).

② 郑秉文. 英美福利制度的一场革命：高校"产业化"改革——兼论对我国高教改革的启示[J]. 开放导报，2005(4).

③ 陈萦，史秋衡. 美国公立高校经费来源结构变化分析[J]. 教育发展研究，2009(3).

教育学费政策大致经历了三个发展阶段，即20世纪80年代之前的“免费加助学金”阶段，20世纪80年代至21世纪初的“低学费加助学贷款”阶段，以及21世纪以来的“先上学后付费”阶段。

1.2.1 免费加助学金

20世纪80年代之前，英国认为政府有责任为全体国民提供免费的公共福利，公立高等教育便是其中的一种公共福利产品，是英国培养经济和社会建设人才的公益事业，因此，政府应该承担起公立高等教育的全部责任，把公立高等教育作为公共服务免费提供给国民。根据这一理念，英国政府长期免收公立高校学生的学费，学生在学期间的学费和生活费由公共财政负担。

英国1994年的教育法规定，凡是在公立高校就读的学生都可以享受其家庭居住地的地方教育当局支付的学费以及就学期间在外住宿与生活所产生的费用。1962年教育法规定，公立高校大学生的学费不由学生负担，而由学生所在的地方政府直接交纳给学校，政府在为公立高校生交纳学费的同时，还要为他们提供助学金。“学生不管经济状况如何，都有接受高等教育的机会，在接受高等教育时不仅不需要交纳学费，还可从其家庭居住地获得包含住宿费及生活开支在内的政府生活补助”。20世纪80年代之前“免费加助学金”几乎成了英国所有全日制公立高校大学生的公共福利。正是这种“免费加助学金”政策，使许多青年获得了接受高等教育的机会。

1.2.2 低学费加助学贷款

进入20世纪80年代以后，英国经济日益衰退，财政危机使英国政府再也无法维持“免费加助学金”的高等教育政策。政府为减轻财政负担，在公共部门推行市场化改革措施。新自由主义市场经济理论被引入公立高等教育领域，英国免费上公立高校的理念开始动摇。英国政府希望通过增加公立高校学费来减轻对高等教育的财政拨款压力，弥补政府严重的财政赤字。

根据《1988年教育改革法》，英国公立高校从1990年起开始实施“适当缴费上学，贫困生贷款补助”的新政策，大学生根据家庭经济状况交纳适当学费，同时政府推出贴息的、无担保分期还款的贷款帮助贫困大学生解决读书期间的生活费用，这种助学贷款取代了传统的政府生活补助。1997 年英国明确规定了公立高等教育实施教育成本分担的改革。从 1998 年开始，英国取消公立高校“免费加助学金”的政策，允许公立高校向全日制大学生收取统一的学杂费。这意味着英国公立高等教育学费政策从“免费加助学金”全面转向“收费加助学贷款”。英国这项新的学费政策实施后，公立高校学费收入迅速增加，这在一定程度上弥补了公立高等教育办学经费不足的问题。

1.2.3　先上学后付费

由于存在制度安排上的缺陷，助学贷款政策在实施过程中出现了诸如贷款数额不足、还款拖欠等问题。针对这些问题，2004 年 1 月英国通过《高等教育法案》，推出了新的公立高等教育学费政策，对公立高校学费支付方式进行了重大改革。该政策规定公立高校大学生可以“先上学、后付费”。从 2006 年起，英国不再要求公立高校生在入学时先交纳学费，家庭经济困难的学生可以向贷款公司贷款。贷款公司先将学费支付给学校，学生毕业工作并获得了一定的收入后，再向贷款公司偿还各项助学贷款。这种新的公立高校学费支付方式解决了许多贫困生入学困难的问题。

1.2.4　放松学费管制

随着 2010 年 10 月《确保未来的高等教育持续发展》(《布朗报告》)出炉，英国高等教育进一步走向市场化。根据该议案，英国政府大幅上调公立高校学费标准，允许公立高校将本科生每学年的学费上限由 3290 英镑提升到 9000 英镑。① 在这个范围之内各公立高校可自行决定收费标准。根据这一报告，英国政府进一步放松学

① 李作章，单春艳．“布朗报告”与英国高等教育持续发展[J]．高教发展与评估，2012(4)．

费管制，减少对学校招生计划的限制，允许公立高校根据市场需求自主招生。同时，英国政府将公立高校的监管任务委托给社会第三方完成，以确保学生、家长个人利益以及公共利益不受损害。这项改革使英国公立高校进一步扩大了办学自主权，公立高校可以根据市场行情决定自己的收费标准、招生规模。

继《布朗报告》之后，2010 年 12 月英国官方通过了《高等教育基金与学生经济提案》，这标志着政府不再是公立高等教育的主要出资者。公立高等教育机构和学生之间是买方与卖方关系，学生接受教育成为一种投资。英国现行的公立高校收费政策也兼顾接受高等教育的机会公平原则，对于低收入家庭的学生来说，公立高等教育机构不仅提供学费的资助，还提供一定的生活费资助。市场化的学费政策使得学生们有更大的自主权来选择中意的学校，这也促进了英国公立高等教育机构公平的市场竞争。公立高校在学费市场化改革之后，虽然获得的政府财政拨款在减少，但是招生和经费管理等自主权在扩大。

从此可见，英美公立高校学费政策经历了由政府主导到市场主导的发展历程。20 世纪 80 年代以前，英美将公立高等教育视为国家公共福利产品的一个部分，公立高校的学生可以不交学费或交纳少量学费，同时还可以获得一定的政府拨付的生活补助。但自 80 年代以来，随着经济的衰退以及公共财政困境的出现，英美政府对公立高校拨款逐步减少。与此同时，随着知识经济时代的到来，公立高校办学规模不断扩大，而通货膨胀却持续加剧，这导致公立高校各项管理成本迅速上升。为了维持公立高校正常的可持续的发展，英美引入高等教育成本分担理论和人力资源理论，多次对公立高校学费政策进行调整。通过这些政策建立了公立高校的学费标准，让接受公立高等教育者及其家庭承担部分成本，公立高校从政府公共福利机构逐步转变为“企业化”的市场主体。英美越来越强调市场在公立高校经费体制中所发挥的作用，鼓励公立高校通过增加科研和教育服务项目、私人捐赠以及投资和销售等多元化筹资方式增加学费以外的办学收入。英美公立高校学费政策从政府主导到市场主导的转变，在一定程度上增加了公立高校学费收入，缓解了其办学经费的紧张局面。但是，我们也应该看到，英美公立高校学费的过快上涨以及学生资助机制的不完善，导致公立高校原有的公益性质被严重削弱，政府对公立高等教育的责任被逐步削减，公立高校和私立高校的界限越来越模糊不清。而且，近年来英美公立高校的“企业化”倾向，并不能确保教员薪酬、教学质量和竞争力的提升，相反由于学费不断攀升，高等教育机会公平原则再次受到挑战，公立高校的教育质量也受到一定负面影响。

2. 英美公立高校学费定价与收取

2.1　学费定价

2.1.1　定价模式

世界各国公立高校学费政策根据政府、社会和个人负担情况大致可以分为福利型和市场型两种模式。福利型学费模式指公立高校办学经费的承担主体主要是政府，个人不承担或承担很少一部分学费。福利型学费模式的主要依据是精英教育理论，该理论认为，公立高等教育旨在为国家和社会培养各类精英，属于公共福利范畴，其所需经费应主要由政府负担。欧洲大部分国家如法国、瑞典、德国，以及20世纪80年代以前的英国和美国都是采用这种学费模式。市场型学费模式的理论依据主要是人力资源理论和成本分担理论。这种学费模式遵循利益获得和支付能力原则，即“谁受益，谁付费”，“能力越大，支付越多”。根据这些原则，政府、社会和受教育者个人作为公立高等教育的直接或间接受益方，应该在各自的受益和能力范围内支付一定的教育费用。80年代以后的美国、英国、日本、加拿大等都属于此种类型国家，市场型学费模式已经成为当今西方国家公立高等教育成本负担的主流模式。

美国、英国是采取市场型学费模式最为典型国家，其公立高校学费标准的确立主要源于经济学家舒尔茨的教育成本理论和约翰斯顿的成本分担理论。舒尔茨认为教育成本主要包括：工资、业务费、劳务费、修缮费、折旧费，等等。而约翰斯顿指出用于高等教育的成本是可以获得预期的经济与非经济收益的一种投资，因此高等教育的成本必须由国家、受教育者、企业、高校和家庭等受益者共同分担，谁接受了高等教育谁就应该支付教育成本。这一市场规则不仅适用于私立高校，也同样适用于公立高校。尽管公立高校由政府举办，但受益者包括国家、社会和受教育者个人及家庭等多个方面，因此政府、社会和受教育者个人及家庭作为公立高等教育的直接或间接受益方，应该根据各自的经济能力支付一定的教育费用。

英国和美国公立高校尽管都采取市场型的学费模式，但其定价主体因两国管理体制的不同而不同。美国是采取联邦制的国家，各州在教育管理上有很大的自主权，其公立高校的学费由各州的州议会、州政府、学校董事会或学校自行确定。当然，具体由这四种机构的哪一种机构确定，各州的做法不尽相同。例如，佛罗里达州高校学费标准由州议会与州立大学共同确定，路易斯安那州高校学费标准是由州议会和州政府共同决定，密苏里州的学费标准是由州政府和大学共同确定，华盛顿州的学费则由州立大学系统的独立董事会和大学协商决定。①“对于大多数州而言，公立高校在制定学费标准中享有很大权限，州长及立法人员只负责确保学费的上涨没有超过州政府政策规定的最高限额”。② 英国是单一制的“议会至上”国家，其重要的教育政策都必须经过议会表决。自 1997 年宣布实行公立高校收费政策以来，英国公立高校学费标准通常由英国议会出台的高等教育收费改革文件确定，通过这些文件规定公立高校学费占教育成本的比例以及学费的上限，各公立高校在这个界限内根据本校的实际情况自主确定学费标准。

---

① 伍海云，张祥永，李孙巧．美国公立高校学费定价与收取制度研究[J]．比较教育研究，2011(8)．

② 杨晓波．试析美国公立高等教育的政府财政政策[J]．外国教育研究，2006(11)．

2.1.2　定价标准

教育成本及其分担理论是英美确定公立高校学费标准最重要的依据，影响着公立高校学费水平的高低。但是，英国和美国公立高校“公立”的地位决定其价值取向应区别于私立高校。公立高校被国家和政府赋予了高等教育公共服务的职能，扮演着高等教育公平维护者的角色，公立高校学费的定价被要求更体现公益性。因此，英国和美国公立高校在制定具体学费标准时，除遵循如上所述的投资收益、成本分担和支付能力原则外，还特别强调高等教育的公平原则，即在确定学费标准时，应充分考虑家庭经济困难的那部分学生的利益，给予家庭贫困生适当的资助，保证来自不同收入水平家庭的学生拥有平等接受高等教育的机会。

公平原则要求公立高校学费标准既不能过高也不能过低。公立高校学费如果过高，会使很多学生无力支付，高等教育的公平性无法保障，但学费如果过低，又会导致学校财力不足而无法保证教育质量，从而影响公立教育事业的发展。因此，如何确定公立高校学费标准是一件非常重要的事情，除考虑学生规模和生均成本外，还要充分考虑其他相关因素。这些相关因素包括财政资助的拨款额度、本校上一学年的学费水平、同类学校学费水平、当地物价指数、社会心理承受能力，等等。

从理论上讲，遵循如上所述的基本原则，以学生规模和生均成本为依据并参考相关因素来确定公立高校学费是最为理想的，但是从现实来看，生均教育成本和各受益主体所应该承担的合理比例很难计算出来。因此近年来，英国和美国政府学费的定价策略发生了一些显著的改变，即逐步放弃以成本分担理论作为学费定价的基础，转而通过立法来设定公立高等教育学费标准，并给予公立高校在法律范围内的学费定价自主权，各高校都以本州立法或由学校自己根据公平原则来确定具体的学费水平。当然，基于对教育公平和公共利益的考虑，英国和美国政府仍然会对公立高校学费增长幅度或上限进行控制。例如，华盛顿州公立高校在 1995 年宣布放弃以成本分担理论作为学费定价的基础，通过立法设定高校学费标准；

在这之后，华盛顿州又进一步给予高校有限的学费定价自主权，但要求高校学费定价在原基础上涨幅不能超过7%。① 英国通过立法规定公立高校从2006年起"学费应该相当于25%左右的高等教育成本"，根据这一标准，各个公立高校可以自行在法定幅度内确定每年学费的具体标准。②

2.1.3 定价差异

实行差异化是英国和美国公立高校学费制度的重要内容。所谓差异化学费制度是指公立高校根据学校的不同层次、不同学科和专业，以及学生的不同来源等来确定学费标准的一种学费定价制度。实行差异化的定价制度，不仅能够让优质优价、多收益多负担的市场原则在公立高等教育资源分配中得到充分体现，而且也兼顾了来自经济贫困家庭学生的利益，让他们少付费并且还获得各种资助，确保公立高等教育的公平。学费实行差异定价不仅增加了一些公立高校的学费收入，而且大大提升了公立高等教育的灵活性和公平性，加快了公立高校的财政自主和市场化进程。

美国公立高校的学费差异性最主要地表现在地域差别、学校差别、专业差别和年级差别。地域差别表现为不同州的公立高校学费水平不同。各州在具体确定学费收取水平时结合了本州的实际情况，州与州之间存在明显的差异。美国2005年高校教育调查显示，明尼苏达州和宾夕法尼亚州选择高学费定价，而有23个州选择中低学费定价。另外，有22个州允许州内各校制定个性化学费标准，这体现了学费定价的地域差异性。③ 即使是同一个学校，对州内和州外学生的收费也有不同。通常本州学生的收费明显低于外州学生，例如，全美公立高校排名第一的加州大学伯克利分校2009—

① 郭凯，滕跃民．中美高等教育成本分担和学费的比较[J]．辽宁教育研究，2008(10)．

② 张民选．英国大学生资助政策的演进与启示[J]．比较教育研究，2007(5)．

③ Christopher J. Rasmussen, State Tuition, Fees, and Financial Assistance Policies (2005—2006). State Higher Education Executive Officers, 2006(8).

2010学年的学费标准是，州内学生为8625美元，州外学生则高达30346美元。① 这是因为美国实行联邦制，州政府负担了本州公立高校的主要办学经费，而州政府的经费主要来源于本州民众的税收，因此，凡是本州居民在公立高校就读，其学费标准明显低于外州学生。除本州和非本州的差别之外，还有一个外州居民和外国学生的区别，外国学生学费比外州学生学费还要高。这种学生来源地区差异化的学费标准考虑了学生所在家庭对本州以及本国税收贡献的因素。此外，由于美国各公立高校的办学规模、教育质量和知名度不同，其收费也有较大差异。排名前50名的公立高校普遍比排名靠后的公立高校收费高。还有，不同专业之间的学费差异也很明显，尤其是医学、法学和金融学等专业，这些专业的学费是最高的，原因在于这些专业教学成本比较高，学生毕业职业预期收益也偏高。另外，不同年级学费的标准也不同，一般来说，新生的学费比老生的学费要高。英国学费的差异性表现在各公立高校的学费自主定价方面。英国在实行“先上学、后付费”政策时，充分尊重各公立高校的自治权，允许各公立高校在最高限额内自主制定学费标准。在国家控制的学费标准之下，自主定价的结果造成各公立高校及各专业学费存在较大差异。

2.2　学费收取

英国和美国学费收取已经形成一套比较完整而又灵活的制度，这些制度的灵活性主要表现在学费的收取方式、收取时间等方面。

美国公立高校的教学方式以选课制为主导，其学费主要按照学分来收取。学生可以根据自己的经济状况和学习时间及精力，自行决定选修课程以及学习时间的长短。多修多付费，学生选课犹如商品买卖，在数周内更换或取消所选购的课程，学校可以退还学费。这种以选课制为主导，按学分收取学费的制度，是美国公立高校学费收取的主要方式。除此之外，美国还采取了其他一些灵活的收费

① 伍海云，张祥永，李孙巧．美国公立高校学费定价与收取制度研究[J]．比较教育研究，2011(8)．

方式，如农产品交换学费的收取制度。例如，在美国密苏里州有一些大学就与该州的猪肉生产协会等农业生产协会合作，实行猪肉等农产品换学费的计划。这一计划既帮助了一些贫困农家子弟顺利完成高校学业，同时也为农民的产品解决了销路问题，还为学校餐厅提供了丰富的食品来源。① 另外，美国一些四年制公立高校还采取了分段收费制度。学生在大一、大二学习阶段课程比较多，被收取的学费比较高；而在大三、大四的学习阶段课程相对较少，被收取的学费也相对比较低。此外，美国公立高校充分考虑到社会的平均承受能力，依据家庭收入水平确定不同的学费标准，使贫困家庭学生能够负担得起学费。收入越高，学费也就越高，经济能力越小，承受的学费标准越低。

在收取学费方面，英国政府也采取了比较务实和灵活的态度。其突出特点就是强调公立高校学费的收取要考虑到学生家庭的经济承受能力，将学费与家庭收入情况结合起来确定学生应交纳的学费数额。而且，为了保证贫困学生进入公立高校学习，英国政府创造了独特的学费收取办法，即“先上学，后付费”。具体地说，就是允许所有家庭经济有困难的学生贷款上公立高校，待毕业工作并且赚钱后，再偿还助学贷款。另外，英国政府还设置了一套“按收入比例还款”的助学贷款体系。英国所有的助学贷款和学生生活补助由贷款公司办理，贷款公司负责管理面向全体高校生的政府资助的学生贷款，并负责向英国税收部门提供其所需信息，以保证贷款人按时还款。通过这种助学贷款方式，保证了学校学费的按时按量收取。

3. 英美公立高校的学生资助政策

3.1 美国高校生资助政策

美国自第二次世界大战以来，建立了世界上最为发达的高校助

① 伍海云，张祥永，李孙巧．美国公立高校学费定价与收取制度研究[J]．比较教育研究，2011(8)．

学体系，其公立高校学生资助项目丰富多样而且具有灵活性。美国高校学生资助制度最初源于对第二次世界大战退伍军人的安置。为了缓解大批退伍军人的就业问题，联邦政府通过立法将退伍军人招进公立高校，并发放助学金，保证他们接受高等专业培训后再走向社会。1958年《国防教育法》规定向全日制在校的成绩优良学生发放国防奖学金。1965年《高等教育法》首次以法律形式确定了联邦高等教育资助体系。

联邦政府对学生的资助包括间接资助和直接资助，间接资助是指通过相关减免税政策等间接减免学生及家庭承担的教育费用的资助方式；直接资助是指学生获得可支配资金的资助方式。美国现行的高校学生资助以直接资助为主，直接资助体系由联邦贷款、助学金、奖学金、勤工助学等构成，其中各种联邦贷款和助学金是最重要的两类资助形式。自20世纪70年代初开始，随着美国助学金的逐渐减少，联邦政府贷款越来越成为高校学生资助的最主要形式。

3.1.1 联邦贷款

尽管美国的公立高校由各州举办，但联邦政府的资助对促进高等教育整体发展起着举足轻重的作用。联邦政府认为有必要利用国家权力制定公立高校学费的公共政策，以调动公共资源保障公民合法接受高等教育的权利。联邦对学生的资助是为了“确保所有符合条件的个人能够从联邦基金或联邦高等教育财政资助中获益”。①

联邦政府对公立高校最主要的资助方式就是联邦贷款。联邦贷款包括三类：联邦直接助学贷款、联邦担保贷款和学生家长贷款。联邦直接助学贷款即由美国财政部拨款给教育部，再经由学校放贷给学生的资助方式。联邦担保贷款，是指由商业金融机构出资，由联邦政府担保的资助方式。学生家长贷款主要面向有子女在高校学习的家长，目的在于帮助还没有经济收入的在校学生解决求学费用问题。

---

① U. S. Department of Education. Federal Student Aid Annual Report [EB/OL].2007-10-09.http//www.federalstudentaid.ed.gov/docs/07AnnualReport.pdf.

联邦直接助学贷款，又称“帕金斯贷款”或“国防贷学金”，它源于1958年的《国防教育法》。该类贷款对象为家庭经济贫困且已被高校接受为全日制学习的本科生或研究生。联邦政府先将助学贷款直接划拨给高校，再由学校根据学生的特殊经济需要和相关要求发放。具体的操作办法是：联邦政府通过专员与高校签订协议，按财政年度向高校拨款，由高校用这笔款再加上高校自己筹措的资金，建立和维持学生助学贷款基金。高校在给予助学贷款时充分考虑学生的家庭经济收入状况、学习成绩情况等。获得助学贷款的学生应该在毕业后十年之内，按年度分期偿还贷款本金和利息，但学生在校学习期间的利息由政府支付，还款期间的年利率在美国各项贷款中最低。但是，如果继续在高校深造、参军入伍，或从事法律规定的职业，偿还期还可延长。例如，如果毕业成为公立中小学全日制教师，可以免除偿还50%的所借贷款。借贷方如果出现死亡或完全残废的情况，可以完全免除偿还义务。

联邦担保贷款又称为“国家担保贷学金”或“斯坦福贷款”，这是目前美国最为重要也是使用最为普遍的学生贷款项目。这类贷款项目源自1965年的《高等教育法》，分为“贴息贷款”和“无息贷款”两种，其资助对象是“有经济资助需要的学生”。联邦担保贷款基金由州政府和非营利私立机构建立，由联邦政府用财政拨款预付并出面担保。另外，美国还建立了联邦担保贷款保险基金。建立联邦担保贷款保险基金的目的是为了在学生拖欠偿还联邦保险贷款时，联邦担保贷款保险基金能够不受财政制度的限制向出借的商业银行付款，保证商业贷款机构利益不受损失。联邦担保贷款借贷的学生必须为全日制高校所录取并取得了良好成绩的学生，贷款额度根据学生的家庭经济状况和接受高等教育的成本来确定。联邦担保贷款要在学生毕业一年之内开始偿还，在五至十年内分期还清贷金的本金。但如果继续在高校学习、参军入伍或成为维和人员，那么在这期间不必定期偿还本金和利息。美国还规定，如果借贷学生家庭收入低于15000美元，在持贷期间只需付给贷款金的部分利息，另一部分利息由联邦政府代为支付。

本科生家长贷款是专门针对尚在求学没有经济收入的本科学生

的贷款项目，贷款人为学生家长，担保人为联邦政府。每年借贷的最高限额为家庭所不能支付的学生的教育成本，即学生在校的必要教育成本减去家庭应该能够支付的费用后的余额。此类贷款实行低于普通商业银行利率的浮动利率，最高不超过9%。①

目前在美国的资助体系中，助学贷款比例占到60%~70%。但是，随着学生贷款的增加，也面临助学贷款不能按时清偿的问题。美国助学贷款发放额2010年首次超过1000亿美元，截至2011年底未清偿的余额突破10000亿美元大关。面对严重的学生贷款问题，奥巴马政府决定从2012年起实施国会通过的为学生贷款减负措施。根据这一措施，学生贷款月还款上限不得超过借款人月收入的10%，还款计划还可以根据收入情况作相应调整，在25年后，剩余部分债务将豁免，但借款人必须就被豁免债务缴税。②

3.1.2　助学金

根据1965年的《高等教育法》，美国还设立了高校学生的助学金制度。助学金资助的方式包括“佩尔助学金”和“补助教育机会助学金”两种。“佩尔助学金”也叫“联邦直接助学金”，是美国目前最大的助学金项目，占美国资助总额的20%左右。③其资助对象是家庭收入低于联邦教育部规定水平的那些已经被高校正式录取且经济困难的大学生。

“补助教育机会助学金”的适用对象为家庭特别贫困的学生，这些学生没有其他经济来源，只有依靠“补助教育机会助学金”才能完成学业。“补助教育机会助学金”是针对已获得“佩尔助学金”的学生的资助，但获得“佩尔助学金”资助的学生却未必能够获得“补助教育机会助学金”的资助。“补助教育机会助学金”期限一般

---

① 蓝汉林，高靓，金帷．美国联邦学生资助体系的变革[J]．教育发展研究，2010(7).

② 孙浩，王丰丰．美国国会批准延长学生贷款低利率[N]．新华网，2012-07-02.

③ 李志德，沈红．美国高校收费对学生就学的影响——兼论我国高校收费及学生资助[J]．现代大学教育，2001(6).

不超过四年。申请并接受这项助学金的学生除了要满足家庭特别贫困的条件外，其学业成绩必须符合学校所规定的标准，而且具有创造性的潜力和保持优良成绩的能力。“补助教育机会助学金”必须由学生申请，并由学校严格审核才能够发放。

3.1.3 奖学金

美国对大学生的资助政策不仅仅为了增进来自不同家庭的学生接受高等教育的机会均等，激励特别专业设置、奖励品学兼优的学生也是其理念之一。因此，除了设立联邦贷款外，美国 1958 年的《国防教育法》还创立了独特的奖学金制度。

联邦政府设立的奖学金既针对特别专业也针对成绩优秀者个人。美国通过在市场或国家政策急需的专业设置奖学金，加强某些专业的人才培养力度，以实现政府对高等教育专业布局的合理调控。1958 年的《国防教育法》规定：为了促进大学教师培养及研究生教育在全国更合理地分布，设立专业研究生奖学金，用于奖励那些在新设立或扩大了的专业中从事全日制学习或研究，并且没有其他教学科研报酬，毕业后在大学任教的成绩优良的学生。

除了奖励一些特别专业的研究生外，美国奖学金制度还适用于品学兼优的学生。其中，较具代表性的有“学术竞争力奖学金”和“联邦 SMART 奖学金”。“学术竞争力奖学金”申请者必须成绩优良，并且具备申请“佩尔助学金”的资格，而且已经完成被联邦教育部认可的中学学习计划。“联邦 SMART 奖学金”的申请者除具备以上条件外，还必须是正在修读数学、物理、生命科学、计算机科学或者关键外语等学科而且成绩优良的全日制学生。

1972 年，《高等教育法修正案》首次授权各州建立和联邦“佩尔助学金”相配套的学生激励助学项目。与联邦资助主要以经济贫困为标准不同，州的资助项目更侧重于学生的学业才能。通过这种资助，各州希望让最优秀的学生进入本州的高校，并鼓励他们努力完成学业，促进本州教育事业和经济的发展。1993 年佐治亚州建立的“希望奖学金”和 1997 年佛罗里达州建立的“光明未来奖学金”就属于州一级设立的比较有代表性的高校学生激励助学项目。截至

2006年，美国共有22个州建立了此类激励助学项目。① 正因为州立资助项目更注重学生的学业成就，因此，从1994年起，州奖学金费用每年的增长速度几乎是助学金增长速度的三倍。

3.1.4 勤工助学

勤工助学是指政府或学校为在读大学生提供校园内短期工作或社会服务等公益性工作的机会，学生通过付出劳动而获得报酬的一种资助方式。勤工助学是美国政府或高校资助学生的另一种重要形式。学生可以由美国联邦政府出资，到非营利机构、政府部门从事兼职工作，通过劳动获取一定报酬以解决所需的学费、住宿费问题等。美国高校自己也有勤工助学的资助方式，即学校向学生提供研究助理、教学助理、图书管理等工作机会，帮助学生获取一定报酬以完成学业。

美国联邦学生资助项目丰富多样，学生往往可以结合自己的需要和条件申请到一个"资助包"。"资助包"通常指把所有的联邦政府的、非联邦政府的各种资助包括奖学金、助学金、贷学金、勤工助学等捆绑成包，以帮助学生统筹协调、合理配置各种资助，解决学费困难。具体来讲，就是为每个申请资助的学生建立一个档案，再将可能获得的各种奖学金、助学金、贷款以及勤工助学项目打包，让学生根据自己的实际情况来选择资助的方式。"资助包"参考了学生可能的所有上学成本、家庭收入和积蓄、家庭人口和健康状况等，综合考虑学生经济资助需要以及学校资助的配比标准等因素，向学生提供混合资助。"资助包"的上限就是学生求学所需要的直接成本。这种资助方式符合学生的实际需要，规范透明，公正合理，受到学生及家长的欢迎。

3.2 英国高校生资助政策

20世纪80年代以前，英国公立高等教育作为一种公共福利产

① 孔令帅，姚翼．州立奖学金对美国高等教育入学机会的影响[J]．高教发展与评估，2011(5)．

品被免费提供给公立高校的大学生，公立高等教育成本由政府负担，公立高校的办学经费完全来自政府拨款和社会捐赠。学生不仅不交纳学费，而且还可以获得生活补助。80年代之后，随着英国经济环境的恶化、政府对高等教育财政投入的减少，英国政府引入高等教育成本分担理论，允许公立高校收取学费，同时给予学生一定数额的生活补助，不足的部分由学生贷款。从90年代后期开始，面对财力困境，英国政府取消了对大学生的生活补助，出台了新的高等教育学费政策和资助制度，提高了公立高校的收费标准，但同时允许家庭支付能力有困难的学生通过贷款完成学业。

2004年英国政府通过了《高等教育法案》，对高等教育学费和资助政策再次进行改革，采取了新的学费政策和资助方式，实行先上学后付费、按毕业收入比例还贷和按家庭收入来补助三大资助政策。该法案已于2006年正式实施。英国公立高校学生现有资助的主要模式是助学贷款加助学金，其次是奖学金和勤工助学。

3.2.1 助学贷款

助学贷款是英国最主要的大学生资助方式。助学贷款的日常经办机构是助学贷款公司，助学贷款公司用于高校借贷的本金来源于政府税收专项资金或政府发行的债券，小部分来源于捐赠或非政府基金，贷款为无息或者低息。学生可以向贷款公司申请学费贷款和生活费贷款。

学费贷款主要用于学生支付当年学校收取的学费，其金额根据大学收费标准确定，申请学费贷款的学生必须是全日制在校大学生，所贷经费直接由贷款公司转给学生所在大学。学费贷款保证那些家庭贫困的学生可以“先上学，后付费”，不会因家庭经济困难而无法入学。生活费贷款是按家庭贫困程度而提供的贷款，这项贷款的金额，需要按家庭收入情况、大学所在地生活费标准、是否住校和获得政府资助情况等指标来评定。生活费贷款主要用于住宿和其他生活开销。

在助学贷款回收机制方面，英国经历了长期的探索过程。英国商业银行曾经因为无法妥善解决学生贷款的还款拖欠和相应风险的规避问题而拒绝成为学生贷款的指定银行。为此，1990 年英国成立了公立高校学生贷款有限责任公司，专门处理公立高校学生贷款发放和贷款回收业务。但是，学生贷款公司也同样遇到了学生拖延还贷等问题，到 1995 年学生贷款公司便遭遇到 36%的学生因为毕业收入过低申请推迟还款，导致助学贷款政策难以为继。① 2003 年初，英国在考察了各国不同还贷方法和贷款回收机制之后，制定了新的助学贷款回收政策：选择税务部门作为助学贷款的回收机构，以保证贷款顺利回收。按照这一政策，税收部门直接从学生当年的工资收入中扣除应还款的部分，交付给贷款公司。学生助学贷款可以在毕业后按工作收入比例还款，学生毕业后年收入高于 15000 英镑之后再开始偿还债务，额度是当年收入的 9%，最长还款期是 25 年。毕业生年收入未达到政府设定的高校毕业生还贷门槛，则不必还贷。25 年内或 50 岁时仍未还清所欠贷款，或 40 岁以上开始学业的借贷者至 60 岁时，尚未归还的任何贷款及还贷责任将被免除，所有债务将不再追究。

3.2.2　助学金

助学金是英国政府设立的最重要、受益面最广并且是无偿的学生资助。助学金主要用于资助全日制本科且家庭经济困难的大学生，通过这种资助以帮助他们顺利完成学业。英国政府的助学金目标是，为所有全日制本科及 45%的本科以下程度的大学生提供数量不等的生活费。② 助学金分为生活补助和特殊补助两类，生话补助和特殊补助不能兼得。生活补助主要用于日常生活和住宿费等必要开支，全日制低收入家庭学生可获得无需偿还的最高限额为 2700 英镑、相当于生活费 40%左右的生活费用补助。另外，政府还根据学生是否来自单亲家庭、经济困难家庭，是否具有身体残

① 张民选．英国大学生资助政策的演进与启示[J]．比较教育研究，2007(5)．

② 张民选．英国大学生资助政策的演进与启示[J]．比较教育研究，2007(5)．

疾，是否已生育孩子等特殊情况，提供特殊补助，如“特殊助学金”、“残疾学生助学金”、“学生子女税收减免”等。此外，英国政府还为学习师范课程和护理课程的学生设立了“教师培训津贴”和“健康护理津贴”等，以吸引优秀学生学习这些专业，以保障英国基础教育质量和医疗护理质量不会整体下降。

3.2.3 奖学金

英国规定，高校在收取学生学费的同时，必须向学生提供无需偿还的奖学金资助。为了帮助所有的大学生完成学业，并且激励那些品学兼优的学生，政府降低了奖学金门槛，大幅增加奖学金数额，扩大奖学金的覆盖面。英国奖学金种类繁多，奖学金多来自政府和大学，也有来自企业、研究机构的不定期赞助。对于大学来说，这些奖学金的目的一方面在于选拔优秀的学生，对他们给予激励和补助，让优秀学生具有自豪感；另一方面，通过这种奖励提高大学对优秀学生的吸引力。英国高校的奖学金层次比较分明，政策也比较明晰，主要用来奖励接受本国不同层次高等教育的优秀学生。近几年来，英国政府还增设留学生高额奖学金，充分吸引海外留学生来英国学习深造。

3.2.4 勤工助学

除了助学贷款和奖助学金外，勤工助学也同样成为英国高校资助学生的一种有效方式。在不影响正常学习、生活的前提下，英国高校允许学生在校内外开展有偿服务。英国学生勤工助学一般由学生联合会负责组织实施，有固定的工作岗位和工作场所，教育管理部门出台了相应的管理规范。学校会为高年级的学生提供校内的助研、助管岗位或图书馆岗位，并按劳动时间长短给予一定的经济回报。学生也可以通过校外的有偿劳动，获得一定的经济报酬，以此作为助学的费用。

英国同美国一样，在学生资助中建立“资助包”。政府及学校给贫困学生的资助通常采用“资助包”的形式，其中包括学费贷款、生活费贷款和生活费助学金等。

4. 英美公立高校学费政策对我国的启示

我国的高等学校除少数隶属于教育部外，大多数是由省政府及副省级城市政府举办的，因此绝大多数高校都是公立高校，这些公立高校“承担着培养高级专门人才、发展科学技术文化、促进社会主义现代化建设的重大任务”。① 为国家经济、社会发展培养高素质人才是我国公立高校的基本职责。然而，如何完善公立高校现有的学费和资助政策，吸引更多有潜力的年轻人接受高等教育并成为社会主义现代化建设的栋梁之才，是摆在我们面前的重要课题。在这方面，英美经过长期探索建立起来的公立高校学费及资助制度值得我们借鉴。

4.1　科学调控经费分担比例，促进公立高校办学经费多元化

英美公立高校学费政策在 20 世纪 80 年代前后，经历了从“免费加补助”到“收费加贷款”的嬗变，其原因除了减轻政府财政困难外，高等教育成本分担理论的影响不可低估。根据高等教育成本分担理论：高等教育属于准公共产品，国家通过高等教育能够获得经济、社会建设需要的专门人才，个人通过高等教育能够获得较好的职位和薪水，因此，高等教育成本无论在什么国家，都必须由政府、社会和个人共同承担。

对于公立高校来说，政府的负担更为重要，因为如果没有政府的充分投入，公立高校的公益性质就难以体现，公民就难以获得平等的接受高等教育的机会。

英美公立高校的主要办学经费来源是政府拨款，尽管近年来因财政紧缩，政府拨款有所减少，但仍是公立高校经费的主要来源。除了政府拨款外，学费成为英美公立高校经费的重要组成部分，而

① 参见《国家中长期教育改革和发展规划纲要(2010—2020 年)》第十八条。

且随着公立高校学费政策的进一步调整，英美公立高校学费收入占学校总经费的比例还在上升。此外，受高校“企业化”改革影响，英美公立高校更加积极地参与市场资源的配置，这使得政府拨款和学费以外诸如科研成果转化、投资销售、医疗以及接受捐赠等收入不断增加。以全美公立大学排名第三的密歇根大学安阿伯分校为例，2007 年其投资收益和医疗系统收入两项总收入为 15.73 亿美元，占总经费比重为 25.9%。① 据统计，美国公立高校的教育经费从 1999 年到 2006 年，50%以上来源于联邦政府和州政府，18%来源于学费收入，而来源于产学研合作专利的收入和校办企业的收入达 20%。② 英美公立高校积极主动的、多元化的办学经费筹措方式，保证了公立高等教育的顺利发展。

同英美一样，我国公立高校办学经费主要来源于政府的财政投入。据统计，2008 年部属院校总经费约 56%来自财政经费拨款，公立院校总经费中大约 44%来自财政拨款。③ 政府的财政拨款保证了高等教育规模的有序扩张和办学质量的不断提升，但是近些年来，国家在保持教育的投入总量不变的情况下，对基础教育的投入更加倾斜，导致对高等教育的投入呈现下降趋势。与之相对应的是，高等教育学费收入较快上涨，2001 年中国普通高校学费占总经费比例为 24%，但到了 2009 年占总经费比例为 33%，④ 由此可见，我国公立高校办学经费主要依靠政府拨款和学费，而来自政府拨款和学费以外的投资经营、成果转化和接收捐赠等收入极少。

通过对英美公立高等教育成本分担情况的考察，我们应该认识到中国高等教育经费结构的不合理性。这种不合理表现在，首先，

---

① 陈萦，史秋衡．美国公立高校经费来源结构变化分析[J]．发展教育研究，2009(3)．

② 王志强．美国公立高校收费政策变化及对中国的启示[J]．世界教育信息，2007(12)．

③ 陆莹，叶青松．地方高校经费收入来源的拓展策略研究[J]．会计之友(中旬刊)，2010(10)．

④ 杨晓波．美国公立高等教育投资状况的恶化及其影响[J]．国家教育行政学院学报，2007(9)．

我国公立高校过分依赖政府的财政投入和学费收入，而高校自身成果转化和投资收益的市场意识比较淡薄，没有很好地发挥自身的造血功能。其次，没有合理地确定政府与受教育者个人之间对公立高等教育分担的机制，虽然我国教育部规定学生学费收入不得超过高校生均成本的25%，但生均成本如何确定并不清楚，25%的比例是否合理也并无定论。最后，捐赠收入始终维持在较低水平。据统计，我国"社会机构和个人对高等教育捐资助学占整个教育经费的比重一直在2%左右徘徊"。① 社会参与高等教育成本分担的积极性不高，企业等社会实体虽然使用大量公立高校培养的人才，但它们并不像西方企业家那样热衷于对高等教育进行捐赠。

面对我国公立高校办学成本的分担问题，我们应借鉴英美学费政策经验，根据城乡居民人均收入水平，综合考虑地域、城乡差别、办学水平、办学必须成本、学生毕业预期收益、社会承受心理等相关因素，合理确定学生及家庭应该分担的教育成本比例。这个比例不应该长期固定，而应由教育部或各省政府定期根据以上相关因素变化情况而作相应调整，也就是说学生及家庭应该分担的教育成本比例是动态的而非静态的。

美国教育部的报告显示，2010—2011 学年，美国公民就读四年制公立高校的平均学费(不包括住宿和伙食费)约为 1 万美元，而 2010 年美国家庭收入中位数为 49445 美元，学费占人均家庭收入比例约为 20%；根据英国国家统计局数据，2011—2012 财年英国家庭税后平均可支配年收入约为 3 万英镑，而公立高校学费平均数约为 8668 英镑，学费占人均家庭收入比例约为 33%；中国国家统计局结果显示，2011 年全国农村家庭(按四口人)可支配收入中位数为 24776 元，城镇居民家庭(按平均三口人)可支配收入中位数为 57354 元。2011 年公立高校平均学费为 5000 元，学费占农村和城镇家庭年平均收入比例分别为 20%和 8. 7%。从以上数据可以看出，我国农村居民缴纳的公立高校学费占家庭可支配收入比例与

① 王志强. 美国公立高校收费政策变化及对中国的启示[J]. 世界教育信息，2007(12).

美国相当，但我国城镇居民缴纳的公立高校学费占家庭可支配收入比例远低于英美水平。因此，我国目前公立高校学费并非偏高，特别是城镇居民学费支付能力还有较大空间。

另外，国家应该出台奖励及优惠政策以激励高校在不影响办学质量并且尽量确保国有资产保值增值的前提下，利用自身的教学、科研、设备等优势资源参与市场交换，加强产学研的合作，增强自身的造血功能，拓展办学经费筹集渠道。同时，调整研究生学费政策，提高研究生教育成本分担比例；扩大留学生规模，增加公立高校经费筹集渠道。除此之外，公立高校要积极主动地向社会各界募捐，政府应出台更加优惠的税收减免政策和其他奖励政策，鼓励并支持企业和个人对高等教育的捐赠行为。公立高校在以上几项收入之外肯定还存在较大的经费缺口，这个缺口就是政府应该分担的办学成本。这个缺口的大小是依据学费收入、经营收入和捐赠收入总量的变化而变化的。从国外公立高校的发展经验来看，政府的投入始终在公立高校经费结构中占主要地位。根据我国《国家中长期教育改革和发展规划纲要(2010—2020年)》的要求，应进一步明确各级政府作为公立高等教育举办者的职责，加大政府公共财政投入，完善各级教育经费投入机制，进一步科学调控公立高校经费结构，提高财政投入在公立高校经费中的比例。

4.2 调整学费标准以构建公立高校灵活多样的收费机制

毫无疑问，学费是公立高校办学总经费的重要组成部分，学费定价标准影响着公立高等教育成本分担的比例。学费标准越高，意味着学生负担的教育成本越重；学生负担越重，意味着会有越多的学生因经济困难，无法顺利接受高等教育。因此，公立高校学费标准的确定不仅要以高等教育成本分担理论为基础，还应坚持高等教育公平原则，并综合考虑其他一些相关因素。

英美在确立公立高校学费标准时，除了遵循高等教育成本分担原则外，还充分考虑学生的支付能力，对家庭经济困难的学生给予特别的照顾，保证来自不同家庭收入水平的学生拥有平等接受高等教育的机会。英美公立高校学费标准的确定，除考虑学校生均成本外，还要体现高等教育公平原则，综合考虑财政投入、物价指数、所学专业、学校声誉、过去的学费水平、社会心理承受能力等相关因素。虽然近些年来英国和美国对公立高校学费定价的限制有所放松，但是政府仍然会对公立高校学费增长的幅度和上限进行一定的控制，学校只在政府规定的学费最高标准之内拥有一定的自主定价权。

我国公立高等教育从1994年实行收费后，学费收入逐步成为公立高校办学经费的重要来源。《高等学校收费管理暂行办法》第五条规定，“在现阶段，高等学校学费占年生均教育培养成本的比例最高不得超过25%。具体比例必须根据经济发展状况和群众承受能力分布调整到位”。对比英国和美国等发达国家公立高校的学费定价，我国公立高校的学费标准明显缺乏科学性和灵活性。我国公立高校“生均教育培养成本”的测算并无统一的标准，因此在确定生均培养成本时存在很强的随意性；公立高校“学费不得超过生均培养成本25%”的比例，是教育部大致参考国外部分公立高校学费一般在全部教育成本25%的情况后加以规定的，没有充分考虑我国学生的生活成本占家庭收入比重和居民人均可支配收入的比重，因此它本身缺乏科学性和针对性；从实践来看，我国公立高校目前学费的定价和收取采取“一刀切”的做法，10多年来一直维持在4000~5000元的水平，收费标准和收费方式较少兼顾到地区、家庭、学校、专业、城乡等各个方面的差异性，这种做法违背了教育公平的基本原则。

为了完善我国公立高校学费政策，我们应该借鉴英美灵活多样的学费定价和学费收取制度，依据公平原则，充分评估社会经济发展状况、学校办学成本、学生家庭收入、以往收费水平等各方面因素，综合考虑学校之间、地区之间、城乡之间、专业之间的差异性，合理确定我国公立高校学费标准，完善学费收取制度。

首先，由教育部和各地方省级政府合理确定公立高校学费的上限。教育部要参考我国居民家庭平均收入和支付能力等情况，科学、合理、动态地制定全国公立高校收费标准上限，而非简单规定高等学校学费占年生均教育培养成本的比例。由于我国幅员辽阔，沿海发达地区与内陆地区，东部和中西部地区经济发展水平皆有区别，因此，国家应允许各地省级政府在国家学费上限之内，根据本地经济社会发展水平、公立高等教育办学成本等情况来确定本省学费标准上限。省级政府进行本地公立高校学费定价时，应该充分考虑到城乡之间收入水平的差异性。一般来说，以农村人口为主的公立高校学费标准应该比以城市人口为主的公立高校低，这样才能较好地保证落后地区学生的高等教育入学机会。而上海大学、深圳大学、广州大学、成都大学、大连大学等15个副省级城市大学，其生源的60%以上来自有较强支付能力的当地城市居民，因此，城市大学学费应该有较大提升空间，在提高学费的同时也提高对贫困生的资助。

其次，根据差异化原则调整学费定价标准。所谓差异化原则就是指高等教育要根据地区、城乡、家庭、学校、专业等各个方面的差异性来调整相应的收费政策。公立高校学费定价除了要考虑以上所述地区和城乡差异因素外，还要充分考虑学校、专业以及家庭之间的差异性。一般来说，公立高校或专业排名越靠前，其教学设备、基础建设、师资力量等越强，学生毕业工作的预期收益率就越高。清华大学的一项调查显示，名牌大学毕业生起薪比普通大学毕业生高28%。因此根据教育成本分担理论和公平原则，应该允许知名度和声望高的公立高校和就业前景较好的专业提高10%~20%比例的学费。而对于一些就业前景不好，毕业收入预期不高但对于国家和社会不可缺少或急需的如考古、历史、哲学等专业应该采取扶持和保护政策，允许降低一定比例的学费。政府应该赋予公立高校在本省学费标准上限范围之内的学费自主定价权。高校可以根据生源状况、社会影响力以及学生家庭收入情况等，在基本学费标准基础上适当上浮或下调。

最后，我国还要改革目前的学费收取方式，促进学费收取方式灵活多样。我国学费收取主要有两种方式，一是按学年收取；二是按学分收取。目前大多数公立高校采取前一种方式。如果按学年收取，我国可以借鉴英国的做法，在学生前两学年课程较多的时候多收学费，在课程较少的后两学年少收学费；也可以探索给予学生交纳学费时间选择上的自主权，在四个学年内自主分配学费交纳比例，甚至可以学习英国公立高校“先上学，后交费”的做法，给贫困生开设“绿色通道”，让他们先注册入学，再按政策落实资助。我国部分公立高校实行了学分制收费方式的改革，可以在学生每学年选课后确定缴费数额，学生也可以自主决定在校学习时间的长短。但是，我国学分制收费管理运行机制并不完善。在这方面我们可以借鉴美国的经验，进一步丰富选修课程资源，建立科学的学业评价体系，不断完善导师制、学分转换制度和学籍管理制度。此外，我国还可以借鉴美国一些州立大学农产品代替学费的做法，允许农村贫困学生向学校食堂提供符合卫生要求的蔬菜、水果、肉类食品以及加工好的农产品等，既解决了农村子弟上学的经济困难，又帮助农民解决了农产品销售难的问题。

4.3　以加强高校助学贷款为重点，完善公立高校学生资助体系

按照高等教育成本分担理论，接受高等教育的学生及其家庭作为受益者理应交纳一定的学费。但是，如果让家庭经济贫困且没有支付能力或支付能力较弱的学生和家庭富裕且有较强支付能力的学生负担同样的教育成本，这显然是不公平的。对于那些家庭贫困、难以支付部分或全部学费的学生，国家必须为其提供相应的援助，以保证他们顺利完成学业，维护高等教育的机会平等。

英国和美国经过长期探索建立了大学生助学贷款制度，这些制度的顺利实施得益于其完善的助学贷款运行机制和相应的担保体系。考察并借鉴英美大学生助学贷款制度，对于完善我国高校学生助学贷款的法规及配套政策有着重要的意义。

英国学生助学贷款分为学费贷款、生活费贷款两部分，助学贷款由政府、金融机构和高校共同运作。学生借款在毕业达到一定收入后才开始偿还，还款期限是30年。助学贷款和学生的社会保险账号捆绑在一起，学生毕业收入达到最低还款水平后，税务局在其工资打入银行账户前，以税务方式自动扣除应还款金额。对于因各种原因没有收入的毕业生，英国采取人性化态度，减免其还款，30

年后无论还清与否，贷款一笔勾销。而且，英国还实行“先入学，后付费”的政策，解决了许多贫困家庭学生上学困难的问题。

美国助学贷款分为联邦直接助学贷款、联邦政府担保贷款和学生家长贷款。联邦直接助学贷款即“帕金斯贷学金”，由联邦政府直接拨款给学校发放，并由政府承担相应风险，利息为同期最低；联邦政府担保贷款即“斯坦福贷学金”，由金融机构提供，是美国运用最为广泛的一种助学贷款。由州政府进行担保，联邦政府再担保，政府贴息或免息。如果学生违约没有归还贷款，或者由于死亡、疾病等原因无法还贷，州政府和联邦政府将向银行赔付95%的拖欠贷款。学生毕业后，可以每月还款，还款数额可以根据个人的收入增减。凡是拖欠贷款的人，银行会把拖欠者的账户转给专门的追款机构。学生逃税记录和助学贷款违约记录会终身相伴。

我国自20世纪80年代末以来，借鉴国外先进经验并结合我国实际，建立了一套包括奖学金、助学金、学生贷款、勤工俭学、学费减免等在内的学生资助体系。这些资助措施对于保障贫困学生顺利完成学业，维护高等教育的机会平等，为国家培养大批急需人才等，起到了良好的作用。但是随着高校扩招和学费上涨，高校贫困生资助中的各种问题日益凸显，其中最为突出的是学生贷款制度的不完善。

我国公立高校助学贷款包括国家助学贷款和生源地信用助学贷款两类。国家助学贷款由政府主导并贴息，银行、教育管理部门与高校共同运作。国家助学贷款最高额度为6000元，毕业后1~2年开始偿还，最长还款期为6年。借款学生无需办理担保。生源地信用助学贷款是在学生入学前户籍所在地办理的，由国家开发银行向家庭经济困难的学生发放助学贷款。贷款资金主要用于学生缴纳在校期间的学费和住宿费。

对比英国和美国的助学贷款制度，我国现行助学贷款存在明显的不足。我国目前学生助学贷款品种较少；贷款程序繁琐；还款程序不科学；还款周期过短；还款方式不灵活；对一些不能还款的特殊情况缺乏人文关怀；贷款回收机制不健全；还款信用体系缺乏；故意违约者的责任和应该受到的惩罚不清。此外，我国学生贷款数额较小，发放面较窄，助学贷款审核严，批准少；毕业生拖欠贷款、银行惜贷等问题比较严重。造成这些问题的根本原因在于我国高校学生资助立法及社会征信体系的欠缺，因此，我国亟待完善高校助学贷款的法规及配套政策。

首先，要进一步明确助学贷款的责任主体。在我国的大学生助学贷款体系中，中央和地方政府、教育主管部门、公立学校、贷款银行、借款学生皆为当事主体。但是，由于缺乏专门的立法规定，这些主体相互之间的权利义务关系并不清晰，这在一定程度上制约了助学贷款政策的有效实施。因此，我国应该尽快制定高等院校学生贷款的专门规定，明确贷款体系中各方当事主体的法律责任，规范贷款程序，加强贷款过程监督。

其次，加大政府对助学贷款的投入。要强化政府在贷款过程中的主导地位，加大公共财政的资助力度，降低学生贷款利益或提高贴息率。可以向美国学习，政府直接拨款给学校，由学校根据规定自主发放助学贷款；政府也可以设立助学贷款担保基金，当学生拖欠银行贷款时，先由担保基金支付，以此保障银行的利益，减少银行的惜贷行为，扩大资助的覆盖面。

再次，改革并完善助学贷款的具体管理制度。要简化学生贷款手续，规定学生毕业收入达到一定水平时才开始还贷，适当延长贷款偿还期；对那些未能就业、死亡或残疾，抑或响应国家号召支援农村或边疆建设、参军入伍的学生，国家应减免还贷义务；仿效英国税务机关回收助学贷款的做法，从学生毕业收入中自动扣减应缴贷款和利息，保证学生及时还款；要完善我国家庭经济状况认定制度和社会征信系统，建立全国联网的大学生个人信用记录，对故意拖欠贷款的实行严厉惩罚，让助学还款信用陪伴学生终身。

最后，借鉴英美的“资助包”制度，合理分配助学资源。为了防止贫困生集各种资助于一身而造成新的不公平，我们可以借鉴英国和美国的做法，将学生申请的奖学金、助学金、助学贷款及勤工俭学、学费减免等各种资助打一个包，然后根据学生在校期间的必要学费和生活费，统筹确定相应的资助金额和方式。

除了不断改进助学贷款制度外，我国资助公立高校学生的其他方式也必须不断完善。扩大奖学金品种和覆盖面，适当提高政府和学校给学生提供的助学金数额，增加学生勤工俭学的机会并提高勤工俭学工资，等等。通过以上多元化、全方位的大学生资助体系，满足各个阶层学生的需要，保证所有大学生不因经济问题耽误学业，实现高等教育的机会平等。

第九章　学分制下收费模式的改革与思考

1. 学分制下收费模式改革的意义

1.1　高校学分制改革的必要性

在2010年国家教育部颁布的《国家中长期教育改革和发展规划纲要(2010—2020年)》中，明确提出高等教育的改革需推进和完善学分制，实行弹性学制，促进文理交融。

1.1.1　全面提升高等教育质量，提高人才培养质量

发展高等教育，其重大目的是为国家培养高素质专门人才、发展科学技术文化、加强社会主义现代化建设。高等教育发展的基本要求是建设高等教育强国，核心任务是提高教学质量。我国高等教育的发展目标是：截至2020年，结构更加合理、特色更为鲜明，并全面提升科学研究、人才培养、社会服务整体水平，建立一批高水平、有特色的高等学校，以及部分大学达到世界一流大学水平，使得我国高等教育具有国际竞争力。高校工作的重心是为社会培养品德优良、知识丰富、有较强动手能力、有创新精神、信念执着的高素质专门人才。需要不断改革教学制度，不断加大教学投入。同时，深化教育改革，全面实施“高等学校本科教学质量与教学改革工程”。不断推行、完善学分制，通过弹性学制以促进文理交互学习。通过改进高等学校教学评估体系，保障教学质量，增强学生的

主动性和积极性，形成良好的校风。通过优化结构，促进学科交融。不断扩大技能型、复合型、应用型人才培养的规模，针对不同高校进行特色管理，实现分类体系，培养特色人才，使我国综合实力不断加强。

1.1.2 更新人才培养观念，创新人才培养模式

树立多样化人才观念，尊重个人选择，鼓励个性发展，努力造就德智体美全面发展的高素质人才。在遵循人才成长规律、教育规律的前提下，不断创新人才培养模式，不断深化教育教学改革，创新课堂教学方式，为培养优秀的人才奠定基础。注重因材施教，针对不同学生的个性差异及特点，让其优势得以发展。不断推进学分制、导师制、分层教学等教学管理方式相互协调发展。对成绩优异的学生与学习困难的学生，采取不同方式进行培养。在跳级、转学、转专业以及选修更高学段课程等方面，对成绩突出的学生给予大力指导。

1.1.3 改革办学体制，加强经费管理

为保证高校经费合理使用，必须坚持依法理财原则，严格遵守国家财政资金管理法律和财经制度。设立高等教育预算咨询委员会，增强经费预算及分配的科学性。建立精细化、科学化的预算管理机制。完善高校财务会计制度的建设，不断加强内部稽核及内部控制。同时，为提高经费使用效率及资产管理专业化水平，在高等院校试行设立总会计师职务，不断加强教育经费监管机构职能水平。完善学校收费管理办法，规范学校收费行为和收费资金使用管理。①

1.1.4 推进重大教育改革试点

不断推进重大教育项目的改革试点工作，探索弹性学制、学分制等培养方式，完善教育教学质量监测评估体系。如建立“学分银

---

① 孟锦，徐云丽，罗俊强．建立高校收费管理一体化和信息透明化的学分制收费模式——西南交通大学学分制收费改革实践探索[J]．教育财会研究，2010(21)：23.

行”制度、开放网络学习平台、不断协调开发社会教育资源等。通过学分制改革等重大的教育教学改革试点，促进我国高等教育事业的蓬勃发展。

1.2　学分制下收费模式改革的重要意义

1.2.1　有利于优化教育资源配置

学分制学费作为一种准价格机制，能不断调节高等教育的供求关系，有利于优化高等教育资源配置。由于学分收费价格不仅反映了教育成本，也反映了专业市场需求情况。学分制收费作为有效的激励方式，学生自主选择学习的内容、时间，选课数量与学费金额挂钩，学生选课的随意性降低，有效避免学校教育资源的浪费。

1.2.2　有利于培养复合型人才

学分制的根本特征在于自主选择，学生拥有充分的自主选择权。针对学生，学分制收费利于提高学生学习的积极性，使其真正学有所好、学有所成。在学分制收费条件下，教师的教学质量和工作量被指标量化，可以促使教师不断提高教学能力、水平、更新知识。为社会培养和输送更多的复合型、创造型、个性化人才，为社会进步打下坚实基础。

1.2.3　有利于降低教育投入成本

(1)有利于培养学生自主学习的积极性。

学生可根据自身的情况、社会需求和对服务需要的认识而作出消费选择；学校也可以根据学生偏好和社会需求，不断地对教育产品数量、质量、结构和价格作出适应性调整。根据市场调节，教育投入成本达到最优化。①

---

①　孟锦，徐云丽，罗俊强．建立高校收费管理一体化和信息透明化的学分制收费模式——西南交通大学学分制收费改革实践探索[J]．教育财会研究，2010(21)：23.

(2)有利于缓解贫困生学费难题。

学分制收费使学生缴纳学费的更加灵活，并能使其自主选择课程。例如，家庭较为困难的学生入学后，可根据实际情况，安排每个学年的学习计划，在课程多少的选择、交费多少的选择及毕业的时间上有一定的自主能力，可以适当缓解贫困生的缴纳学费压力。

(3)有利于化解学生欠费及重修费问题。

实行学分制后，根据课程的学费收费，课程的教学成本核算较为清晰。较好地解决了政府统一规定高校学生学费而忽略了由学校、学科、课程之间的差别等问题。另外，学分制收费能有效减少欠费率，学生的经济负担减轻。同时高校普遍面临重修是否收费的难题，客观上而言，学生重修课程，学校需重复投入，而国家无相关的补贴，实行学分收费后，学生在培养方案最低学分以外加修、跨专业选修、重修课程学分的，均计收学分学费，从根本上解决了重修费的问题。①

1.2.4 有利于提升教学管理水平

实行学分制收费后，学生自主选择课程、选择教师，按照所选课程缴纳学费，为学校对教师进行绩效考核、业绩评价提供了有利依据。同时，有助于促使教师不断更新丰富知识、追求授课的艺术，不断提高教学质量，利于形成激励与淘汰机制，教学能力强的教师会因为广受欢迎，在薪酬、职称等方面得到不断提升。因此，学分制收费不仅有助于调节教师资源，还能提高教师积极性，促进教师不断提高授课水平和各项教学能力，有助于按照课程进行收支配比核算，有助于按照贡献大小、教学能力计算教师报酬，从而体现教师的贡献与价值。

1.2.5 有利于推进高校制度改革

实行学分制改革最核心的问题在于，高等教育资源短缺与学生需求量尤其是课程资源需求量大的矛盾十分突出。有学者指出，实

---

① 李玥．浅析高校学分制收费改革[J]．现代经济信息，2011(2)．

行按学分收费看似是收费方式的改变，实质上是对高校现行教学管理制度、学校各项规章制度的挑战。因此，学分制收费改革能够促进高校制度环境的改善。

(1)有利于治理教育乱收费。

学分制收费使得学校收费更加明细化、透明化，使得高校教育费用的构成及依据明确，作为教学消费者，家长及学生可以清晰地了解到学费的具体用途，并进行核算及监督。学分制收费后，可以不断完善并规范高校收费管理制度，对治理教育乱收费问题可以起到很大作用。

(2)有利于高校财务收费透明化。

学分制收费标准已精确到了每个学分，学生对于学费的关注已不再只是传统的按专业或按学年的粗放式关注，而是渗透到每一次选课过程中，如同在超市购物一样，如何以经济有效的方式来选择更合理的课程，是学生们特别关注的问题。只有向学生提供更细化、更及时的收费信息，提高学生选课上的透明度，才能便于学生更为合理地选课，才能更好地适合学分制教学改革的需要。

2. 国内外学分制收费模式的比较

2.1　美国、日本与中国学分制的特点

学分制历经一百多年，就目前而言，国外实行学分制的高等学校主要分为以美国为代表的高自由度的学分制和以日本为代表的学年学分制。

2.1.1　美国

美国的大多数高校都实行学分制，而具体实施办法各有差别，但仍有共同点，主要体现在以下几方面：

(1)选课形式的多元化。

美国高等学校选课形式分为四种：第一种为主修课程加辅修课程，主要是工学院采用此种办法，其选修课比例为20%~40%，如

加州大学的各专业安排的课程，选修课占 25%～30%（指公共课和其他专业科目）；第二种为半开放选修，20%～40%为选修课；第三种为自由选修制，除了现代汉语及英语必修外，其他课程均可自由选择；第四种为分组选修，即低年级通选基础课程，高年级主要选修专业课程，做到兼顾通选基础课与专业课，有利于本科阶段在基础良好的前提下，再进行专业课程的深造。

（2）选修课程的多元化。

课程设置上选修课具体内容迥异。根据各学校实际情况，其必修课与选修课的比例大致相同，且各专业根据具体情况制定（见表 9-1、表 9-2）。

表 9-1　**不同类型大学的机械工程系选修课所占比例**

校　别	麻省理工学院	佐治亚理工学院	伊利诺伊大学	得克萨斯大学
总学分	380	208	130	135
必修课（%）	75	73.6	75	75
选修课（%）	25	26.4	25	25
标准学期	一年两学期	一年四学期	一年两学期	一年两学期

资料来源：周清明．中国高校学分制研究[D]．博士论文，2006(5)．

从表 9-1 可以看出，部分美国的大学的本科选修课比例不尽相同，大约占 1/4 左右。同时各学校学期设置不同，如佐治亚理工学院是每年四学期制。

表 9-2　**哈佛大学文学和数学专业各类课程在学位总要求中所占比例**

	文学所占比例（%）	数学所占比例（%）
校公共课	9.4	9.4
通识课程	25.0	25.0
专业课（必修）	15.6	25.0
专业课（选修）	28.1	12.5
任意选修课	21.9	28.1
学位总要求	100	100

资料来源：熊耕．中美研究型大学本科课程体系的比较分析[J]．现代大学教育，2012(2)．

从表 9-2、表 9-3 可以看出，不同大学，其各学科专业所要求总学分是不相同的，在课程设置上，必修课与选修课的比例也是不一样的。哈佛大学、芝加哥大学等美国高校选修课自由度较大，课程较多，在哈佛大学文学专业任意选修课占 21.9%，数学专业任意选修课占 28.1%，且课程内容丰富多样，包括专业选修课、第二专业课程、出国学校、高深课程、学术报告等方面。

表 9-3　**芝加哥大学文学和数学专业各类课程在学位总要求中所占比例**

	文学专业所占比例(%)	数学专业所占比例(%)
通识课程	35.7	35.7
专业课(必修)	21.5	19.0
专业课(选修)	9.5	21.5
任意选修课	33.3	23.8
学位总要求	100	100

资料来源：熊耕．中美研究型大学本科课程体系的比较分析．现代大学教育，2012(2)．

(3)美国高等学校较重视人文社科课程。

从表 9-4 可以看出，在美国不同类型学校中，同一系科人文社会科学课程所占比例大致上相同。

表 9-4　**美国不同类型高等学校机械工程系人文社会科学课程比例**

校别	麻省理工学院	佐治亚理工学院	伊利诺伊大学	得克萨斯大学
百分比(%)	20	20.2	13.8	17.8

资料来源：[美]Linda. Campbe 等．多元智力理论教与学的策略[M]．北京：中国轻工业出版社，2004.

美国高等学校对人文社会科学很重视，他们认为这方面的知识对学生认识社会、适应社会尤其重要。从表 9-4 中可以看出，美国高等学校人文社会科学课程所占比例较高，大约 20%。

(4)专业领域选择灵活。

学生根据自身学习条件和兴趣，可申请改学其他系别专业，并且在规定条件下完成专业课程及学分后即可毕业。但是，如果学生中途改选其他系别专业，除公共课的学分外，其他专业课程学分需重新累计，因此转系学生需花费更多学费和时间。

(5)注重基础教育。

美国高等教育将重心放在基础教育上，由于理工、医、法、人文等专业有着共同的基础，因此在此种通才教育思想的指导下，本科阶段一、二年级通常不分专业，所有课程均可选修，即使进入高年级后，学生在选定主修专业后，依然是文理并重，且此类课程占到学士学位总课程量的一半左右。

(6)注重动手能力培养。

部分美国大学的教学计划没有实践课程，但针对学生具体情况，学校提供专门实践水平培养方案。例如，麻省理工学院就实行 UROP 计划，向所有学生开放实验室，学生参与到科研工作的各个环节。

虽然美国的高等教育实行学分制，学生自主选择权大，但也存在一些弊端，例如：选修课比重过大，会对主修专业课程造成影响，影响了专业人才的培养。同时，由于自主选择权大，部分学生对学习松懈，避难就易凑学分，不利于提高知识水平及实践能力。

2.1.2 日本

(1)实行学年学分制。

日本大学实行学年学分制政策，严格规定学习的期限、升级标准、上课时间等方面。关于学分标准，在《大学设置基准》(以下简称《基准》)中规定了每 45 个学时为 1 学分，计算课堂教学学分的时候，课内外时间比例为 1∶2，而演习课和公共外语课比例则按 1∶1计算。任何课程都必须考试合格，且听课率达到课程规定学时的 2/3 以上，才能取得该课程学分。

(2)《基准》为选课提供了一定的灵活性。

《基准》规定，在 124 个学分中，一般教养科目必须修满 36 个学分，包括保健、体育在内的一般教养科目最低需修满 48 个学分，外语科目 8 个学分以上，余下的 76 个学分为专业课学分。日本高校的课程及学分设置如表 9-5 所示。

表 9-5　　日本高等学校课程及其学分设置简表

<table>
<tr><td rowspan="7">一般教养课程最低为 48 学分</td><td rowspan="3">一般教育科目</td><td>人文科学</td><td>自选 2 门课程以上，最低 8 学分</td></tr>
<tr><td>社会科学</td><td>同上</td></tr>
<tr><td>自然科学</td><td>同上</td></tr>
<tr><td>外语科目</td><td>英语、法语、德语、汉语，俄语等</td><td>自选 1 门以上课程，最低 8 学分(但英语为指定第一外语，必读)</td></tr>
<tr><td rowspan="2">保健体育科目</td><td>保健、体育理论</td><td>必修 2 学分</td></tr>
<tr><td>保健、体育技能</td><td>必修 2 学分</td></tr>
<tr><td>专业课程最低 76 学分</td><td colspan="3">可以选学第二外语 8 学分来代替专业课中的 8 学分</td></tr>
</table>

资料来源：郭亚娟．中美日学分制比较研究及对我国高校学分制模式选择的启示[D]．湖南：湖南农业大学．2008.

《基准》也具有一定灵活性。一部分大学或学院的学科可结合自身实际情况，用专业课学分来代替一般教养科目学分。

(3)重视普遍教育课程。

大学本科采取四年制，大一、大二为基础教育阶段，学生主要学习一般性教养课程、体育、外语课。进入各专业学部前需统一考试，考试合格后，进行专业课程的学习。

(4)学分互换制。

从 1792 年起，日本实行学分互换制度，日本国内本科大学之间，本科大学与短大、高专、专门学校之间，国内外大学之间都互相承认对方学分。

(5)学生选课权增大。

日本学年学分制规定详细、管理严格，但缺少灵活度。为调动学生学习的积极性，日本的部分学校不断扩大学生的选课权。如东京农工大学工学部将专业科目分为必修、选修及任选三部分，而选修及任选占一半以上的比例。

2.1.3 中国

中国幅员辽阔，东、西部差别较大，不同学校间的差别也较大，因此中国高校学分制具有下列几种模式：

(1)完全学分制。

完全学分制的特点是：突破对学年的限制；突破传统修读方式；突破修读课程原有的规定；师生双方实行双向选择；突破了成人教育与普通教育之间的界限。

中国的高校在运用完全学分制模式时，又有其具体的特征，强调“以具有中国特色的社会主义理论为指导，充分发挥社会主义市场经济体制的优越性，能够较好的实施以选课制为基础，以因材施教为原则，以发挥学生特长并培养优异学生为特色，以全面提高教育质量为目的，学分制、选课制、导师制、淘汰制为一体的教学管理模式”。立足于形成多层次多规格培养优秀人才的管理机制；形成有利于调动学生主动性和积极性的人才环境和运作机制；形成了有利调动广大教师积极性的激励机制和竞争机制。

以清华大学、浙江大学为例，学校在全面实施学分制上，利用其雄厚实力，特别是在其高教学水平、科研水平、学科门类较齐全条件下，实施重大改革。其共同特征：①教学计划的弹性化。制订学分制的教学计划，必须坚持全面发展、整合优化、基础性、广博性的原则，对学科结构适当进行调整，不断拓宽专业口径，构建新的课程体系；②进一步完善选课机制。将课程选修机制引入必修课中，充分发挥师资和课程储备上的实力，将覆盖面较广的必修课(如数学、物理、电工、电子等类课程)开设不同档次(内容深浅不同)、不同类型(面向不同发展方向)、不同风格(讲课风格特点不同)的课程供学生选择。开放不同发展方向和领域的课题组，通过导师指导，学生可选择反映其专业要求的一至两个课程组。在选修课程的结构上体现理工结合、文理渗透。开设高质量，反映学科前沿及科技上的最新进展的选修课，发挥综合优势，大力鼓励文科、理科融合选课。同时不断发展主、辅修课程，允许学生跨系、跨专业甚至跨校选修。辅修形式有两类：一是全校范围内实行主辅修制，扩大学生知识面，增强适应能力；二是由学生任意选修跨系或本系课程，如果取得规定的辅修课程组的学分，可授予相应辅修专业证书。③建立灵活、严格的学籍管理制度。根据灵活性与全面发展原则，学生修满基本学分就准予毕业，学生的学习期限可缩短或有限制地延长。一般学制为4年的可在3~6年内变动，学制为5年的可在4~7年内变动。对学生实行弹性学制，既有利于因材施教，又有利于优秀人才脱颖而出。对优秀学生还实行双学位，免试推荐直升研究生、博士生，实行本科生—硕士生、本科生—博士生衔接培养；为提高教育的经济效益，鼓励实行学分绩点制，针对考试不合格的课程实行收费重修制。④对学生管理的实行班主任导师制。在实行班级制的同时，在低年级继续设班主任，在高年级建立导师制度；严格课堂教学考勤制度。导师班主任制的实施，对学生思想政治教育、全面素质的提高、调动教师及学生的积极性、保证教学质量等各方面都有益处。

(2)计划学分制。

计划学分制是既注重欧美学分制的灵活性，又注重计划的指导性，既确保人才培养的基本要求，又尽可能地扩大学生知识面。必修课与选修课所占比例为7∶3，必修课要保底，但选修课并不封顶，必修课包括：公共基础课、专业基础课、学科交叉部分的课程，在选修课类型上，既有深化专业知识的研究性课程，也有扩大知识领域方面的课程，同时，还有文、理、工、管之间相互渗透的课程。

这里以南京大学、武汉大学为例，学分制的教学计划中，把“三基”的训练列为必修课，学生可选学不同专业，跨系、跨学科的课程。具体做法是：①加强基础素质及能力培养，重点抓好数学、外语、语文和计算机应用基础等公共基础课建设。②对实践性教学实施单独设课，单独计算学分，逐步增加“开放性”、“半开放性”实验室。③减少必修课，增设新兴边缘综合课程及选修课程模块，增开选修实验项目；删减陈旧内容和落后教学手段，采用多媒体现代化教学手段，加大课堂信息量，提高讲课效益。④实行灵活而又严格的学籍管理。打破传统的“一考定终身”的高考招生制度，试行插班制，即招大专或大专学历的优秀青年，直接插入本科三年级学习。规定学生上课、实习，军训均实行考勤；为加强教风学风管理，建立“校系二级听课制”，“教学质量评估制”及“新开课教师管理”，严格补考、重修等各项制度。⑤贯彻因材施教的原则，实行主辅修及双学位制，建立选拔和培养优异生制；设立大学生科研基金及多项奖赏金，提供专款支持学生课余科研及学术活动，创办学术刊物等。

(3)学年学分制。

学年学分制是将学年制与学分制的管理结合在一起，学期与学年对学生应修学分均有具体要求，其教学计划的弹性要小于计划学分制，一般情况下不允许提前修满学分的学生提前毕业，注重并立足于以班级集体教学，学年学分制作为高等学校的一种教学管理制度，一般规定：①学生毕业需取得的最低学分总数及其中的必修课学分数、限制性选修课学分数。②在一般情况下，允许学生每学期所修习的学分数的上、下限。③某些不计学分但需修习的课程(如生产劳动课等)。④修业年限。学生修业期满取得不低于第①项规定的各项学分数，并完成第③项学习者准予毕业，授予规定的学位和证书。

中国多数高校结合中国具体国情实行了学年学分制，其本质上还是属于学年制范畴。这种模式既不同于中华人民共和国成立前曾实行的学分制，也不同于日本的学年学分制。它是以学年制为基础，以选课制为前提的一种管理模式。

学年学分制一般有两种类型：一类是有规定修业年限又实行学分制管理；另一类是修业年限有一定弹性的学分制管理。如华东理工大学、西北工业大学实行的是从学年学时制脱胎出来的学分制，具有学年制的烙印。一般规定本科修业年限为4年；必修课门门必修，约占70%，开设选修课门数不多，学生选课自由度不大，教学计划中对每学年每学期的应修课程及学分数有具体要求，注重班级集体授课，一般不许提前毕业。

(4)全面加权学分制。

“全面”即对学生德、智、体等方面的要求都以“学分”进行量化，课程学分则根据课程内应付出的学习量计算得出；“加权”即对计划学分，根据课程的类别、性质、地位、难度及新颖度等差异，分别确定其权重或加权系数，计划学分乘以加权系数，即可得出实际学分，计划学分用于学籍管理，加权学分则用于衡量学生学习质量优劣，并作为评奖、评优依据。

(5)复合型学分制。

复合型学分制，即学校根据教学阶段或者课程类别，实行学年制和学分制相结合的课程管理办法，其一，在一、二年级实行学年制，在三、四年级实行学分制。其二，对必修课实行学年制，对选修课则实行学分制。例如，湖北工业大学采取以学年制为基础，选修制为前提的混合学分制。其主要特征为：一、二年级实行学年制，三、四年级实行学分制；在教学计划中，将学年、学期界线分明的计划性以及高年级课程选修上的灵活性统一起来；学籍管理上则实行竞争淘汰制，用学分的绩点制来限定各类证书的颁发，严格制约学生及格毕业的学习心态，激励主动学习和积极进取精神。

(6)特区学分制。

深圳大学等学校所采用的是开放型学分制，他们从特区的经济特点出发，实行特殊的学分制。此类学分制的教学计划很灵活，学生选择课程的自由度很大，选择专业也很灵活。以华侨大学、暨南大学为例，华侨大学、暨南大学根据“面向海外、面向港澳”的办学方针，在教学管理上为适应侨校的特点，对内招外招学生的某些方面实行“一校二制”：①其修业年限更加弹性化。可以连续、断续，实行申请回校重读制，并且不限制次数。②突破学生入学年龄的限制，突破成人教育、高等教育界限，甚至允许四五十岁、六七十岁的学生入学。③学籍管理上实行“按学生注册、按学分收费、按学分选课、按学分毕业”的“四按”管理模式。

(7)学年学分双轨制。

学年学分双轨制是以学年制为主，以学分制管理为辅；在学生成绩管理上，以绝对成绩为主，以相对成绩为辅；只要学生达到教学计划规定的学分就可以毕业；学校每学期对学生进行考核，根据其学习成绩决定学籍的变动；给予优秀学生学习主动权，对差生则予以警告，甚至淘汰。因此学年学分双轨制既继承了学年制的计划性，又体现了学分制的灵活性。实质上是对优秀学生实行学分制，对一般学生实行学年制的双轨制。

总体而言，美国大学学分制具有选课形式多样、自由度大，选择学科及专业领域灵活，大学间学分互换，注重学科交融等特点。日本大学实行了兼收并蓄的学年学分制模式，在学分互换，高度重视学生综合素质的培养，注重学分选择的统一性和灵活性关系，既保持了知识结构的系统性、完整性，又具有适度的灵活性。中国借鉴国外经验实行学分制，并与各国学分制存在差异。1978 年以来，在高校开始实行恢复学分制的试点和探索，创造了具有中国特色的学分制。中国高校所实行的学分制是按学期、学年安排教学进程；很重视马列主义理论学习与政治教育，在培养专门人才的同时，注意重视拓宽基础；大部分学校必修课程所占比重较大，而选修课所占比例较小；对学生转学、转系、转专业的控制较严；学生修满规定学分就可获得毕业文凭，但是不一定能获得学位。

2.2 美国大学与中国大学学分制下收费比较

2.2.1 美国大学学分制收费模式

(1)美国大学学分制收费的要求。

国外高等学校收费体系一般分为两类，学分制与学年制。学分制，即根据学生所需修的学分数×每学分的学费金额=学费总额。学年制即根据每年固定的学费一次性缴纳或分期付款，英国即实行学年制。美国作为最早实行学分制的国家，也是各国学分制改革最具代表性的国家之一。大部分美国高校均实行学分制制度。此类高校只有获得 123 个学分才能取得学士学位。美国高校学分制模式的特点如下：学制弹性化、选课形式多样、学业根据绩点制度评价、文理交融的通才教育，并在学习过程中予以指导，学分可互相转换。而其将学生本位的教育理念、科学的学习成绩评价体系、丰富的选修课程资源、良好的导师制，与学分制改革匹配的教学内部管理体系等均是值得中国学习与参考的。

美国高等院校的学生必须通过累计相当数量的学分，并完成所修专业所规定的相当数量的课程才能获得学位。不同课程所得学分均不相同，一般依照该门课程的学时数而定。对于学生在学习期间能够修读的最高学分和必须修读的最低学分，根据学时长短不同都有相应规定：取得两年制的学士学位，必须修读完 60 至 64 个学分；取得四年制的学位，需要修读完 120 至 128 个学分；攻读硕士、博士学位的学生在一至两年内必须修完 30 个学分的硕士、博士研究生程度的课程。对于初到美国的外国留学生，第一学期最好先选修学校规定的该学期所需的最低学分，以后再根据个人的能力做出适当的选择。

(2)美国大学按学分制收取学费方式。

根据学校及专业的不同，美国的大学按照学分收取的学费各不相同。针对不同学校及专业，其每个学分的单价不同。例如，斯坦福大学不采取学分收费的办法，其规定本科期间修满 180 个学分即可毕业，每年学费 3.9 万美元。

学校性质不同如公立学校与私立学校，其学分的单价差异巨大。例如，加州大学作为公立高校，按照学分收取大学学费，每个专业学分单价都不一样。一般而言，国际学生的学费分为教育费和学费两部分，本科学生毕业需要修满 120~124 个学分，即每年平均修 30 个学分，平均每个学分在 1100 美元左右。教育费大概在 6000~7000 美元，主要包括所学专业消耗的学校资源，比如实验室、耗材等。同时，美国很多公立大学在学分收费方面有很多政策，主要是优惠本州学生，如每学分的费用包括：本州学生最便宜；外州学生较贵；国际学生则最贵。

私立大学则较贵，如哈佛大学的每个学分高的可达将近 1500 美元，按此计算，本科 4 年需修满 125 个学分，则四年的学费需要 18 万美金。

2.2.2 中国大学学分制收费状况

(1)北京高校。

北京高校按学分收费的方案已制订完毕，进入审批程序，2010年新学年开始全市高校就将实施按学分制收费。市属高校拟实行的一项新的高校收费制度，不同于以往高校学生统一按上学年限收费的办法，而是按学生在校实际修学的学分收费，实行后学生上学的年限和在校可学习的课程都将实现差异化。

①北京高校实行弹性学制。北京市高校学分制改革后，高校本科将成为弹性学制，由高校自行确定本科学习的修习年限范围。大部分学校会采取3~6年的学制，学生在年限范围内修习满所需学分即可毕业。弹性学制在上学年限及学生自主选课两个方面得到体现。例如，生物工程专业的学生可以选修英语专业的课程，所获学分对积累毕业学分同样有效。此举利于发挥学生学习的自主性，培养个性化人才。成绩优异的学生可以较快完成本科课程，提前进入研究性学习和个性化学习阶段；而学习能力稍差的学生，则可以利用相对长的时间打牢基础，具备一定的就业能力之后，再走向社会就业。

②学分收费调整方案。执行按学分收费后，根据学校的培养成本、教学成本等进行测算，确定单位学分的收费标准。大部分在正常年限完成课程的学生，所交纳的学费不会高于现行的按学年收费的标准。多修或是重修学分的学生，其所交纳的费用高于其他学生。北京市高校按学分制收费将按照有关规定，广泛听取社会意见，在物价部门审批后，在全市高校开展。

(2)浙江大学。

①专业注册费与学分学费并举。浙江大学收费的标准基本上是按学年制的收费标准换算而来的。浙江大学采用的是学年制收费，为专业注册费和学分学费两部分。由于学生进入相关学院的相关专业后，利用了各项教学资源，因此需要收取专业注册费。同时，学校针对不同专业类别，学年制的收费标准不同。设置专业注册费，可以调剂不同专业不同收费标准。若国家调整学年制收费标准，则

各高校可以利用专业注册费对学费进行调节，而按学分收费的标准可以保持不变。

②收费规则。根据对课程的学分设计，浙江大学四年制本科生最低学分按160学分计，即每学年为40分。理论课程分为17周学时即1学分，实验课程分为17周学时即0.5学分；五年制的学生，其全程最低学分按200学分计。学校教务部门要求各学院各专业的学生学分最低学分尽可能按此标准设计。如果某些专业因特殊情况超过最低学分的，其超过部分免收学分学费。根据学年制收费标准换算，专业注册学费按学年计算，如艺术类专业4000元，一般专业1800元，农林师范专业1000元，软件学院的三四年级13000元。而选课学分学费为每学分75元，使全校各类课程按学分数计算的学费标准完全统一(例如：一般专业的学年制收费标准是每生每年4800元，其中1800元为专业注册费，另外3000元是学分学费，除以每学年40学分，即每学分为75元)。

(3)其他各地大学学分制改革情况。

2012年9月开始，为了进一步调整和完善甘肃省高校学分制收费改革工作，我国甘肃、江苏、江西等地区部分高校也陆续实行学分制收费改革，如甘肃省发改委、省财政厅、省教育厅联合批复了包括西北师范大学在内的学分制学费正式收费标准。南京农业大学为推进学分制教学管理改革，进一步完善收费管理办法，规范收费行为，根据《中华人民共和国教育法》、《中华人民共和国高等教育法》、《江苏省高等学校收费管理暂行办法》、《江苏省高等学校学分制收费管理暂行办法》等有关规定，特制定学分制收费管理办法，此办法适用于该校全日制普通高等教育本科学生。

2.2.3　国内外学分制收费比较研究

国外高校采用学分制收费方法较为成熟完善。对于不同性质的学校、不同种类的专业有专门的收费办法。如美国大学每个学分的单价依据学校性质的不同而差别巨大。私立大学贵、公立大学便宜；理工科或者需要是实验类的课程较贵，文科、社会科学专业比较便宜；很多公立大学在学分收费政策，主要是优惠本州学生；在读课程的成绩评估越详细，减免的学分就越多等。

国内高校学分制收费处于刚刚起步的阶段。我国结合自身高校教育的特点与国外高校的学分制收费经验，实施了符合我国国情的学分制收费办法。采用弹性制学分，针对弹性制学分有针对性的收取学分学费，对于不同的专业采取不同的学分学费。

2.3 国内外对比研究的启示

(1)不断完善导师制，确立学习者本位的教育理念。

美国高校普遍采用导师制，一门课程通常由多个老师讲授，第一堂课普遍由教授讲课，通过导师制，部分课程由其博士研究生等授课老师共同完成，达到最高效率。有利于将学生置于本位，将学生学习的需求作为授课的重点，不断丰富授课内容，改进教学方式等。

国内高校实行学分制收费改革在内容和时间上为同学们提供了更多自由、灵活的学习方式，但是配套的体制必须跟上并不断借鉴国外经验，如教师淘汰制、学生滞后毕业的机制、选课学分的上限控制及教授和研究生的配备等。这些对于学分制收费体制改革的成功实施是至关重要的。

(2)增加选课资源，实行文、理、工科通才教育。

学分制下，科学的学分价格既反映高校实际的教育成本，体现就业市场的需求情况，同时也提供了计量单元和结算机制，通过必要的协议和制度，实现不同学科、不同院系、不同院校之间教学资源的科学配置与合理整合。按学分收费制度不仅是一个供求平衡调节器，而且是一种有效的激励方式。高校需根据学生选修的学分进行收费，并根据学生选修情况安排教学资源，使学校教育资源得到充分利用，不断为学生提供丰富的学校资源。通过准价格机制的按学分收费制度，促进协调高等教育的供求关系，优化配置高校教育资源。

总体而言，国外高校学分制更注重体现学分设置、课程设计及选课资源以及导师制等配套机制在人才培养中的作用，并且更加注重按规范的流程实现学科交融和资源的充分利用。同时，学分制下收费模式改革也应作为学分制改革配套的系统工程之一，充分借鉴国外成功的经验，调整完善政策与制度建设，整合优质资源，建立便捷的学分制收费管理平台，使改革更加顺利地推进。

3. 学分制收费模式改革的政策依据

3.1　教育部门、物价部门具体规定与准则

3.1.1　国家关于学分制收费的规定

国家关于学分制收费有关问题的规定主要见于以下文件：《教育部、国家发展改革委、财政部关于做好2005年高等学校收费工作有关问题的通知》(教财〔2005〕10号)、《国家发展改革委关于进一步加强高等学校学分制收费管理的通知》(发改价格〔2006〕702号)。关于收费的审批在《教育部等七部门关于印发〈关于2005年治理教育乱收费工作的实施意见〉的通知》(教监〔2005〕8号)中也作了强调。综合来看，关于学分制收费的规定主要集中在以下几个方面：

(1)关于学分制收费审批程序的规定。

高等学校改按学分制收费，必须严格按照教育部、国家发展改革委、财政部《关于做好2005年高等学校收费工作有关问题的通知》(教财〔2005〕10号)规定，由省级教育行政部门提出方案，同级价格主管部门会同财政部门进行审核，并在召开听证会的基础上，报经省级人民政府批准后执行。以上规定明确了，一方面，学分制收费必须经过审批方能实行，另一方面，必须按照学分制收费的审批程序和审批权限审批。

(2)关于收费标准的规定。

①总额控制：改按学分制收费后，学生完成学业所缴纳的学费总额不得高于实行学年制的学费总额。即：学生完成正常学业的情况下，在学年制与学分制下所负担的学费不变，不会因学分制的实施增加学生的经济负担，但是学生在正常学业之外加修的课程，需

要交纳学分学费。

②重复学习收费规定：学校可以对补考后仍不及格、需要重新学习该门课程的学生收取学费，学费标准不得超过原来学习该门课程的费用标准。本项规定兼顾了学生学习的合理需求和学校教学成本付出的关系。

(3)关于学分制收费的目的。

学分制教学是学分制改革的中心。学分制收费是根据学分制教学的特点而做出的收费改革，学分制教学才是学分制改革的中心，为学生提供更加充分、灵活多样的教学服务，学分制收费是配套改革，因此，国家规定："严禁高等学校以改按学分制收费为名，变相提高收费标准或收取其他名目的费用。"①

(4)关于收费方式的规定。

高等学校收费一律按学年或学期收取，不得跨学年预收。本规定明确了学生需要正常负担学费支出，不因为提前预收学费而增加学生及家长的经济压力，避免因为提前收费而挤占以后的学费收入，造成学费收入在时间上的不平衡。

(5)关于收费公示制度。

严格执行教育收费公示制度。学校要在招生简章中注明收费项目和收费标准，在校内要通过公示栏、公示牌、公示墙等方式，将收费项目、收费标准和12358价格投诉电话等内容进行公示，主动接受学生、家长和社会监督，增强收费的透明度。②

(6)关于收费的监督。

各级价格主管部门要加强对高等学校收费政策的宣传解释工作，帮助学校完善收费管理制度，认真受理群众对教育收费的政策咨询和投诉举报。大家对收费情况有监督权，促进收费政策的严格执行。

---

① 参见《国家发展改革委关于进一步加强高等学校学分制收费管理的通知》(发改价格[2006]702号)。

② 参见《国家发展改革委关于进一步加强高等学校学分制收费管理的通知》(发改价格[2006]702号)。

3.1.2　部分省市关于学分制收费的规定

国家关于学分制收费规定出台后，有关省市出台了学分制收费的规定，这里我们将上海市、浙江省、江苏省、湖南省、湖北省的学分制收费办法进行比较，这些省市的规定有相同的地方，同时，根据各自的特点也有一些不同之处。

(1)共性规定。

共性规定主要表现在与国家规定一致的方面：一是收费标准按国家规定程序审批，二是收费标准实行总额控制，三是给予补考机会的规定，四是收费公示的规定等。对这些规定，各省市都严格遵守，在省市学分制收费文件中进行了明确，不得突破界线。

(2)个性规定。

部分省市学分制收费规定如表 9-6 所示。

表 9-6　　部分省市关于学分制收费规定的比较

地区	适用范围	收费方式	关于学分的规定	关于退学等规定	实施时间
上海市	本市高等学校	年初预收，下年结算，多退少补	没有明确规定	没有明确规定	2005 年
浙江省	实行学分制教学改革的普通高校	学分学费按照学分计收，专业学费按照学年计收	其计费学分方法按四年制 160 学分、五年制 200 学分计算，其他学制按每学年 40 学分进行类推	如果学生发生退学、开除、休学、转学、出国等情况，当学校在学年第一学期开学一个月内批准的，学校全额返还其专业学费，如果是在第一学期开学一个月后批准的退还其 50% 的专业学费，在第二学期内批准的可不予退还其专业学费。学生所修学分学费按实际所修课程规定的学分实行多还少补	2005 年

续表

地区	适用范围	收费方式	关于学分的规定	关于退学等规定	实施时间
江苏省	是指实行学分制教学改革的各类高校	新生入学的第一学年，可按所学专业的学年收费标准实行预收学费，下一学年开学时，学校根据学生上一学年的实际所修学分，按照多退少补的原则结算学费，从第二学年及之后按学生所选修学分数进行收费	学校按专业教学计划以及课程教学大纲所规定学时，来确定各个专业的总学分以及每门课程的学分数，并按照规定的学年学费收费标准，换算成学分学费	学生如果退学、转学、出国等终止学业，学生在学年度的第一学期开学的一个月内获得批准，可全额退还其专业学费；如果超过一个月的时间，退还其50%的专业学费。如果是在第二学期内获得批准的，将不退还其专业学费	2007年
湖南省	是指实行学分制教学改革并且按照学分制收费的本科和高职、高专学校	其专业学费按照学年计收，其学分学费按照一学年中学生实际所选定课程规定的学分进行计收	实行学分制改革并且按照学分制收费的高校，应该保证基本的教育教学标准：一是其每学分不得少于16学时。二是其毕业总学分每学年平均不得少于40学分	如果学生发生了退学、休学、转学及死亡等情况，学校按照月度计算并退还其专业学费	2006年
湖北省	实行学分制改革的全日制普通高等院校	专业学费按学年收取，学分学费实行“先选课后缴费”的原则	每学分学费标准由各高等学校根据人才培养方案规定的总学分提出方案，报省物价局、省财政厅、省教育厅核定，同一所学校所有课程的学分学费标准须统一	因故休学（保留学籍）、中断学业或因出国、退学、转学等原因终止本校学习的学生，按月计收当年的专业学费	2011年

资料来源：根据相关省市发布的资料收集整理。

①收费方式。一是预收制，即年初预收学费，之后按年度进行结算，上海采用的是这种方式，这种方式的优点是收费方便简单，有利于财务部门的收费操作。二是完全按学分制收费，即要求学校按注册学费与学分学费分开收取，湖北省、湖南省、浙江省采用这种方式，其优点是完全符合先选课后交费的原则，但是，在操作时会出现收费次数过多，收费工作相对复杂的现象。三是新生入学的第一学年预收学费，之后改为按学分收费，江苏采用这种方式，这种方式考虑了学分制收费的特点，同时又考虑到新生第一年无法先选课，于是先按学年预收学费，这个做法更切合实际。

②规定的详略。上海市的规定比较粗放，只有与国家一致的原则性规定，大量的自主权留给了学校，学校有充分的自主权来规划学分制收费。其他省份的规定就比较细致一些，除了国家的规定外，各省有特殊规定，同时，给予学校一定的灵活度，有利于学校结合各自的具体情况而定。

③应用范围。各省市对学分制的规定都包括普通高等学校，表述各有不同，但本质内容基本一致，但是，为了严格学分制收费的管理，各省市对学分制的实施都设定了审批制，只有经过审批的院校才可以进行学分制收费。

④学分。各省市的规定差异比较大。如：上海市、江苏省、湖北省对学分没有详细的规定，学校可以根据教学需要，确定各专业所修学分。浙江省有明确规定：计算学费的学分为四年制160个学分、五年制为200个学分，其他学制按照每学年40个学分进行类推。湖南省规定：每学分不得少于16个学时；毕业总学分每学年平均不得少于40个学分。湖南省还规定：每学分的学分学费不得高于80元。

⑤实施时间。显然上海市、浙江省走在学分制收费的前列，湖北省起步较晚。学分制不断发展，但在我国现有体制下的普及程度还不高。

另外，关于延长学制的规定，各省市的差异也比较大。江苏省：对因特殊原因经批准需延长修业年限的学生，学校可按需修课程的学分收费标准收取学分学费，已按学制年限收取专业学费的，不再收取专业学费。湖南省：对于学生延期毕业的，如果延期在10到20个学分的，按照半年计收专业学费。如果延期20个学分以上的，则按照一年计收专业学费；如果延期在10个学分以下的，则免收专业学费。湖北省：提前毕业或延长学习年限的学生，按照实际学习年限交纳专业学费。上述省份中，湖南省的规定更详细、规范。

3.2 部分高校的做法

3.2.1 共性

(1)审批程序。

各校的规定与国家规定高度一致，即由省级教育行政部门提出方案，同级价格主管部门会同财政部门进行审核，并在召开听证会的基础上，报经省级人民政府批准后执行。

(2)收费标准。

按照总量控制，不超过年学费收取标准，对正常学习以外选修的课程都收取学分学费，对不及格的，给予一次免费补考机会。

(3)收费公示。

各高校均要求按规定进行公示，加强监督管理，规范收费行为，杜绝乱收费行为。

3.2.2 个性

(1)学分制教学。

部分学校关于教学方面的规定，如：武汉大学、三峡大学在收费管理办法中都有关于“排课与选课”的规定，使学生对选课有关的事项比较清楚。两所学校对学生所修学分也有明确规定。武汉大学规定：四年制专业文科类学生毕业总学分为140学分，理工医类为150学分；五年制专业学生毕业总学分为180学分。三峡大学规定：四年制专业毕业计费学分为160学分，五年制专业的毕业计费学分220学分。

(2)专业注册费。

各学校都是根据确定的学分学费进行计算专业注册。不过对学分学费，除湖南省有硬性规定为 80 元/学分外，其他学校都是根据自己的情况自行确定，如：武汉大学为 100 元/学分、三峡大学为 80 元/学分、武汉理工大学为 80 元/学分。

(3)收费方式。

上海的大学实行的是学年初预收，在下学年开学时根据学生上一学年实际所修学分进行学费结算并向学生公布，如华东师范大学、上海商学院等；湖北省的大学实行的是先交专业注册费后注册，选课后再收学分学费，即“先选课，后交费”。两种模式各有利弊，预收制操作比较简单，方便核算，“先选课，后交费”原则更人性化，费用计算更精确，但是增加了收费核算的难度。

总的来说，国家和各省市对于学分制收费的总体规定比较明确，有省市规定较为细致，高校的灵活度则偏小，有的省市规定比较粗放，学校的灵活度较大，而实践的效果需各高校在探索中不断完善，以促进高等教育事业的发展。

4. 学分制下收费模式改革的路径

4.1　学分制收费的基本原则

4.1.1　符合国家宏观政策

2006 年 4 月，国家发展改革委下发了《关于进一步加强高等学校学分制收费管理的通知》，明确了学分制收费的审批程序、收费标准、收费公示制度和监督检查。通知指出，高等学校实行学分制收费必须按规定程序报批，由省级教育行政部门提出方案，同级价格主管部门会同财政部门进行审核，并在召开听证会的基础上，报经省级人民政府批准后执行；经批准按照学分制收费的，学生完成学业所缴纳的学费总额不得高于实行学年制的学费总额；学校要在招生简章中注明收费项目和收费标准，在校内要通过公示栏、公示牌、公示墙等方式，将收费项目、收费标准、收费资金的使用情况和12358价格投诉电话等内容进行公示，主动接受学生、家长和社会监督，增强收费的透明度。

4.1.2 建立以成本为基础的差别定价机制

如前所述，学分制具有影响高校资源配置的功能。因而在符合国家政策要求的前提下，学费标准还应该能够反映高校的教育成本水平，因而需要对高校的办学成本进行更加细致的核算，以此为基础合理确定不同专业、不同课程、不同师资下的学分收费标准，在遵守国家学分制收费政策的前提下实行按教育成本差别定价。

4.2 学分制收费的定价

高校在实行学分制后，课程开设的不确定性增大，具体收费金额需要在学生选课后才能确定，具有滞后型；学生的学制不固定，可以在3~6年间浮动，课程选择更加灵活多样，收费标准趋向个体化。总而言之，学分制改革将使高校的收费工作更加复杂。

目前，各高校学费标准主要是根据各地区经济发展水平来确定的。由于对高等教育的办学成本至今仍未得到广泛认可的核算方法，所以根据国家价格管理部门核定的收费标准，先确立本校的学分学费标准。再倒推专业注册费标准，所推算出来的学分收费标准，并不能真实地反映实际的教学成本支出。因此，在学分制条件下，核算高等教育成本这一问题有待解决。

4.2.1 学分制收费的几种定价方法

学分制收费的定价方法一般包括简单算术平均法，分类计算法，综合因素法和课程细分法等四种方法。①

(1)简单算数平均法。

该方法是按照有关教育主管部门颁布的学费调控总价和学校培养计划所确定的各专业的总学分，经简单算数平均计算单位学分价

① 胡耀宗，刘珂珂．高校学分制收费的经济学分析[J]．教育科学，2010(4)．

格。简单算数平均法计算简便，但是这种定价方法不能体现学科及课程在教学成本上的差异，授课教师水平和等级的差异，以及市场对专业需求的差异等，因而不能充分发挥学分制引导学校教育资源优化配置的作用。

(2)分类测算法。

该方法是根据高校不同学科的专业特点，按照不同的培养成本划分学科(专业)大类，分别确定不同大类的课程学分单价。分类计算法在学费计算上比较复杂，并对高校的成本核算提出了更高的要求。但该方法能够更好地体现各学科门类培养成本上的差别。但是，授课教师水平和等级差异未能在学分单价中得到体现，价格对市场需求的专业所具有的调控作用也不明显。

(3)综合因素法。

在这种方法下，全部学费被分为两大部分：专业注册费和课程学分费。学生按被录取专业或拟申请专业学位的所属学科，计收专业注册费，再按学生所选学分计收课程学分费；不同专业课程学分单价统一，通过专业注册费用来反映专业培养成本差异。在综合因素法下，统一的学分单价大量减少了收费结算工作量；注册费在体现学科培养成本的差异的同时，也方便了学籍管理。

(4)课程细分法。

这种方法通过建立比较全面的评估体系，通过评估测算授课成本、教师职称、督导和学生评价以及市场需求状况，确定不同专业课程的学分收费价格体系。课程细分法较好地解决了确定学分制收费价格过程中的许多疑难问题，对办学成本、教师教学水平和市场需求等多方面因素，能够充分发挥学分制对学校资源配置的引导功能，更加符合市场经济规则，是学分制定价比较理想的方法；但是这种方法建立在高校的成本核算、员工素质、教学管理等已具备较完善的体系和较高的管理水平之上。

4.2.2　学分制定价的基本框架

2011 年 7 月 15 日，湖北省物价局省财政厅省教育厅印发了《湖北省普通高等学校学分制收费管理办法》。湖北省将开始执行高校学分制收费，学费包括专业注册学费和课程学分学费两部分，前者按学年收取，后者实行“先选课后缴费”的原则。其中，每学分学费标准由各高校根据人才培养方案规定的总学分提出方案，报省物价局、省财政厅、省教育厅核定，同一所学校所有课程的学分学费标准须统一。为确定单位学分的费用，需要首先确定总学分，在此基础上确定课程学分学费、专业注册学费。同时，学分制收费应该反映高校的教育成本水平，合理制定不同专业、不同课程、不同师资条件下的收费标准，在遵守学分制收费总体标准不提高的前提下以成本为基础实行差别定价。①

(1)总学费的设定。

依照2005年6月国家发改委颁布的《高等学校教育培养成本监审办法》，高等教育培养成本由学校人员支出、公用支出、对个人和家庭的补助支出和资产折旧四部分构成。但是随着目前国内高等教育的发展和高校功能不断拓展，影响高校办学成本的因素日益多样化，性质更加复杂化。事实上，高校的办学成本不但包括职工工资、学生各类经费、办公费、业务费、维修费、资产折旧费等维持学校正常运转的各类支出，还应包括教师队伍建设、学科专业建设和基础设施建设等一系列着眼于学校未来发展所必需的各类支出。

(2)课程学分费用、专业注册学费设定。

①确定基准学分成本和基准学分单价。在广泛开展生均成本计算的情况下，可以将生均成本对应换算成学分成本。由于各专业的学生培养成本不同，可以按大类将开设的课程划分为理工、文史、艺术等，选择某一学科作为基准学科，对教学成本进行测算，计算基准学分成本，在此基础上确定基准学科的学分单价。②

②确定每个专业固定成本和学分定价系数。不同专业设置不同学分定价系数，反映不同高校、专业、年级的成本差异，以及不同

① 陈洪萍．高校实行学分制收费管理存在的问题及对策．价格月刊，2004(10)．

② 参见《武汉大学全日制普通本科生学分制收费管理办法(试行)》，www.whu.edu.cn。

课程、师资的差异。通过计算其他学科与基准学科学生人均培养成本差异，综合考虑课程难易、教师教学效果、教学管理水平、学生评价、学生负担能力和学校发展等因素来确定学分定价系数。

③设置专业注册费。设置专业注册费，全面考虑各个专业在教育管理上一些共同性的、难于拆分的固定培养成本上的差异，充分发挥对不同专业实行不同收费标准的综合调剂作用。这样学生应缴学费总额可以表示为，学费总额=专业注册费+基准学分单价×课程单价系数×学分。专业注册费与学生所选学分的多少无关，仅与学生注册的专业相关；在不改变单位学分标准的情况下，通过设置专业注册费赋予核心课程、品牌课程和优质课程更多的权重。

(3)重修、加修、减修学分费用的设定。

实习学分制后，对第一次考试不及格的学生，学校给予一次免费补考和重修的机会；补考不及格的学生重新学习该课程，学校可以收取学分学费；学生在专业之外加修的课程(如辅修、双学位、重修等)，按实际学分收取学分学费。

(4)延期毕业学生学费的收取。

上述是以价格管理部门核定的学费标准和标准学习年限来计算单位学分收费标准。一旦学生延期毕业，会继续占用学校的教学资源和基本生活设施，学校对该生的教学管理成本增加，但此时财政部门按照原有将规定不再对该生拨款，这样就面临在标准学制基础上是否还应增加收费额度的问题。因此，专业注册学费应根据延期时间收取，课程学分费仍按所选课程收取。

(5)对学生的奖、勤、助、贷、免政策的设定。

根据国家规定，各高校应制订相应的学分奖励方案。申请免听课程的学生，需按要求完成该课程作业和考试，并缴纳该课程1/4的学分学费；申请免修课程或是参加旁听的学生，不需缴纳该课程学分学费。

4.3　建立学分制收费的技术支持

学分制改革所带来的收费对象、收费范围、收费金额的不确定性和个体化，对学校收费系统提出了更高的要求。现行的高校学生财务管理系统能够完成基本核算、学生收费、综合统计等功能，与原来传统手工现场收费相比在很大程度上缓解了学生收费的工作量，提高了工作效率。但总体而言，随着新一代网络技术的不断进步，现行财务管理系统还存在着很大提升空间，已经滞后于新互联网时代的发展。表现在：

4.3.1 高校现行收费系统存在的问题

(1)早期的收费系统运行速度无法满足高校规模发展的要求。

近年来，随着高校扩招规模不断扩大，高校招生人数不断急剧扩张，再加上其他成人继续教育的学生在内，收费系统数据处理量越来越大，收费业务量繁重，早期开发的收费系统在运行速度上难以负荷。

(2)收费系统数据不规范。

高校大规模扩招一方面导致其收费数据量急剧扩张，另一方面由于学生种类不同，收费项目、收费标准也各不相同，形成高校内部各学院、各专业的具体情况千差万别。甚至同一学院、同一年级的学生收费标准也存在差异，造成学生收费信息数据生成各不相同。再加上学生修学、复学、转专业、转学、贫困减免等情况导致的收费项目和标准不断发生变化，给高校收费工作带来很大的信息处理混乱。

(3)收费数据的“信息孤岛”现象。

早期高校学生收费管理系统生成的信息仅仅财务部门能够调用，极易出现“信息孤岛”现象。因为早期的收费系统设计将收费仅作为学校财务一个部门的职责，与其他部门不能信息共享，即影响了学校收费工作的效率，又造成了学校资源的重复开发和浪费。另外，高校各部门往往各自购买部门信息系统，财务部门与教务、学生管理部门和后勤等部门的信息也不能实现共享，学校信息不统一。

4.3.2 搭建新型学分制收费管理平台

首先要建立学分制收费的硬件平台，包括现有系统服务器的更新，前台数据终端的更新及相应读卡设备等。同时在学分制下，还需要进一步优化现有学生收费系统，通过搭建高效的网络化的新一代高校收费系统，实现收费管理系统与学生管理系统的对接，高校选课系统与收费管理系统的有效对接，将财务部门、学生管理部门、教务部门、后勤部门及相关单位连成一个信息网络，各部门负责提供与维护本部门掌握的数据，全面实现信息共享。

首先，新一代收费平台应使学生缴费变被动为主动，打破时间和地域限制，可以全天候跨地域地接受学生或家长的缴费。既能够避免学生集中现场缴费出现拥挤现象，也避免学生入学时携带大量现金等不安全问题。其次，新一代收费平台应实现收费信息实时更新，实现实时查询，使财务部门及时掌握每一位学生的缴费状态和各学院的缴费比例，使财务部门的工作由"核算型"向"管理服务型"的转变。最后，实现缴费信息的共享，使学生管理部门、教务管理部门和后勤管理部门根据学生缴费情况，更好地为学生提供各类服务。

新一代收费平台至少应能够实现几个方面的功能：基础收费功能，包括收费基础信息建立、收费标准管理和收费业务实施；收费数据管理功能，包括对学生的基本信息进行增加、修改、删除等功能，对学生缴费信息的整理、统计、汇总和分析功能；收费查询功能，包括学生缴费情况的实时查询和其他相关部门因管理需要而进行的相关查询；业务拓展功能，即在现有财务日常业务的基础上，预留进一步管理功能，如"网银收费"、"银行卡公务结算"、"个人所得税计税"、"数字化校园数据共享"、"网上预约报账"、"财务信息短信推送服务"等最先进的高校财务管理业务模式，从而不断提高用户的工作效率和信息利用率。

财务部门与其他部门如后勤管理、科研管理和人事管理、学生事务管理等基于数字化校园应用支撑平台，共享资源信息，并通过开放、具有高可靠性、高安全性的统一身份认证中心和信息门户与校外相关平台无缝集成，有效共享教育资源、降低教育运行成本，将全面提高高校的财务管理水平。

新一代收费系统的可靠运行，离不开各种相应的系统安全措施。包括：

①外部法律及规章制度保障。严格遵守国家现行有关会计法律法规等的各项规定，建立有效的规章管理制度，使财务网络平台运行有法可依，有章可循。

②网络硬件保障。包括网络硬件平台设施的建设，可靠的物理防护，网络设备的应急处理备份措施，内外网络硬件安全隔离，内部网的备份与恢复。

③网络软件保障。包括可靠地系统软件，内外网用户的访问控制，网内节点间的访问控制，网络的监控，网络数据传输的保密性等。

④财务信息安全。包括财务信息的生成控制，资源的访问控制，财务信息流的内部控制保护，财务数据的保护等。

学分制收费不仅关系到高校财务管理变革，也需要相应的财政和价格管理体制与高校学分制改革对接。同时，通过建立科学、合理的学分制收费标准评估体系，进一步建立和完善收费成本核算、收费标准公示等各方面的制度，增加学分制收费全过程的透明度，加大学分制收费监督的力度，让此项政策能真正提高我国高等教育管理水平。

第十章　我国副省级城市综合大学与教育部直属高校办学成本的比较分析

从教育政治学的视角来看，学费也属于教育政策的范畴。从马克思主义的理论视角来看，人们所奋斗和争取的，均与个人的利益有着密切的关系。因此，教育活动也与利益有关，这是一种教育主体对客体的相互需求关系。在一定意义上，教育利益属于精神利益，它以物质利益为基础；同时，它也是一种文化利益，以经济利益为基础、政治利益为主导。因而，教育利益是各利益主体追逐的目标，且自身具有资源价值，也就成为利益主体为分配教育资源而设置的制度规则和手段。教育政策作为分配教育资源的工具，在教育事业发展进程中发挥着重要的作用。① 学费就是教育利益相关者与全社会共同关注的重要现实问题，也是事关民生的重要经济理论问题。围绕学费特别是高等学校学费问题，对于其中的是非曲直、学费定价标准的高低、学费定价原则的确定(在我国，典型地体现为学费定价的成本分担方法)，不同利益群体之间的争论从来就没有停止过，甚至引发学术争论，成为政治议题。

第一，高等教育学费问题及其改革，不仅仅是一个理论问题，更突出地表现为一个公共政策问题、现实政治议题(也就是我国常说的要"上升到政治高度来认识"的问题)。在我国，当前无论是学术界还是公共政策制定者，对非义务教育特别是高等教育的收费已经普遍认同。但是，面对因为公办高校学费而陷入困境的贫困家庭

① 储著斌．地方高等教育利益主体博弈及其政策影响[J]．扬州大学学报(高教研究版)，2013(2)．

与学生，社会上质疑不断；目前，公办高等学校学费收取标准是否太高(也有人质疑为“乱收费”)，学费定价是否有科学合理的标准、原则和依据，公办高校学费对教育公平是否产生不良影响等问题，已经引起了高度关注。当今世界，尽管绝大多数国家和地区对高等教育收费，但收费的定价标准和方法差异很大，学费定价往往在西方国家的议会、政府、学生、学校、党派以及利益团体与学者之间产生激烈的争论，直至引发街头抗争。

第二，高等教育学费问题及其改革，引起了党与中央政府的高度重视。在我国，党的十八大报告指出，要“推动高等教育内涵式发展”。① 教育要发展，条件是基础。办好一流高等教育、培养一流创新人才迫切需要加大对关键领域和薄弱环节的投入，不断提高各类高校教育现代化、教育信息化建设水平，增强高等教育的发展实力，为建设教育强国、人力资源强国奠定坚实的物质基础。《国家中长期教育改革和发展规划纲要(2010—2020年)》对高等学校学费问题作了专门阐述和顶层设计，指出，“完善非义务教育培养成本分担机制，根据经济发展状况、培养成本和群众承受能力，调整学费标准”，“建立健全研究生教育收费制度，完善资助政策”，“完善学校收费管理办法，规范学校收费行为和收费资金使用管理”，并再次明确要按照学生数量建立人均经费基本标准和人均财政拨款基本标准等制度。②

第三，高等教育学费问题及其改革的现实对象就在于西方相关的学术理论。高等教育学费定价及其引发的学费改革问题与高等学校办学成本相联系的纽带，就是我国学术界从西方引进的相关理论。公共产品理论认为，教育特别是高等教育，属于市场失灵状态下拥挤的公共产品与价格排他的公共产品，也称为准公共产品。对我国公立高校学费收费标准与定价的理论与实践影响最大的一种理论就是成本分担理论，认为教育成本应该由教育的受益者也就是受

---

① 中国共产党第十八次全国代表大会文件汇编[M]. 北京：人民出版社，2012：32.

② 参见《国家中长期教育改革和发展规划纲要(2010—2010年)》。

教育者及其家庭、纳税人(政府)、慈善机构以及企业(在我国就是“用人单位”)共同承担。成本补偿理论则认为学费是教育成本补偿的一种形式，从效率与公平的角度考虑，学生作为教育的受益者应当承担教育成本的一定份额与比例。教育公平理论认为，对受教育者收取学费首先是基于公平的考虑，如果教育经费与教育成本全部由政府财政负担，等于让所有纳税人来负担教育经费、支付教育成本，但只有一部分人受益，这明显违反公平原则。这些理论充分论证了高等教育收取学费的必要性(当然，在我国，高等学校收费制度的确定，还有20世纪末国家应对当时的亚洲金融危机、刺激疲软经济的现实考量，扩大内需是我国高校收费的初衷),① 但是却没有从理论上阐述学费定价标准及其方法，也未能在实践上为学费标准的制定特别是教育成本如何分担、补偿提供技术支持与指导。

第四，高等教育学费收取标准及其改革问题，从其实质上讲是一种公共政策与公共定价。在我国，学费定价具有公共定价性质，所以主管部门除了教育部门以外，还包括发展与改革委员会(各级价格主管部门在内)和财政部门；不仅如此，在政府价格管制也就是政府定价中，公立高等学校收费标准是政府直接定价而不是间接定价；公立高等学校收费项目是由中央政府定价，省级及以下各级政府均没有相关权限。公共定价理论虽然对学费定价有重要的参考价值，但是，现有理论主要是以公共企业如水、电、燃气、邮电、交通等的产品或服务供给为研究对象的，反映在1998年5月1日开始实施的《中华人民共和国价格法》第3章第18条：“下列商品和服务价格，政府在必要时可以实行政府指导价或者政府定价”，其中两项就是“重要的公用事业价格”和“重要的公益性服务价格”。显然，这种定价方式不能为我国高等教育学费问题所直接运用。

第五，根据理论研究成果，决定公立高等学校学费收取标准的

① 储著斌．十五城市综合大学科学发展的教育政策环境分析[M]．邵红，张丽萍．十五副省级城市综合大学发展报告2011，武汉：湖北人民出版社，2012：210.

主要因素是生均成本、支付能力(居民收入水平)、教育的私人受益程度以及教育供求关系等。这些理论与方法是各国实行高等教育学费定价和学费改革的最重要的理论依据。特别是其中的“成本决定原则”影响最大，我国高等教育实践中学费定价、收取标准依据的就是这种“成本法”。1996 年 12 月 16 日国家教委、国家计委、财政部颁布的《高等学校收费管理暂行办法》首先采用这种计算方法，并规定“高等学校学费占年生均教育培养成本的比例最高不得超过 25%”。但是，实践中从这一规范性文件沿袭下来的以生均成本计算的学费收取标准及其定价政策已经受到理论与现实的严峻挑战，因为直到现在，我国以及各省市区的各类大学生的生均培养成本到底是多少，没有哪一个政府机构和人员能够清楚准确地回答。国家教育部早就提出，要在 2007 年制定《高等学校生均成本核定办法》，以此作为高等学校收费的依据，但是时至今日，这个办法都没有出台。“成本法”应该是一种核定学费的基本方法，但是由于教育培养成本的范围具有不确定性、教育培养成本计算的方法具有不适应性、教育培养成本的标准具有非可控性等特征，这直接导致“成本法”在理论上有缺陷：忽视了影响高等学校学费定价标准的其他重要影响因素；在逻辑上有矛盾：教育培养成本与学费成为一种线型的刚性的变量关系，可能助长高等教育成本“有限理性”的无限扩张；在实践上难操作：生均成本无论是在全国范围还是在区域范围均难以准确计算。所以说，“成本法”似乎就成为一种制度缺陷，需要进一步改进与完善。

1. 公立高校办学成本及政府投入与学费的紧张关系

高等教育成本与学费的关系是最直接而且最复杂，同时也是最暧昧与最有争议的关系。① 学费本身就是广义的教育成本的一部分，也就是学生作为受教育者、受益者的个人或者其家庭提供的教

① 伍海泉．学费定价研究——理论、方法与改革[M]．北京：经济科学出版社，2011：163.

育成本，教育成本是确定学费收取标准的主要依据(对此，我们将“教育成本”与“办学成本”做同义理解，对这两个概念不进行区分)。对于教育成本概念的内涵与外延，从不同学科与专业的视角看有不同的理解。社会公众出于对公立高等学校学费的质疑，其当前关心的教育成本，应该只是直接影响学费标准确定的生均成本，而不是学校实际发生的办学成本，也不应该是个人的教育成本。这也就直接导致了公立高等学校办学成本与学费的关系问题。在当前我国全面建成小康社会的历史新时期，国家经济实力总体增强，经济社会发展水平得到了极大提高，人均国内生产总值、受教育者及其家庭的承受能力、毕业后收入以及高等教育供求关系等均发生了极大的变化，不可否认的是无论哪类高等学校，其办学成本也是直接上涨的。但是在此前提条件下，高等学校收费项目由中央政府及其部门(体现为国家教育部、发改委与财政部)直接掌控，学费收取标准由国家直接决定，并且国家教育最高行政主管部门多次强调，“高校学费总体标准不会因物价上涨提高”，在中央财政与各级地方财政对地方高校资金投入有限、不得提高学费收费标准、地方高校自身造血能力有限的宏观背景下，地方高校的改革与发展如何推进?

1.1　公立高校办学成本分担中的理论困境

成本是商品经济的产物，是商品经济中的一个经济范畴，也是商品价值的主要组成部分，它是人类社会发展到一定阶段，在对投入与产出关系的认识基础上提出来的，这是马克思主义对成本的基本认识。就现代社会而言，成本既属于经济学范畴也属于会计学范畴，经济学范畴的成本揭示了成本的本质属性、提供了经济分析的工具与手段；会计学范畴的成本，在体现了成本的现实属性的同时还体现了管理工具所具有的计量特征。

其一，教育成本是经济学上的成本概念运用到教育领域的产物，是随着教育经济学的发展变化与研究深入而提出来的。最早对教育成本的研究开始于英国教育学家约翰·维泽 1958 年发表的《教育成本》以及之后 1963 年美国学者舒尔茨撰写的《教育的经济价值》等著作。舒尔茨认为，教育的全部要素可分为两个部分，一部分是提供教育服务的成本，包括教师、学校管理人员的服务成本，固定资产的折旧及利息成本以及维持学校运转耗费的要素成本；但是不包括与教育服务无关的附属活动的成本，如学生食堂、住宿、运动队活动等成本，也不包括向学生提供的奖学金、助学金等“转移支付”性质的支出。另一部分是学生上学时间的机会成本，这部分成本可以用学生因为上学而放弃的收入来衡量。并且，舒尔茨明确指出，教育经费与教育成本是两个不同的概念，教育经费是一个统计概念，包括一些不属于教育成本的东西，同时又缺少了一些重要的教育成本项目。① 国内外对于教育成本的研究已经很多，对于教育成本的概念虽然认识不一，但着眼点大致相同，也就是认为教育成本的本质是培养学生所耗费的各项教育资源的价值总和，不仅包括以货币支出形式表现的教育资源耗费的价值，这更多地体现为我国目前高校财务核算制度中的支出部分也就是实际成本，而且包括因资源用于教育领域而带来的价值损失，这更主要的是指学生因为接受教育而付出的机会成本。所以，我们可以认为，教育成本就是指用于培养学生所耗费的各种教育资源的价值，是教育机构为培养人才所耗费的资源的尺度，是衡量学校管理水平以及资金使用经济效益与社会效益的重要经济指标。就此而言，教育成本还是一个笼统的、模糊的概念，按照学术界的理解，教育成本有不同的分类标准，按照美国高等教育经济学家约翰·斯通的分类方法，有教学成本、生活成本与机会成本之分；按照成本支出主体，可划分为社会成本与私人成本；按照成本支出范围，可分为学校总成本、生均成本与边际成本；按照支出方式，有直接成本与间接成本之分；从成本发生时间看，有计划成本与实际成本；根据教育成本控制，有预算成本、决算成本和运行成本，等等。

其二，在高等教育领域，公立高等学校的生均教育成本建立在教育成本基础之上，是高等学校教育成本的相对指标，与企业的单

① 王同孝．高等学校学费研究［M］．北京：北京大学出版社，2010：107.

位产品成本相类似，是指高等学校培养一个合格学生全过程的平均支出。生均教育成本也是衡量一所高等学校资金使用效益的重要指标，在不考虑教育质量的前提下，生均教育成本过高则说明学校资金使用效益底下，生均教育成本过低则说明高校教育资金投入不足，这些都会影响学生的培养质量以及学校的改革发展。生均成本本身就是一个复杂的概念，在计量中更是涉及各种具体的模型、假设及案例，例如有学者以湖南地区各类高等学校为例进行学费定价的成本计量与分析，研究了基于学费定价的实际生均成本、标准生均成本与分专业生均成本的不同计量，① 但是更多的是理论上的假设与分析模型、框架。

其三，如前所述，虽然生均教育成本对于高等学校学费标准的确定有重要影响，但是现实中没有一套科学、合理、有效的操作方法与计量工具能够准确地测算全国、地区乃至具体高校的生均教育成本。为此，我们转换视角，就现实中高等学校教育成本的经费来源做出分析，可能更具有实际意义。教育经济学认为，教育成本的投资也是一种生产性投资，可以决算投入与产出。就高等学校的投入而言，办学成本主要是各种人、财、物的需求。人力成本的需求是相应的各类教育人员费用，如工资、津贴、各种福利，人力成本从本质上讲也是财力的投入。因此，可以把教育成本理解为教育资源(作为总体上人财物各类资源的总称)的投入，其中财力是人力和物力的货币表现。假设能把教育成本的支出都以货币形式表现，那么教育成本就可以视为教育经费的投入，在一定程度上可以通过对高等教育的教育经费投入计算教育成本。我国目前公立高等学校的经费来源主要包括如下部分：一是政府财政拨款，包括教育事业费和基本建设预算内投资，主要是中央政府与省市等地方政府的财政拨款，部属高校主要由中央财政拨款，地方高校主要受省市等地方财政投入支持(中央政府在近年来有针对性、选择性地挑选了部分地方高校进行投入，例如《中央财政支持地方高校发展专项资金

① 伍海泉．学费定价研究——理论、方法与改革[M]．北京：经济科学出版社，2011：163-235.

管理办法》以及支持中西部部分高校发展计划的实施）；二是个人对高等教育的投资，这主要是以收取学费的形式把家庭或个人的一部分收入转化为高等教育投入；三是企业对高等教育的投入，主要是高校为企业培训人才而向企业收取的一定教育成本；四是各类社会捐赠，例如社会团体、港澳同胞与海外侨胞的捐赠；五是学校创收，学校通过举办实体企业、提供科技服务等实现创收，把经营利润的一部分投入高等教育事业中去。在教育成本的这五个部分的来源中，无论哪类高校，政府财政拨款目前仍然是其经费来源的主渠道，达到高等学校经费来源的40%~60%，区别仅仅在于不同管理体制下不同层级的高校接受政府财政拨款的来源不同，存在中央财政、省级财政、市级财政拨款的差别。

1.2　公立高校办学成本分担中的政策偏好

顺着前述思路，我们将高等教育生均培养成本的概念转换为高等教育的经费投入机制。我国目前明确了高等教育实行以“举办者投入为主、受教育者合理分担培养成本、学校设立基金接受社会捐赠”的机制。而在这一机制之中，政府作为公立高等学校的举办者，其财政投入尤为重要，高等学校办学成本分担机制中的主要问题就在于政府财政拨款形式的经费投入与学校向学生及其家庭收取的学费之间的紧张关系。

一般来说，我国经济社会发展主要采取的是一种后发者追随、赶超的模式，在经济领域、政治领域如此，在高等教育领域也是如此。中华民族绵延百余年的追赶传统，在1949年以后被具体化为如何实现以先发国家为标准的发展指标问题，而这其中最简明扼要、最富时代象征意义的总体性指标就是“现代化”。就教育现代化而言，国际上通常以公共教育支出占国内生产总值的比例作为衡量一个国家教育投入水平的基本指标，所以教育现代化的关键指标之一就是“国家财政性教育经费占GDP的比例”。为了实现这一关键指标，国家教育法律设定了多项教育经费制度，例如教育经费的“三个增长”和“两个提高”、教育费附加制度、预算内教育经费制度、国家财政性教育经费制度等，以实现国家财政性教育经费支出占国内生产总值的4%这一关键性指标。

第一，就全国而言，高等教育中央财政经费投入，典型地表现出“重点论”，地方高校因其“非重点”的身份处于中央财政投入的边缘。这表现在：其一，高等教育经费投入关注重点区域。这既是基于战略的需要，更是基于历史的惯性，例如北京、上海、武汉、西安、成都、重庆、南京、广州等国家或区域政治文化中心的高等教育实力比较强，在计划经济时代，这些地区也一直享有非常明显的经费投入政策优惠。目前，我国已经形成了中央政府宏观指导、省级地方政府全面统筹的办学体制，绝大多数高校与地方经济社会发展的关系日益密切，区域重点发展、分类开发的战略肯定会直接或间接地对相关地区高等教育发展产生政策性影响，进而决定其资源分配；非重点区域的地方高校的经费收入则相对有限。其二，高等教育经费投入关注重点项目。也就是国家经费投入主要集中于重点区域高校的教学和科研这两大核心职能上，非重点区域的地方高校难以争取到重点项目，也就往往为国家所遗忘。其三，高等教育经费投入关注重点高校。也就是说，教育经费更多地投向了重点大学，也就是现行的“211工程”、“985工程”支撑的重点大学群。地方高校一般来说无法进入这个重点大学行列，因此能得到的中央财政投入就更为有限了。

第二，地方政府财政投入成为地方高校资金来源的主渠道，但现实中地方政府(主要为省级政府以及包含副省级市在内的地级市政府两级)教育投入偏低和分配不当是制约地方高校发展的难题，教育经费短缺也成为论及地方高校时需要面对的尴尬。就中央政策层面而言，国家财政性教育经费投入在2012年达到GDP的4%的目标已经实现，同时还实施了加大经费投入、完善投入机制、加强经费管理等保障经费投入的诸多措施。国家财政部也于2010年开始实施“中央财政支持地方高校发展专项资金”等中央各项工程计划。尽管如此，学术界以及地方高等教育管理者仍然感觉到地方高校发展资金不足。例如，著名学者朱永新在2012年3月召开的全国人大会议上提出了《关于大力支持地方高校发展的建议》的议案,① 按相关程序，办理部门之一的国家财政部已于2012年8月1日给予了答复。在地方政府加大对地方高校经费投入的同时，中央要求进一步放开各类社会资源进入地方高校，并给予财政、税收等方面的优惠政策以及税收激励机制，吸引社会资金以投资或捐赠的方式进入地方高校。但是，一方面，地方高校毕竟数量庞大，地方政府的支撑能力存在着经济发展水平的区域差异，现实中还是有很大一部分地方高校特别是中西部的高校难以得到充足的经费投入；另一方面，很多地方高校发展基础不强，各方面可持续发展能力落后于重点高校，再加上不利的教育发展政策，近年来在整体水平上与部属高校的差距呈扩大趋势，这严重影响到地方高校履行服务区域经济社会发展的基本职能。地方高校本来就在与重点高校的激烈竞争中处于劣势地位，所以中央出台的政策在很多地方高校特别是中西部地区的地方高校中还是难以实现。所以，地方政府的经费投入仍未能彻底解决地方高校改革与发展中的资金瓶颈问题。

第三，按照国家高等教育投入政策，要建立并完善高等教育培养成本分担机制，地方高校的办学成本由受教育者个人或家庭分担一定份额，学费标准可根据区域经济发展水平、物价变动幅度以及个人承受能力等因素合理调整。诚然，人力资本投资是回报率最高的投资，往往可以改变一个学生、一个家庭的命运，也是促进就业、增加收入的根本所在，事关人民福祉；但是人力资本投资同时是周期性较长的投资，也不是一个学生、一个家庭就能够承受的，这在中西部欠发达地区体现得尤为明显，现实中“教育致贫”现象屡有发生，很多高校包括重点大学将学费的催缴视为一项日常工作也为明证；实践中的大学生就业难的问题加剧并进一步恶化了家庭对高等教育投资的积极性与主动性。基于这些因素的考虑，在现行公办高等学历教育学费由政府定价的前提下，地方高校“适时调整学费”就更为艰难。根据现行行政体制，高校学费是由政府价格主

① 朱永新．关于大力支持地方高校发展的建议[EB/OL].：中国民主促进会，2012-03-11：

管部门或其他有关部门按照定价权限和范围制定的价格，不经价格主管部门批准，任何单位或个人都无权变动；有的地区还将公办高等学历教育纳入价格听证范围。① 这些都表明，学费收入在目前也难以支撑地方高校的经费来源。

1.3　公立高校办学成本分担中的两级格局

《国家中长期教育改革和发展规划纲要(2010-2020 年)》对高等学校经费投入问题作了专门阐述和顶层设计，按照学生数量实施人均经费基本标准和人均财政拨款基本标准等制度。实行标准预算和标准拨款是国际通行的做法，我国教育法律对此也有相应规定。在高等教育领域制定学生人均经费和人均财政拨款两个基本标准，有利于改变教育经费投入不考虑学校办学基本需要、主要取决于领导重视程度的现状，构建一种体现标准导向、满足办学需要、实现稳定增长的教育经费投入的长效制度安排。考虑到各地经济发展水平的现实差异，各地可综合考虑国家办学条件基本标准和教育教学基本需要等因素，制定并逐步提高这两个基本标准。但从地方高校的现实运行来看，举办者投入低，形成了政府财政与学生个人投入的两级格局。

首先，以举办者投入为主的高等教育经费投入机制在地方高等教育中体现得不明显、不充分。从管理者来看，普通高校实行中央和省级两级政府管理的体制；从举办者来看，地方高校又可以分为省属高校和市属高校(其中包括副省级城市作为举办者的市属高校)。根据地方本科高校生均财政拨款的相关统计，扩招后在校生的数量增长比例远远高于财政拨款的增长比例，这直接导致生均财政拨款持续缩减。从教育部与国家统计局公布的数据看，其一，地方高校生均财政拨款逐年下降，1999 年大约为 7000 元，在 2003-2005 年则降到 5000 元以下。其二，地区之间生均拨款的差异也非常明显，1998-2008 年东、中、西部地区生均拨款的平均值分别为 6637.71 元、4378.22 元、5259.35 元。以省级区域做比较，1999

① 沈佳．学历教育和景区收费纳入听证[N]．楚天金报，2012-12-08.

年生均拨款最高的是上海，达 16569.88 元，最低的为新疆，只有 3855.34 元，两者相差 4.3 倍；2008 年生均拨款最高的为北京，达 26181.8 元，最低的为湖北，仅为 3940.49 元，两者相差 6.6 倍，且差距不断扩大。① 由此可见，省与市两级政府在地方高校的财政投入水平上存在着很大的差距。对于部属高校与省属高校来说，教育经费中公共财政投入的比例一般可达 50% 以上，但市级政府所属本科院校财政拨款的比例则较低。总之，地方高校的生均拨款存在区域差异和层次差异，市属高校的生均财政投入偏低尤其明显。

其次，地方高等教育中受教育者合理分担的培养成本正在逐步上升。我国地方高等教育规模的迅猛增长是在高等教育大众化的政策背景下实现的，是政府主导的教育现代化的现实成果。我国高等教育毛入学率在 2011 年已达到了 26.9%，各类高等教育的在校生总规模达到 3167 万人。地方高校作为扩招主力军，承担了大部分扩招的任务，这虽然是国家财政加大投入、持续投入的必然结果，但更为重要的却在于地方高校经费来源过度依赖于非财政收入，其中最重要的主体部分就是学生的学费收入。1998 年之前，大学生在普通高校接受高等教育都是免费的，也就是说是由国家财政负担所有的培养成本，后来随着改革的深入，慢慢地过渡到学生交纳部分学费阶段，并且学费交纳比例逐步提高。这种成本分担政策的实行，极大地增加了地方高校支撑高等教育大众化的能力。按照相关统计数据，1998 年地方高校总收入中的学生学费(包括向学生合法收取的各类杂费)收入占比仅为 18.6%，扩招后这一比例逐年增加，到 2005 年的时候就已经达到了 40.6%；而 2005 年该项收入在中央高校中的占比则只有 21.1%。② 之后几年这一比例肯定只会继续递增。所以说，在地方高等教育中，地方高校经费来源或者称为收入已经不再是“国家包办”，国家财政(主要是地方财政)的保障

① 宴成步．关于建立“生均拨款标准”的制度设计与思考[J]．现代教育管理，2011(9)．

② 赵应生，钟秉林．我国地方高等教育大众化进程中地方高等教育的发展[J]．高等教育研究，2009(3)．

程度大幅降低，学生个人(其实主要还是受教育者的家庭)的学费成为地方高校收入的主要来源之一，已经占据地方高校收入的“半壁江山”。地方高等教育中财政投入与受教育者个人投入的“两极化”格局早已形成。

最后，地方高等教育经费投入中学费收入的比重将进一步扩大。一方面这是由地方高校扩招是基于扩大内需的政策初衷决定的。在目前转变经济增长方式的政策背景下，扩大内需仍然是各级政府的战略选择。另一方面又是由现行经济社会发展方式决定的，在国家控制房地产开发后，土地财政受到严重挤压，地方政府可支配的财政资金减少，势必影响到地方高教的经费投入，地方高校的财政来源就会大幅减少，这样，学费标准的调整、学费来源比重的增加就势在必行。

2. 副省级城市综合大学办学成本及其中的政府投入与学费

随着世界形势的发展，高等教育也随之发生着深刻变革，对经济社会的发展发挥着强大的推动力。“十二五”是我国应对国际经济格局调整的重要时期，既是体制的转型期，也是社会的转型期，更是完善社会主义市场经济体制的攻坚阶段。我国经济社会的协调发展，更加体现了高等教育的重要作用，为高等教育事业发展提供了有利空间，而且为副省级城市综合大学带来了良好的发展机遇。

15个副省级城市综合大学的改革与发展，当前正处于既有发展机遇、也有生存挑战的矛盾之中。其一，地方大学主要承担着我国高等教育从精英教育向大众化教育转变的任务。近年来，在各级政府及社会各界的支持下，经过不懈努力，地方大学的发展较为迅速，为高等教育体制、教学改革提供了有益的经验，逐步成为我国高等教育一支重要力量。其二，由于高等教育大众化的进程加快，高校与政府、社会的关系以及大学内部管理等问题日益凸显。副省级城市综合大学在从数量增长到质量提高的过程中，面临着许多问题，例如定位不明、发展方向不明、为地方服务意识不强、特色不够鲜明，等等。“十二五”时期也就成为城市综合大学解决如何适应新形势、科学谋划未来发展的战略等难点问题的关键时期。

2.1 副省级城市综合大学的发展历程

地方高校是指由地方政府投资并主管的高等学校。1985 年，中共中央出台了《关于教育体制改革的决定》，明晰了“三级办学”的教育体制，这对我国只能由中央和省级政府举办高等教育的体制是一个大胆的突破。为此，“市属高校”应运而生，我国的城市大学就是在这样的历史背景下，如雨后春笋般大量兴办，成为改革开放的新生事物，同时也体现了改革开放的现实成就。19 世纪到 20 世纪初，英国把具有学位授予权的各大城市大学称为“城市大学”，而我国“市属高校”的设立者是副省级城市，其行政隶属于副省级城市管辖，最具代表性的是 15 个副省级城市所设立的综合性本科大学，以城市发展实际来设置专业，服务于城市经济社会发展，与其他公办本科院校的区别也就在于此。诞生于改革开放初期的职业大学和专科学校，经合并调整后升格为普通本科院校，一并成为我国的“城市大学”。

2010 年 10 月，西安文理学院、沈阳大学、宁波大学、青岛大学、金陵科技学院、大连大学、广州大学、成都学院、深圳大学、哈尔滨学院、济南大学、杭州师范大学、厦门理工学院、长春大学与江汉大学等全国 15 个副省级城市综合大学建立了联席会议制度，在武汉召开第一次会议，第二次联席会议于 2011 年 12 月在广州召开。这 15 个副省级城市综合大学，具有一定的代表性，在我国普通本科高校中占比 1.95%，其多是采用“省市共建、以市为主”的管理体制，少数为“以省为主”；其生源以本地为主，学生也以学校所在城市为主。15 所城市综合大学，分布在我国东南西北各主要城市，且多是省会城市。它们在我国高校中所占的比例虽然很小，但在我国区域经济发展中具有特殊的代表性，已成为我国高等教育的主要力量。

2.2　副省级城市综合大学的办学成本

在讨论副省级城市综合大学办学成本以及其中的学费比例之前，我们先就面上的情况进行分析，根据有关数据，学生学费与国家预算内教育事业费的相关比例见表10-1。

表10-1　　**学费与国家预算内教育事业费的大致比例**

年份	学费（元）	生均预算内教育事业费（元）	学费占生均预算内教育事业费的比例(%)
1996	1315	5956.70	22.08
1997	1589	6522.91	24.36
1998	1974	6775.19	29.14
1999	2769	7201.24	38.45
2000	3550	7309.58	48.57
2001	3895	6816.23	57.14
2002	4224	6177.96	68.37
2003	4419	5772.58	76.55
2004	4785	5552.50	86.18
2005	4968	5375.94	92.41
2006	5233	5868.53	89.17

资料来源：根据1997—2007年教育部公布的各年度的《中国教育经费统计年鉴》、《中国统计年鉴》等数据资料计算得出。

从表10-1可以看出，学费水平随着高校生均预算内教育事业费的提高而不断上涨(实证研究中经常使用教育事业费作为高等教育成本，包括人员性经费与非人员性经费)。一方面，从绝对水平上看，全国平均学费水平在不断上升；另一方面，从相对水平看，学费占生均预算内教育事业费支出的比例也是不断上升的。2000年以前，学费占生均预算内教育事业费支出的比例一直在50%以下，2000年以后，学费占生均预算内教育事业费支出的比例则急剧攀升。虽然我们可以说，上述数据的准确性、计算方式的科学性可能还存在问题，但是我国高等学校的学费水平与高等教育成本(以预算内教育事业费的形式代替)的比例已经达到较高水平。

再回到15个副省级城市的综合大学，这些地方高校的基本数据见表10-2。① 据此测算的“十一五”末十五城市大学平均在校生人数为21612人。正在实施的各校“十二五”规划中，在主要指标特别是在校生总规模等核心指标中进一步明确了发展指标，其中平均在校生人数达到25630人。②

表10-2　**十五副省级城市综合大学“十一五”发展基本数据表**

序号	学校名称	全日制在校生(人)	本科生(人)	成人类学生(人)
1	青岛大学	38920	31740	20000
2	济南大学	32000余人		
3	宁波大学	28430	25000	17000
4	深圳大学	28000余人	25603	14078
5	广州大学	22447	20063	20000
6	成都学院	21510	13886	10300
7	沈阳大学	20208	15462	4539
8	杭州师范大学	22764(含独立学院8848)	12330	
9	金陵科技学院	19000		
10	厦门理工学院	18950		
11	江汉大学	18655	14150	19050
12	长春大学	15245		5887

① 邵红，张丽萍．十五副省级城市综合大学发展报告2006-2010[M]．武汉：湖北人民出版社，2012：27.

② 邵红，张丽萍．十五副省级城市综合大学发展报告2006-2010[M]．武汉：湖北人民出版社，2012：39-40.

续表

序号	学校名称	全日制在校生(人)	本科生(人)	成人类学生(人)
13	大连大学	14832	12385	1871
14	西安文理学院	11810	18432	4656
15	哈尔滨学院	11413	11299	1867

资料来源：根据15个副省级城市综合大学对“十一五”规划的总结等相关资料整理，各校数据范围不一致导致有些许差别。

与此相联系，我们依据某些第二手资料也可折算出这些高校所在地区近年来本科生生均培养成本(见表10-3)。

表10-3　**十五副省级城市综合大学所在省份近年来本科生生均培养成本(部分)①**

省份	生均培养成本(元)
辽宁	8874.85
吉林	8321.68
黑龙江	8643.40
江苏	10187.22
浙江	12655.98
福建	9209.62
山东	9147.50
湖北	8384.83
广东	10598.83
四川	8337.83
陕西	8450.85

从这些数据可以看出，15个副省级城市综合大学平均在校学

① 杨志伟，曾艳姗．高等教育学费模型研究[J]．科技信息，2010(3)．

生数“十二五”比“十一五”末期增长 4018 人，增长率为 18.59%；相关城市大学所在地区“十一五”期间生均培养费用大约为 9346.60 元(按照表 10-3 中 11 个省份的情况折算)。假设生均培养成本与标准不变，那么“十二五”期间每校学生人数增加 4018 人，将导致学校平均教育成本增加 3700 余万元，学校的教育成本明显提高。

2.3 副省级城市综合大学的个案研究

以地处中部地区的武汉的某城市大学为例，近年来，在省市领导及相关部门的关心支持下，该校坚持党的教育方针，走科学发展、内涵发展和创新发展之路，学校应用型本科人才培养取得显著成就，得到省市党委、政府、相关部门以及用人单位与学生家长的充分肯定和赞扬。但学校在发展过程中也遇到了一些困难，特别是近年来该校党委和行政部门锐意改革，提出并着力实施“应用性、创造性、国际性”的“三性”人才培养，加大人才引进力度，加强学生实践教育，加大教学投入，教育成本不断攀升，学费标准低于生均教育成本支出的 25%这一约束指标，学费收费标准与教育成本支出呈现倒挂。这一现象的存在及继续发展，困扰着学校教育教学的改革与发展。

自 2006 年以来，该校一直严格贯彻执行省物价局、财政厅、教育厅《关于进一步规范高校教育收费管理的通知》(鄂价费〔2006〕183 号)规定的学费收费标准。具体来说，在 2007—2011 年招生的 63 个本科专业(专业方向)以及 13 个专科专业中：第一，34 个本科一般专业及专业方向严格按照文件要求，执行每生每学年 4000 元的标准；第二，1 个本科优惠专业——园艺学专业实行优惠学费，按基本标准的 75%即 3000 元收费；第三，15 个本科专业或专业方向作为重点本科专业，严格按照文件规定向上浮动 30%即按 5200 元收费，但上浮学费的本科专业数量远低于省里规定的 30%的专业数量限额；第四，13 个艺术类本科专业严格执行鄂价发〔2006〕183 号文件收费；第五，13 个专科专业的收费标准为 3000 元。

该校的学费收入与教育成本支出呈现倒挂的原因在于：第一，教育成本支出、生均教育成本逐年上升，导致学费收费占生均教育成本支出的比例逐年下降，办学的教育成本逐年上升。从 2007 年到 2011 年，该校办学教育成本是逐年上升的，5 年来教育成本支出增长了 53%，即 2011 年的教育成本支出是 2007 年的 1.53 倍。从 2007 年到 2011 年，该校生均教育成本支出大体也是逐年上升的，2011 年生均教育成本是 2007 年的 1.50 倍；从 2007 年到 2011 年，学费标准占生均教育成本支出的比例是逐年下降的，以每年 5000 元学费标准计，从 2007 年的 20%一直降低到 2011 年的 13.6%。一方面是教育成本支出的逐年上升，另一方面则是学费标准占生均教育成本比例的逐年下降，形成学费标准与生均教育成本支出倒挂现象。国家对高等学校学费收费作了如下规定：高等学校的学费标准根据年生均教育培养成本的一定比例确定，现阶段，高等学校学费收费标准占年均教育培养成本比例最高不得超过 25%。如果以 25%这个比例为标准，该校从 2007 年到 2011 年 5 年内没有哪一年达到这个比例，最接近的只是 2007 年的 20%，而 2011 年只达到 13.6%。也就是说 2007 年的学费标准占生均教育成本支出的比例，还有 5%的空间可以提升，而 2011 年则有 11.4%的上升空间。第二，学校为提高人才培养的质量，加强师资队伍建设，加大人才引进力度，导致人员经费增长幅度较大，增大了教育成本支出。该校 2007 年教育成本支出人员经费这一块是 14343.11 万元，到 2011 年达到 18766.15 万元，五年间增长幅度达 30%，即 2011 年是 2007 年的 1.3 倍。五年间该校引进了一名“双聘”院士，10 余位楚天学者，近百位博士研究生，充实到教师队伍中来，对教学质量的提高和人才培养质量的提升，起到了积极的作用，但同时也提高了学校的教育成本支出。第三，学校为了培养出创造型、应用型人才，加大了实验实习课程等实践教学环节的培养力度，强调学生动手能力的培养和实施创新教育，在公用经费这一块增长幅度较大，导致了教育成本支出的增加。该校公用经费支出由 2007 年的 11665.50 万元上升到 2011 年的 24111.86 万元，五年间上升幅度为 106%，主要用于“双师型”教师的引进和培育，实验实习所需原材料的购买，还有实验实习所需的水电费用、人工费用。第四，物价上涨因素的影响，增加了学校教育成本的支出，也造成教育成本支出逐年上升。根据国家统计部门公布的数据，2007 年的通货膨胀率为 4.8%，2008 年为 5.9%，2010 年为 3.3%，2011 年数据为 4.9%。该校从实际办学互动中更明显地感受到物价上涨带来的生活开支扩大的压力。显然这五年物价上涨导致学校教育，在原材料、燃料、动力、专用教学仪器设备、图书资料等方面增加了开支，这无疑增加了教育成本。

城市综合大学收费标准偏低，与省内外的“985 工程”、“211 工程”国家重点高校相比较是如此，与 4 个直辖市高等学校学费收取标准相比也偏低；不仅如此，与其他副省级城市以及一般城市相比也偏低。

2007—2011 年武汉某城市大学相关情况如表 10-4、表 10-5 所示。

表 10-4　**武汉某城市大学 2007—2011 年教育成本支出情况统计表**

（单位：万元）

年度	人员经费	公用支出	补助	折旧	合计	学生数	生均成本支出	教育成本支出与上年递增比（%）
2007	14343.11	11655.50	8246.75	5699.57	39943.43	16359	2.44	
2008	15666.59	14574.64	9256.87	5954.76	45452.85	16525	2.75	13
2009	15654.19	16274.48	8904.65	6875.05	47708.37	17543	2.72	4
2010	17445.81	19700.59	9091.52	7300.76	53539.69	17232	3.11	12
2011	18776.15	24111.86	10521.11	7880.04	61289.16	16709	3.67	14

表 10-5　**武汉某城市大学 2007—2011 年学费收入与生均教育成本支出情况统计表**

年份	学生人数（人）	学费收入（万元）	生均学费收入(元)	生均教育成本(万元)	生均教育成本中学费比例(%)
2007	16359	7847.46	4797.03	2.44	20
2008	16525	8171.87	4945.16	2.75	18

续表

年份	学生人数（人）	学费收入（万元）	生均学费收入(元)	生均教育成本(万元)	生均教育成本中学费比例(%)
2009	17543	8657. 32	4934. 91	2. 72	18
2010	17232	8710. 15	5054. 63	3. 11	16
2011	16709	8794. 39	5263. 26	3. 67	13. 6

资料来源：2007 年 7 月 10 日国家发改委向社会公布的中央部属高校学费标准。

3. 副省级城市综合大学与部属高校办学成本分析的几点结论

本部分的研究内容，就是以副省级城市综合大学作为公立高校中的典型代表，就其办学成本问题，与国家教育部直属高校(囊括了我国的重点高校的绝大多数，也就是我国高等教育发展中的“重点论”，即列入国家“985 工程”、“211 工程”等各类工程的高校)进行比较，从学费标准及其改革的理论与现实需要入手，研究我国高等教育中不同类型、层次高等学校学费的理论、方法、机制与制度，探讨适合地方高校中副省级城市综合大学学费标准模式与改革路径。令人遗憾的是，囿于执笔者的学术水平、资料匮乏以及参与实践的程度浅薄，估计难以有令人满意的合理结论。

3.1　高等教育“重点论”发展方式主导下部属高校的优势仍然存在

中华人民共和国成立以后的计划经济，不仅是一种经济发展模式，也成为一定时期内国家基本的、总体性发展方式。尽管改革开放以来计划模式首先在经济领域得到突破，但作为一种社会存在和发展方式，计划模式的影响并没有立即、全部消除。在高等教育领域，计划模式借助“重点论”发展方式，继续存在并发挥着作用。

中国高等教育发展中的“重点论”表现在三个方面。其一，关注重点区域。这既是战略的需要，也是囿于历史的惯性，例如北京、上海、武汉等政治、文化中心的高等教育实力比较强，在全国统一高考的时代，这些地区也一直享有非常明显的政策优惠。在改革开放的新的历史时期，国家越来越关注许多新的区域发展战略，并将其上升为国家战略。目前，中国已经形成了中央政府宏观指导、省级地方政府全面统筹的办学体制，绝大多数高校与地方经济社会发展的关系日益密切。区域重点发展、分类开发的战略肯定会直接或间接地对相关地区的高等教育发展产生政策影响，进而决定教育资源分配。其二，关注重点项目。也就是重点关注高等教育的教学和科研这两大核心职能。其三，关注重点高校。关注重点大学，也就是从1950年延续下来、以“211工程”、“985工程”为支撑的重点大学制度。中国的重点大学诞生的特定社会背景就是资源约束下的政府重点策略。在“资源瓶颈”成为中国重点大学制度建设过程中的最大约束条件时，对资源的需求强化了重点大学对政府的依赖。经过长期的“反复使用”和“试误”，重点大学建设政策已经成为政府自上而下生成的一项基本制度。

坚持“重点论”发展原则，有利于集中力量办大事，有助于突破关键指标，有益于快速追赶西方发达国家。不过，“重点论”发展原则的长期坚持，可能会强化高等院校及地方政府的路径依赖，固化中国高等教育发展的路径选择，甚至会诱发一些新的发展问题。“重点论”发展原则还承担着试点的任务，以探索改革路径，总结发展经验。因此，中国高等教育“重点论”发展方式，一直与改革试点政策配套使用。在高等教育改革的过程中，教育系统逐渐形成了三大层次的改革试点体系，即专项改革试点、重点领域改革试点与省级政府教育统筹综合改革试点。

改革试点有其正面价值，也存在负面影响。仅在小范围内实施的改革试点，可能会异化为部分地区和单位的政策特权，造成发展过程中对弱小者、落后者和非试点者的漠视和不公平；可能会通过对试点审批权的掌控而强化行政控制，弱化地方和院校的自主创新；也可能流于形式，变成走过场。

部属高校仍然以财政投入为主，地方高校的学费收入比重提高。在直属高校的总收入中，政府拨款占50%左右，学杂费占30%左右，其他社会收入占20%左右。由此可以看出，直属院校的经费来源仍是以政府拨款和学杂费为主，占高校总收入的80%左右，与大多数文献所阐述的“以政府财政和个人支付为主渠道”的现象相一致。

3.2　部属院校与地方高校合力促进区域经济社会协调发展

高等教育的区域协调发展政策要求地方高校充分利用国家赋予各经济社会发展功能区域的优惠政策以推动自身的跨越式发展，城市综合大学尤其要在国家加强区域高等教育中心建设进程中提升支撑区域发展的能力。现行高等教育经费投入政策并未彻底解决城市综合大学中的资金瓶颈问题，虽然中央安排专项资金支持地方高校发展，地方政府的教育经费投入仍然与学费收入一起成为城市综合大学经费的主要来源。地方政府要继续落实地方高校办学自主权，福建省政府为地方高校办学“松绑放权”成为加快高校内涵发展的教育政策中的一大亮点。

高等教育资源分布不均衡，就是地方高校与部属高校相比处于弱势或者劣势地位，在国家优质高等教育资源的分布上，明显地存在着不均衡，对地方高校人为设限太多，地方高校缺乏平等竞争、平等发展的平台和制度保障。比如，地方综合大学在学科专业建设、科研平台建设、精品课程建设以及各类“工程”项目建设等方面往往处于边缘和弱势地位。

地方高校在中央的有关政策中有被边缘化的趋势，部属高校和地方大学不平衡，主要是政策上的不平衡或者是投资投入上的不平衡，城市综合大学从教育部、从省里拿到的资源非常有限。面对不利局势，城市综合大学需要改变发展观，突破思维定势，更新观念，强化争抢、赶超、跨越和追求卓越的意识，不满足，不等不靠，勇于发展，敢为人先，主动打破条条框框，破除障碍，创新体制、机制和制度，立足地方，融入所在城市经济社会发展主流，寻找与所在区域高校差异化发展的着力点和突破口，扬长补短，奋发超越，大胆实践，借力发展，在中国高等教育丛林中确立城市综合大学应有的地位和水平。

3.3 以地方财政拨款为主体，进一步加大对公立高校的财政投入

地方高校是实现高等教育大众化的主力军，我国要在 2020 年基本实现教育现代化，就必须重视包括城市大学在内的地方高校的发展。地方高校的办学质量直接影响到我国高等教育的整体质量，我国高等教育事业的改革与发展不能忽视地方高校。

第一，从中央财政来看，要继续完善、支持地方高校发展的各类专项资金制度，推动地方高等教育事业实现内涵式发展。中央自 2010 年开始设立专项资金，对某些地方高校予以重点支持，其条件要求是“办学层次较高、办学特色鲜明、符合行业和区域经济与社会发展需要”，按照财政部有关规定，专项资金主要用于地方高校的国家级特色重点学科建设、省级重点学科建设、教学实验平台建设、科研平台和专业能力实践基地建设、公共服务体系建设以及人才培养和创新团队建设等六个方面。① 虽然这些专项资金的支持范围“已经涵盖所有地方所属公办普通本科高校”；但是，这些资金支持的对象非常有限(目前专项资金支持的高校数量超过 600 所，分布在全国 35 个省市区)，地方高校难以满足其支持条件。仅就国家级特色重点学科建设而言，以湖北省为例，该省地方本科院校目前还没有一个国家级特色重点学科，因此中央财政资金将不予安排。② 同时，在“中央各项工程计划加强对办学有特色的地方高校的支持”的原则下，地方高校要按照中央的要求办出特色，实现差异化发展。

---

① 参见《关于印发〈中央财政支持地方高校发展专项资金管理办法〉的通知》，中华人民共和国财政部网站。

② 参见《财政部〈中央财政支持地方高校发展专项资金管理办法〉政策解读》，湖北省财政厅网站。

第二，对于地方财政而言，应在地方高等教育事业发展中继续发挥主体作用。根据目前的管理体制和政策，地方高校由地方政府负责管理，地方财政在支持本地区高等教育事业发展方面负有主体责任。为此，中央财政在其专项资金管理办法中，明确提出了地方财政应加大财政投入的要求；在专项资金的安排上，也将地方财政投入的努力程度作为重要因素。同时，自2010年起，中央财政还通过“以奖代补”机制，支持各地提高地方普通本科高校生均拨款水平，减轻地方高校债务负担，引导和鼓励地方政府进一步加大对地方高校的投入力度。特别是在地方高校的化债工作中，需要地方财政的大力支持，例如长春大学积极应对吉林省政府三年内减轻高校债务负担的举措，制订了《长春大学化债工作方案》，2011年偿还银行贷款5149万元，超额完成化债任务1149万元；青岛大学紧紧抓住中央与山东省实施高校化债财政奖补政策的重大机遇，全面启动了债务化解工作，全年共化解债务2.9亿元，银行贷款余额由2011年底的12.5亿元降至9.6亿元，当然，这些化债资金主要来源于省级政府的财政资金。此外，地方政府要配合、支持并监督地方高校全方位加强教育经费使用管理，提高经费使用效益。

第三，就受教育者个人或其家庭投入而言，要充分考虑并体现教育公平性原则。高等学校学费标准要考虑学校办学的实际条件、当地经济发展的现实水平以及受教育者家庭的承受能力等因素，这是教育部1996年颁布实施的《高等学校收费管理暂行办法》明确规定的高校学费标准应考虑的主导因素，此精神也为以后的各项教育经费政策相承袭，成为学费收取的价值原则。其一，从家庭的承受能力来看，早在2003年北京市统计局就有一项调查表明，64%的家庭认为高校收费标准太高，33%的家庭认为一家供养一个大学生很困难，37%的家庭勉强可以供得起，仅有30%的家庭认为没有困难。① 这还是在经济发展水平较高、人均收入在全国名列前茅的北京地区10年前的调查结论，现在的状况特别是中西部欠发达地区的状况便可想而知了。其二，从高校学费标准来看，地方高校学费

① 许峰．审计风暴刮向高校[N]．南方周末，2005-07-07.

标准的调整，要纳入规范化、法治化轨道，省市政府的价格主管部门要严格按照政府定价的要求，对地方高校实施的学历教育等层次的学费标准进行听证，并且改变“逢听必涨”的习惯做法，实现地方高校学费标准的科学化。其三，从大学生毕业后收入来看，学费标准的制定要考虑经济社会发展水平和大多数国民或家庭的承受能力，充分考虑广大低收入阶层，特别是农村学生的利益，力求实现教育机会均等；应统计不同学科、不同专业学生毕业后的收益率，按照市场公平原则和投入与收益正相关的原则对不同收益率的专业制定不同的学费标准，收取不同的学费；对收费后可能产生的问题也要进行尽可能全面的预测与估算，完善学校的各类奖学金、贷学金、助学金等自主政策，在最大程度上维护高等教育的公平性。

对公立高校而言，要在内涵式发展上下工夫，切实提升服务区域经济社会发展的能力。虽然地方高校的可持续发展受教育经费短缺制约，但地方高校要找准发展目标定位，助力所在城市建设，提升服务城市及区域经济社会发展的能力。为地方经济社会发展服务，是地方高校履行其基本职能的必然要求，地方高校必须将其作为办学的根本宗旨，作为提高综合竞争能力、拓展生存发展空间的必由之路。

3.4 适当提高公立高校各类教育经费使用效益并大力加强监管

城市综合大学财务管理改革面临市场经济深入发展、教育制度深入改革、理财环境产生重大变化的新情况，必须针对问题，冲破困境，转变管理观念，改变管理模式，建立适应多渠道经费来源、适应教育成本核算、能发挥自身特长的财务管理体制，以达到深化教育体制、降低人才培养成本、提高人才培养效益的目的。丰富财务管理内涵，转变财务管理理念；树立成本核算价值观，引入经营理念；明确经营领导者的角色地位，增强决策意识；提高预算科学性，实行全面预算管理；建立健全各级经济负责制，强化财务风险控制。

教育经费投入是支持国家长远发展的基础性、战略性投资。在高等教育发展重点论的政策导向下，现行经费投入政策未能彻底解决地方高校发展的资金瓶颈问题。地方高等教育经费已形成了地方财政与学生个人投入的两极化格局。为推动地方高校内涵式发展，中央财政要继续加大对地方高校的支持力度，地方财政要进一步发挥经费投入的主体作用，学费标准要纳入价格听证范围并建立不同学科专业学生毕业后收益率的动态调整机制，地方高校要切实提升服务区域经济社会发展的能力。

第十一章　我国公立高校学费改革的对策与建议

1. 确保国家对公立高校的主渠道投入

根据《中华人民共和国会计法》、教育部、财政部《关于高等学校建立经济责任制加强财务管理的几点意见》(教财〔2000〕14号)，按照“统一领导，分级管理”和“一级管好一级，一级向一级负责”的原则，制定各级政府对公立高校投入负责人经济责任制，创立有利于高等教育发展的政策环境，通过税收政策引导，鼓励社会力量投资高等教育，促进地方高等教育的发展。

1.1　进一步明确国家高等教育投入的主体

按照社会发展基本规律，任何一个国家经济社会发展物质资本和人力资本投资必须有适当的比例，低成本的劳动力只有与高素质的人员科学有效配比，才能最大限度地优化社会的经济生产，过分强调其中的一方都会损失效率。我国作为世界第二大经济体，长期以来，人力资本投资严重不足，而实物资本投资相对过剩得多。这种不平衡的投资战略，严重阻碍了中国经济进一步发掘自身的潜力。① 国内有学者对经济增长与政府投入、学杂费的关联性分析证实，政府高等教育财政拨款每增长1%会促进经济增长1.87%，高

① 虞立琪. 人力资本投资与物质资本投资同等重要[J]. 商务周刊，2004(5).

等教育财政投入的提高是经济增长的重要推动因素。经费投入作为人力资本实现方式和发展高等教育重要的物质基础，政府对教育的投入不是完全的消耗，而是对人才培养的投资，是对国家发展和经济建设的长远投资。① 高等教育财政投入的提高是经济增长的重要推动因素，从世界各国特别是发达国家的历史和现状来看，国家拨款是高校经费的主要来源，因为国家才是高等教育的最大受益者。一个国家高等教育越普及、受过高等教育的人越多，这个国家的经济发展和社会进步才有可能越大。不论是知识产品，还是教育服务和教育服务的产品人力资本所带来的私人收益显著小于社会收益。从长期效应来看，国家财政性教育经费投入对经济增长有比较强的正向冲击效应，高等教育财政投入的增长提高了国民经济的增长速度，说明高等教育财政投入的提高是经济增长的重要推动因素。

高等教育作为一种区域性的准公共产品，必须适应区域经济的发展，为区域发展服务。为了更好地服务地方经济建设，公立高校通过不断整合教育资源，办学规模迅速扩大，学科专业水平显著提升，综合实力明显增强，成为我国高等教育大众化的主力军，在重点高校规模增长潜力挖尽的情况下，我国高等教育大众化的任务主要是由以公立高校为主的地方高校完成的。公立高校作为地方高校的重要组成部分，在增加高等教育机会、满足社会多样化教育需求方面发挥了重要的作用。2002 年世界银行出版的研究报告《发展中国家的高等教育：危机与出路》(以下简称《报告》)提出“高等教育具有重大的公益性”的新观点，指出：高等教育可以带来“巨大的公共利益”，通过提高工资和生产率“使个人和国家更加富有”、“人们得以享受到一种高质量的精神生活，而更广泛的社会群体也可在文化和政治方面受益”。公立高校相当一部分位于中心城市及其以下的地级城市，管理上属于“省市共建”、以省(市)为主，在经费来源上，以地方财政拨款为主的运行模式。这类高校与部属高校相比，在教育资源分配上长期处于弱势地位，经费来源总量严重

① 张其亮．关于高等教育学费标准的实证研究[J]．教育与现代化，2010(9)．

偏低，以2008年为例，平均地方高校是部属高校生均教育经费总量的44.2%，生均预算内经费总量是部属高校的51.5%。① 当前，这类高校在积极推进地方经济社会发展中由于经费紧张面临诸多困难，按照“谁受益、谁负担”的原则，政府作为高等教育的主要受益者，应进一步明确其在国家高等教育投资体系中的主体地位，责任是进一步完善政策和法律体系，每年以提高一定中央、地方财政支出教育经费的比例，增加对高等教育的经费投入，特别应加大对公立高校的财政投入，提高国家财政对公立高校教育支出比例，使其随着GDP的变化保持合理水平。从国外公立高校发展经验来看，政府的投入始终在公立高校经费结构中占主要地位。我国根据《国家中长期教育改革和发展规划纲要(2010—2020年)》的要求，应进一步明确各级政府作为公立高等教育举办者的职责，加大政府公共财政投入，完善各级教育经费投入机制，进一步科学调控公立高校经费结构，提高财政投入在公立高校经费中的比例，进而建立起与我国市场经济发展相适应的高等教育投入体制，大力增加其他渠道的教育投入，保障公立高校合理的公共财政收入。

1.2 改革高校管理体制和高校拨款方式

我国目前的高校管理体制，教育部门与高校尤其是教育部直属高校之间，实际上仍是一种行政从属关系，而并非真正利益超脱意义上的公共管理与被管理关系，大到经费拨付、人事管理，小到学科设置、招生计划等诸多方面，教育行政部门与高校均有千丝万缕的利益关联。要改革高校管理体制，进行公立高校的拨款方式改革，在大学和政府之间建立一个缓冲组织或中介机构，类似于国外的拨款委员会、教育基金会等，处理一般和专项拨款决策，帮助政府把相应的责任赋予高校；另外，它们根据各高校自身的情况，向政府提出要求。该委员会是全方位行使国家发展高等教育事业的事权与财权的承接教育部门、财政部门对高等教育拨款的事业性中介

① 陆莹，叶青松．地方高校经费收入来源的拓展策略研究[J]．会计之友，2010(10)．

机构。改革现行的“基本支出预算加项目支出预算”的拨款模式为政府依据高校的绩效来拨款，通过制定不同的绩效评估标准，更好地发挥对高校的宏观管理，引导高校的发展方向。改进拨款方式，根据拨款的具体对象、性质、目标的不同，有针对性地采取相应的拨款方式，公式拨款方式应该是我国当前高等教育财政拨款方式的主要选择。对于满足特殊需要，具有较强灵活性、规律性较差的特殊教育经费，实行协商拨款方式，在政府与大学之间引进协商谈判机制，使得大学能够通过提高教学和科研绩效来改变所获得的拨款量。① 通过高等教育拨款模式的改革，加强绩效评价与拨款的结合，增强拨款的科学性和透明度，减少盲目性和固化因素，使有限的资源发挥出更好的效益。政府主要应通过立法、规划、拨款、评估、监督和必要的行政手段来调控高等教育的发展规模与速度、质量与效益，借以实施对高等教育的管理职能。

2. 科学构建公立高校学费定价机制

成本补偿理论认为，政府通过财政支出的形式为提供纯公共产品的成本予以补偿，准公共产品的成本应由受益各方根据各自受益高低及支付能力大小来进行补偿。高等教育作为一种准公共物品，具有私人物品的特征，能给受教育者本人及其家庭带来较大的预期收益。② 同时，高等教育还具有公共物品的特征，提供这种服务还会给社会带来较大的收益。作为准公共产品的高等教育，政府和私人应该成为教育成本分担主体。

接受高等教育之所以成为人们基本的教育需求，是因为它可以使人获得生存技能、谋生手段，提高生活质量，进而追求一种高层次的精神价值，提高文化科学素养，实现自身的理想，促进人的全

① 张丽萍．运用资本市场推动高等教育发展的思考[J]．辽宁教育研究，2006(4)．

② 彭媛．公共财政体制改革下的高等教育投入体制改革研究[D]．天津财经大学硕士学位论文，2009．

面发展。《报告》指出，高等教育具有很高的私人收益。如在拉丁美洲的研究表明，接受过17年教育(即获得大学文凭)的工人比只接受过6年教育的工人收入高出200%，大大超过了国际上物质资本投入8%~10%的通常利润水平。虽然美国高等教育的收费在不同州、不同学校、不同专业中差别大，但一个共同的特征是，高校收费一直以比较快的速度增长，哪怕是学费已经很高了的私立大学。这使得接受大学教育变得越来越昂贵，也使得许多低收入家庭不堪重负。美国大学管理委员会最新的2009—2010年度调查显示，四年制公立大学和学院的学费平均年增长率为4.9%，比前20年的学费增长率都快，不仅高于过去10年的平均物价上涨指数，也高于平均家庭收入增长率。① 在我国，受过大学教育者一生的收益也是较高的，但目前大学学费标准一般只占成本的1/4，个人承担高等学校成本应反映市场规律，学杂费的标准应当反映劳动力市场的价值规律。不同的高校、不同的专业应有不同的学费标准。因此，要科学构建公立高校学费定价机制，学费的制定应该以高等教育成本为依据，在考虑高等教育财政能力和受教育者支付能力的情况下，以高等教育的个人收益和外部收益为高等教育成本分担的主要依据进行定价，有步骤、分阶段提高学费标准。对从高等教育投入中获得很高收益的大学生，应分阶段设立梯次递增的学费标准，最后过渡到学生合理承担的教育投资水平。② 同时，改革现行的政府对学费定价为高校在政府指导下的自主定价。

2.1 科学制定学费平均标准

为了完善我国公立高校学费政策，我国应借鉴英美灵活多样的学费定价和学费收取制度，依据公平原则，充分评估社会经济发展状况、学校办学成本、学生家庭收入、以往收费水平等各方面因

① 邓益纯．略论美国大学本科教育收费制及发展趋势[J]．湖南科技学院学报，2010(10)．

② 张丽萍．运用资本市场推动高等教育发展的思考[J]．辽宁教育研究，2006(4)．

素，综合考虑高校之间、地区之间、城乡之间、专业之间的差异性，合理确定我国公立高校学费平均标准，完善学费收取制度。由教育部和各地方省级政府合理确定公立高校学费的上限标准。教育部要参考我国居民家庭平均收入和支付能力等情况，科学、合理、动态地制定全国公立高校收费标准最高上限，而非简单规定高等学校学费占年生均教育培养成本的比例。由于我国幅员辽阔，沿海发达地区与内陆地区，东部和中西部地区经济发展水平皆有区别，国家应允许各省级政府依据国家学费上限标准，根据本地经济社会发展水平，公立高等教育办学成本综合考虑财政投入、物价指数、所学专业、学校声誉、过去的学费水平、社会心理承受能力等等相关因素来确定本省学费标准上限。省级政府进行本地公立高校学费定价时，应充分考虑到城乡之间收入水平的差异性。一般来说，以农村人口为主的公立高校学费标准应该比以城市人口为主的公立高校低，这样才能较好地保证落后地区的学生高等教育入学机会。而北京、上海等直辖市所在高校和深圳大学、广州大学、成都学院、大连大学等 15 个副省级城市综合大学，其生源较大比例甚至 60%以上来自有较强支付能力的当地城市居民，因此，这类大学学费应该有较大提升空间，提高学费同时也提高对贫困生的资助标准。目前公立高校学费并非偏高，特别是依据城镇居民学费支付能力还有较大空间。世界范围内大学收费已经成为一种趋势，即使在实行教育完全免费的部分发达国家，也开始逐渐实行征收学费的制度，而且费用越来越高。我国城镇居民缴纳的公立高校学费占家庭可支配收入比例远低于英美水平，随着我国社会主义市场经济的逐步完善，个人生活水平的提升，高校学费的收取必须符合当前中国的形势，学生个人应根据其未来收益反哺国家，促进高等教育的良性发展。

2.2　实施差异化的学费标准和高校自主定价

所谓差异化原则就是指高等教育要根据地区、城乡、家庭、学校、专业等各个方面的差异性来调整相应的学费政策。英国 2006 年学费改革的主要内容是取消每年每生 1125 英镑的国家统一学费标准，代之以各大学自己确定学费数额即实行差别收费，国家设定收费上限，各大学可以根据本校情况自主决定学费的浮动范围和标准。我国学费负担比重和地区经济发展水平呈现较为显著的负相关关系，即经济发达地区或城镇居民接受高等教育的成本相对较低，经济欠发达地区或农村居民接受高等教育的成本相对偏高。我国公立高校学费定价除了要考虑以上所述地区和城乡差异因素外，还要充分考虑高校、专业以及家庭之间的差异性。一般来说，公立高校或专业排名越靠前，其教学设备、基础建设、师资力量等越强，学生毕业工作的预期收益率就越高，名牌大学毕业生起薪比普通大学毕业生高28%。因此根据教育成本分担理论和教育公平原则，应该允许办学水平和声望高的公立高校和就业前景较好的专业提高10%~20%的学费。而对于一些就业前景较差，毕业收入预期不高，但对于国家和社会不可缺少或急需专业，应该采取扶持和保护政策，允许降低一定比例的学费。政府应该赋予公立高校在本省学费标准上限范围之内的学费自主定价权，高校可以根据自己生源状况、社会影响力以及学生家庭收入情况等，在基本学费标准基础上适当上浮或下调学费标准。

国家在政策层面允许高校依据培养大学生成本的不同对一般高校和重点高校的收费有所差异。然而就目前事实来看，尽管国家在不同类别高校的教育成本分担比例不同，但是重点大学和一般大学同一专业的收费标准却相差无几，未能体现出“优质优价”的公平原则。从专业学科的未来预期来看，还存在着热门专业和冷门专业之间的就业机会以及工资待遇所形成的显著差异，这就导致出现不同专业所承担的教育成本大致相同，而工作之后的实际收益却相差很大的局面，大学生成本分担不公的不合理因素显而易见。公立高校学费改革，要允许对社会急需、办学水平高、市场前景好的专业按照高于一般培养成本一定比例的标准收取学费；对于不同热门程度的专业，也应当确定不同的学费标准；不同专业的教学过程中所需的成本不同，不同专业学生对高等教育投资可得到的回报不同，所以热门专业的学费标准应该高于普通专业。对于不同层次、不同地区的高校和不同热门程度的专业，政府在制定价格时应考虑不同的定价标准。不同层次的高校收费上存在合理的差异，不仅可以体现学校声誉，教学质量上的不同，做到按质论价，还有利于促进学校自身发展，提升自身的教学科研水平。

通过理论和实证分析表明，高等教育学费是高等教育服务的市场价格，它反映了教育消费者和高校之间的自由交易关系，高等教育学费标准的确定也遵循一般市场定价原理。为准公共产品，不同类型的大学教育所产生的总收益在个人与社会之间分配的比例也是不同的，按照教育成本分担的受益原则，在名牌大学接受高等教育，获得了更优质的教育资源，能够在更大程度上提高其在未来劳动力市场中的竞争优势，而普通大学毕业生则不具有这种优势，这就意味着在名牌大学读书应当负担更多的教育成本，大学有权对所有专业学科进行自主定价。每所高校都提供有差别的教育服务，表现为学校品牌不同、教育学历层次不同，以及教师教学质量不同，因此，高校自主决定学费价格是必然发展趋势。近些年来尽管英美对公立高校学费定价限制有所放松，但是政府仍然会对公立高校学费增长的幅度和上限进行一定的控制，学校在政府规定学费最高标准之内拥有一定的自主定价权。

按照高等教育成本分担理论，接受高等教育的学生及其家庭作为受益者理应缴纳一定的学费。但是，如果让因家庭经济贫困没有或较弱支付能力的学生和富裕家庭有较强支付能力的学生负担同样的教育成本，这显然是不公平的。对于那些家庭贫困难以支付部分或全部学费的学生，国家必须为其提供相应的援助，以保证他们顺利完成学业，维护高等教育的机会平等。英美在确立公立高校学费标准时，除了遵循高等教育成本分担原则外，还充分考虑学生的支付能力，对家庭经济困难的学生给予特别的照顾，保证来自不同家庭收入水平的学生拥有平等接受高等教育的机会。我国高校收费标准忽视了社会存在贫富不均这样一个事实，高校学费对每个家庭和受教育者都是一视同仁，采取统一标准和方式，没有考虑家庭和个人的经济状况。因此，要把居民的收入水平和地区经济发展水平作为确定学费标准的重要依据，根据学生家庭收入和所在地区经济发展水平的不同收取不同的学费，如：学生家庭经济状况差一些应缴学费标准适当降低；经济不发达地区的生活水平比较低，能承受的学费也相应地低一些，收费标准应适当降低。湖北省城乡居民对高等教育学费最大承受能力呈现逐年上升趋势。考虑到地区经济持续平稳上扬，2013 年湖北城乡居民高等教育学费最大承受能力将继续增强。考虑专业以及地区的差异性是非常重要，只有具体问题具体分析，普遍性与特殊性统一起来，具体分析特殊性，才能使公立高校在有限的条件下创造无限的价值。从影响学费标准的三个重要因素：高校生均教育成本、家庭收入和高等教育整体社会效益考虑，建立相对应的数学模型运用不同的数学工具分析得出不同角度考虑下的学费标准。结果表明：随着物价的上涨，生均培养成本增加，湖北省目前执行的公立高校学费标准稍低，为保证教学的正常运行和教学质量的稳步提升，应适当循序渐进地提高公立高校学费标准。笔者建议：制定并完善高校成本核算制度；实行差别收费政策，依据不同地区、不同学校、不同专业和专业的收益率以及回报率，制定和调整收费标准；进一步完善教育成本分担体系，确保城乡学生高等教育机会公平。

2.3 学费标准的调整常态化

我国现行学费收取主要有两种方式：一是按学年收取；二是按学分收取。目前大多数公立高校采取前一种方式。要改革我国目前的学费收取方式，促进学费收取方式灵活多样。如果按学年收取，我国可以借鉴英国的做法，在学生前两学年课程较多的时候多收学费，在课程较少的后两学年少收费；也可以探索给予学生交纳学费时间选择上的自主权，在四个学年内自主分配学费交纳比例，甚至可以学习英国公立高校“先上学，后交费”的做法，给贫困生开设“绿色通道”，让他们先注册入学，再按政策落实资助。我国部分公立高校实行了学分制收费方式的改革，可以在学生每学年选课后确定缴费数额，学生也可以自主决定在校学习时间长短。但是，我国学分制收费管理运行机制并不完善。在这方面我们可以借鉴美国的经验，进一步丰富选修课程资源，建立科学的学业评价体系，不断完善导师制、学分转换制度和学籍管理制度。此外，我国还可以借鉴美国一些州立大学以农产品代替学费的做法，允许农村家庭贫困学生向高校食堂提供符合卫生要求的蔬菜、水果、肉食品以及加工好的农产品等，既可解决农村子弟上学的经济困难，又可帮助农民解决农产品销售难的问题。

随着高等教育入学率的提高，个人负担的学费和其他杂费在高等教育总资源中所占的比例会逐渐提高，这是一种世界趋势。学费收取应该建立并不断完善政府指导下的高校自主定价的基本模式，革除办学管制，促进多种办学和教育竞争，有效增加教育供给。我国应借鉴英美学费政策经验，根据城乡居民人均收入水平，综合考虑地域、城乡差别、办学水平、办学必需成本、学生毕业预期收益、社会承受心理等相关因素，合理确定学生及家庭应该分担的教育成本比例。这个比例不应该长期固定，而应由教育部或各省政府定期根据以上相关因素变化情况而作相应调整，也就是说，学生及家庭应该分担的教育成本比例是动态的而非静态的。完善学费相关政策和定价机制，实施学费价格听证会制度，学费调整随社会市场价格变化常态化，只有如此，才能改善目前政府在学费管理中面临的各种困难，有效提高高等教育学费管理科学化水平。

3. 提高地方政府拨款资金使用效益

3.1　规范高校生均成本核算体系

我国目前作为制定收费标准基础的教育培养成本核算不规范，导致学费标准制定缺乏科学依据。因此，应改革现行的财务管理制度和会计核算制度，建立科学合理的高等教育成本核算体系机制，加强高校成本控制与管理，提高经费使用效益，为学费标准的制定提供依据。必须树立成本效益观（即成本最小化、效益最大化），提高成本效益意识，不断加强成本核算管理，建立成本约束机制，不断降低教育成本，提高教育成本效益，加强对高等教育成本研究，在此基础上制定合理的收费标准、学费政策控制的科学有效机制。

3.2 建立公立高校政府投入机制

衡量教育公共财政的绩效不能只满足支出数额的增加，更要关注财政资金是否用于支撑高校职能发挥最急需的地方和实际效果。各级政府要建立公立高校政府投入机制，通过制度加强对高校经费收入与支出的管理，对高校经费收支的合法性和效益性进行评估，定期向社会公布经费收支情况，大学每年上报学费、生活费、住宿费、书费等各项费用明细表，并做详细的统计分析，通过国家信息渠道向全国发布，使高等教育的费用信息公开、透明，让每个学生和家长了解各大学的费用情况并对此提前做好准备。更重要的是使高等教育的费用信息自觉接受社会监督，真正做到管而不死、放而不乱，确保高校经费来源的合法化和运转的高效化。建立健全高校质量评估机制和评价指标体系，将评估的结果与拨款直接挂钩，促进高校间的良性竞争，使教育资源得到更为充分、有效的利用。政府对公立高校重要建设项目要坚持实效为先，实行严格绩效评价，主要包括：立项决策评价，主要是评价项目立项的合理性和必要性；经济效益评价，主要是评价项目的成本效益情况等；综合影响评价，主要是评价项目对地区、行业的经济发展，周边自然环境及相关社会环境的影响；持续性和长期评价，主要是评价项目完成后，对经济和社会产生的持续或长期的影响。① 促使决策者对高校政府投入及其项目结果负责，以增进公共责任意识，使有限资源发挥更大效益。

4. 完善公立高校经费渠道多元化投融资体系

4.1 吸纳社会民间资本对高等教育投入

多渠道筹措教育经费，这是世界各国发展高等教育事业的成功

① 连华，刘旭．公共财政支出绩效评价的国际借鉴与启示[J]．宏观经济管理，2012(4)．

经验。我国和其他发展中国家不同的是，不仅有很丰富的劳动力，而且有很多可动用的资金。正如我国一位著名经济学家所言：大部分发展中国家是没有钱财可花的，而中国是有很多钱可以用。这并不是说中国现在很富，而是说我们有非常高的储蓄率。① 1994—2011 年我国城乡居民储蓄存款余额从 2 万多亿元增加到 35.2 万亿元，2012 年已达到 40 多万亿元，相当于整个 GDP 总量的 75%左右，增长速度在 18%以上，远高于 GDP。各大银行进行老百姓储蓄目的调查，排在前四位的是子女教育、看病、买房、养老。其中子女教育排第一位。我国目前公立高校经费来源主要是政府和个人，社会力量和高校自身的成本支付能力表现不强，这既与我国高等教育在计划经济体制下以发展公办高校为主体的发展模式有关，也与当前筹措非公共教育资源制度设计的体制机制不科学有关。要完善多渠道筹措教育经费的机制体制，吸纳社会民间资本投资高等教育，促进高等教育成本分担多元化格局的形成。

4.2　通过加强产学研合作拓宽筹资渠道

美国高校利用科研和专利筹措经费是一种很普遍的做法，且科研经费收入在总收入中所占的比重越来越大，尤其是在高水平的研究性大学。据统计，加州理工学院 2005 年预算超过 5 亿美元，但学费收入只占 3%。学校主要收入来源是：学院科研收入占 48%，社会赞助和投资回报占 40%左右，校办企业收入占 9%左右。我国公立高校这三方面收入还有很大的发展空间。我国《高等教育法》第七章"教育投入与条件保障"中第五十三条规定："国家建立以财政拨款为主、其他多种渠道筹措教育经费为辅的体制"，完善收费的立法执法。即以财政拨款作为教育经费来源主渠道的同时，还要积极建立其他筹集经费的渠道。国家应该出台奖励及优惠政策以激励高校在不影响办学质量并且尽量确保国有资产保值增值的前提下，利用自身教学、科研、设备等优势资源参与市场交换，加强产学研的合作，增强自身造血功能，拓展办学经费渠道。公立高校应

① 茅于轼．中国经济增长的潜力和障碍[J]．开放导报，2002(12)．

多渠道筹资，扩大高校和社会结合，利用科技和知识优势为社会企业提供服务增加收入。同时，调整研究生学费政策，提高研究生教育成本分担比例。

4.3 通过税制改革鼓励社会捐赠

美国1999—2000年高校收入中虽然政府投入降至46.6%，但高校的销售和服务收入比例在21%以上，另外还有可观的捐赠收入等。作为公共财政重要部分，税收应当具备三大功能之一是筹集公共财政收入。从目前看，我国税收筹集财政收入的功能得到了比较充分的发挥，而税收调节社会分配和引导经济协调发展的功能却比较薄弱，我国税法对高等教育事业的捐赠没有相关规定。今后税制改革的方向应该重在强化税收的调节功能，政府还要根据非义务教育的实际情况，进一步加大税制改革的力度，对企业和个人捐赠高等教育实行税收优惠，鼓励企业和个人对高等教育的捐赠，增加高等教育的捐赠收入。通过制定鼓励企业、社会团体和个人捐资助学的法规、措施，如允许对高等教育捐赠列为所得税税前扣除项目，在继承法、遗产税收法中制定有关条款，调动全社会投入支持高等教育的积极性，为高等教育的持续、健康、快速发展创造条件。① 同时根据社会和个人捐赠的临时性、不确定性的特点，加强高等学校对捐赠活动及其管理实践的深入研究，形成对捐赠意向的追踪、落实、完成和监督的“一条龙”管理，使捐赠能形成稳定、高效的高等教育投资。采取适当政策激励私人部门参加高等教育资助体系。除此之外，公立高校要积极主动向社会各界募捐，政府应出台更加优惠的税收减免政策和其他奖励政策，鼓励并支持企业和个人对高等教育的捐赠行为。公立高校在以上几项收入之外肯定还存在较大经费缺口，这个缺口就是政府应该分担的办学成本。这个缺口的大小是依据学费收入、经营收入和捐赠收入总量变化而变化的。

---

① 李进才，张丽萍，范雄飞．当前发展高等教育亟待解决的几个认识误区[J]．高等教育研究，2004(3)．

4.4　拓展国际教育合作收入

进入21世纪以来，我国高校国际化办学一个突出问题就是输入与输出不平衡，资源严重流失。联合国教科文组织发布的《2011年全球教育摘要》显示，2009年中国仍然是最大的留学输出国，输出51万余人；留学输入人数排第十位，输入6万余人；净流出近45万人，占全球流动学生总数的13.3%。这输入6万余人中公立高校占的份额更少。近年我国高教改革有所突破的一个重要方式，就是引进海外高水平高校进行合作办学尝试，或是在体制外直接办学，出国留学和入读国内大学，这些高水平的中外合作办学高校，让学生有了“本土留学”的机会。公立高校要积极争取中外合作项目，扩大留学生规模，开拓增加公立高校经费渠道，争取更多的经费支持，实现在中外合作办学中的自主地位，努力提高公立高校高等教育国际化水平。

5. 加强公立高校内部学费管理

5.1　进一步强化预算管理

传统观点认为，地方财政困境主要源于事权、财权的不对等，而事实在于配套的公共财政包括公共预算制度的建立和健全，即很大程度上在于是否强化了资金预算管理。有学者①考察了我国30个省(市)财政自主与公共支出效率的可能联系，其中相对财政自主对效率起正向作用，但绝对财政自主对效率起负向作用且一般影响更甚；另外，预算内支出相比预算外支出也有降低效率的明显倾向。说明绝对财政自主不利于公共财政效能的提升。因此，我国财政分权应该坚持和推进，同时更应该尽快建立和健全配套的公共财政包括公共预算等控制和问责机制，从而努力以更少的资源，提供

① 陈志广．财政自主与公共支出效率：自地方政府实践维度观察[J]．财政金融，2012(1)．

更多更好的公共产品和公共服务。公共支出效率是公共财政和公共管理的关键议题。因为公民一方面期望政府提供更多更好的公共产品和公共服务，另一方面又期望自身承担最小的税费负担，两相权衡，提高公共支出效率就成为公共财政和公共管理的核心目标。为了完成既定的规划任务，政府部门需对任务的工作量进行合理预测，科学地编制项目及政府活动的经费预算。

5.2 提高资金使用效益

我国现行高等教育学费定价制度以生均成本为基础，为追求科学合理的生均成本，提高资金使用效益就成为公立高校学费定价理论研究和制度设计的目标。当前公立高校为不断提高经济运行质量与效益：一是完善节能管理体制。应建立健全资源节约管理监察机构，明确各部门为降低生均成本完成各种直接、间接工作任务和应承担的责任，并对任务进行合理分解，层层落实到部门各个具体责任人。建立部门业绩评价指标、评价方法及奖惩措施，作为对部门成员业绩考核、晋升、奖惩的依据，对其不当行为实行问责。通过大力开展绩效管理，加大节能监管力度，努力提高公立高校经济运行效率和运营效果，合理配置资源，实现资源效用最大化。二是建立健全资源节约各项管理制度。制定和完善教学、行政、消费和师生生活管理等具体制度规定，加强经费使用效益管理，从根本上杜绝高校不良运行模式和浪费现象。进一步完善能源统计制度，并建立与之相配套的成本费用效益审计制度，建立节能降耗统计监测体系，完善摸清能源消耗情况底数。进一步落实单位能耗报告制度，将实际绩效与期望绩效或目标任务进行对比，分析其差异，对部门的产出结果与效率、部门行为作出合理的评价，以促进高校健全和落实管理制度措施，接受师生监督。建立经济运行定期分析制度，通过分析查找经济运行中存在的矛盾和问题，提出相关建议和措施。三是加强环境和氛围的营造。综合运用经济、行政、管理、科技和教育等多种手段建设“资源节约型”校园，通过各种途径将节约的理念贯穿于教学、行政、消费和师生生活的各个领域，最大限度地节约资源，提高资源利用率，以尽可能少的资源消耗和教学成本获取尽可能大的办学效益，在保证教学质量的前提下努力降低学费标准。

6. 完善公立高校资助体系建设

6.1　加强高校特贫学生的“奖、补、减、助、贷”资助力度

国外虽然一些名校学费颇高，但完备的奖学金制度和资助政策削减了学费压力。如 2006 年英国政府根据“同质同价、异质异价、购买力不同、价格不同”的原则，有差别地向不同经济条件学生实施的差别收费政策规定：学生无须提前支付学费，而由政府以贷款的形式为其支付学费，并根据学生的不同经济条件、居住地、学习年限及贷款用处为其提供不同额度的生活费补助或贷款，当毕业生的年收入达到 15000 英镑时，他需要每月以收入的 9%作为还贷金额偿还助学贷款，其还贷年限为 25 年。2012 年，政府将毕业生的还贷起点提至年收入 21000 英镑，还贷比例依然为月收入的 9%，还贷年限延长至 30 年，逾期未偿还者将由政府核销其债务。① 我国学生和家长分担的高等教育成本比例是比较高的，收费政策必须与资助贫困学生的政策相配套，即开辟“绿色通道”，否则，将影响到高等教育的公平性。我国应借鉴英美发达国家经验，对于那些按照相关标准家庭极为贫寒的优秀学生，实行差别收费政策，进一步完善对贫困学生的资助政策，政府应通过拓宽奖、助学金经费来源渠道，鼓励和支持企事业单位、社会团体和个人设立奖学金或直接对家庭贫困学生进行资助，加大政府奖学金的投入，构建多种形式的高等学校家庭经济困难学生资助体系。扩大奖学金品种和国家奖学金、国家励志奖学金、国家助学金、师范生免费教育、国家助学贷款、学费减免等覆盖面，适当提高政府和高校给学生提供的助

---

①　张春梅，刘义兵. 英国“后大众化”高等教育的公平问题及其应对策略[J]. 高等教育研究，2013(1).

学金数额。政府部门和高等院校应积极与社会合作，为经济困难学生开展勤工俭学，增加学生勤工俭学的机会并提高勤工俭学每小时工资标准等，帮助学生用获取的报酬分担部分成本，履行分担的责任。要加大学生资助的力度，最现实可行的办法就是推动助学贷款的发展，结合我国国情尽可能向学生提供较多的助学贷款，逐步扩大国家助学贷款的规模。进一步完善以国家助学贷款为主体、勤工俭学为主，“奖、补、减、助、贷”联动助学的资助体系，构建我国新型高等教育财政助学模式。开展生源地信用助学贷款，建立助学贷款风险基金。按照“风险分担”原则，建立国家助学贷款风险补偿制度和贷款风险基金，从目前的实际出发，加快高等教育成本分担政策下的学生资助制度研究，建立和完善向贫困家庭、贫困学生倾斜的教育经费“二次分配”机制与政策体系，并以较快速度增加对贫困学生的资助力度。还可借鉴美国的“资助包”制度，合理分配助学资源，把政府和社会所有的各种资助，如奖学金、助学金、贷学金、校园工读混合成一“包”，提供给学生以便帮助不同层次的学生解决困难，“其核心是大学通过规范合理的配置，使每个学生都能获得与其困难程度相称的经济资助”。① 与此同时，完善我国家庭经济状况认定制度和社会征信系统，建立全国联网的大学生个人信用记录，构建个人信用体系，强化对学生的贷后管理，对故意拖欠贷款的实行严厉惩罚，让助学还款信用陪伴学生终身。通过以上多元化、全方位的大学生资助体系，国家向贫困生提供直接或间接经济援助，满足各个阶层学生需要，保证所有大学生不因经济问题辍学，实现高等教育的机会平等。

6.2 拓展其他相关的配套政策

高等教育的准公共产品性质适合于通过彩票形式筹资。目前全世界共有 100 多个国家发行彩票，仅 1996 年全世界彩票发行额就超过 1200 亿美元。我国彩票总销量从 2003 年的 401 亿，到 2012

① 赵立卫．美国大学生资助的“资助包”制度[J]．比较教育研究，2005(2)．

年的2615亿，10年的时间猛涨了552%，超高速的发展超过了绝大部分行业。① 2013年1—5月，全国累计共销售彩票1249.63亿元，同比增加175.21亿元，增长16.3%。② 目前我国彩票发行主要有体彩和福彩，发行教育彩为高等教育发展筹资有待探索。发行高等教育券是在1955年芝加哥货币经济学派代表人物弗里德曼提出的教育券理论指导下的一种教育投入方式。即政府把本该投入教育中的资金经过折算发给每一位学生，学生凭券可以进行自主选择，到任何一所政府认可的学校，包括公立学校或私立学校就读。其好处在于一方面能保持政府对教育的投入，把看得见的福利发到家长或学生手中；另一方面，又可能通过增加学生对学校的选择权利，促使学校教育在竞争中提高。③ 我国浙江长兴县对此进行了大胆尝试，不仅保留了其理论精华，又带上了鲜明的中国特色，引来一些地区的效仿，成为一项具有生命力的实践活动，收到了较好的效果。但目前我国这一实践多限于基础教育，把它运用于高等教育，即把本该投入高等教育的资金以教育券形式发给接受高等学历教育人口，规定一定时段的有效期，让其根据自己的特点和基础条件自主选择普通或成人、职前或职后的高等教育，这种方式同样是可以借鉴和推广的。

---

① 中国彩票销量揭秘：10年涨552%　2013年或破3000亿. http://sports.sina.com.cn/1/2013-01-07/14246367399.shtml.2013-11-1.

② 财政部：2013年5月份全国彩票销售情况. http://www.zhcw.com/xinwen/hangyeshuju/2609732.shtm.2013-11-1.

③ 曹夕多. 弗里德曼的教育券思想与浙江长兴的教育券实践[J]. 教育与经济，2004(3).

参考文献

[1]王康平．高校学费政策的理论与实践[M]．福建：厦门大学出版社，2001.
[2]柴效武．高校学费制度研究[M]．北京：经济管理出版社，2003.
[3][美]曼昆．经济学原理[M]．梁小民，译．北京：北京大学出版社，2001.
[4]肖昊．教育经济学[M]．武汉：武汉大学出版社，2010.
[5][印度]马尔蒂亚·森．伦理学与经济学[M]．王宇，王文玉，译．北京：商务印书馆，2000.
[6]范元伟．高等教育市场化改革与机会均等[M]．上海：上海教育出版社，2003.
[7]王天一等．外国教育史[M]．北京：北京师范大学出版社，1980.
[8]伍海泉．学费定价研究[M]．北京：经济科学出版社，2011.
[9][美]罗纳德·G. 艾伦伯格、美国大学学费问题[M]．崔玉平，译．北京：北京大学出版社，2008.
[10]王同孝．高等学校学费研究[M]．北京：北京大学出版社，2010.
[11]王善迈．论高等教育的学费[J]．北京师范大学学报(人文社会科学版)，2000(6).
[12]厉以宁．关于教育产品的性质和对教育的经营[J]．教育发展研究，1999(10).
[13]张民选．英国大学生资助政策的演进与启示[J]．比较教育研

究，2007(5).
[14]蓝汉林，高靓，金帷．美国联邦学生资助体系的变革[J]．教育发展研究，2010(7).
[15]易长求．高校人才培养成本核算研究[J]．湖南科技学院学报，2007，28(2).
[16]徐国兴．我国高等教育学费改革的理念和现实[J]．教育与经济，2006(2).
[17]宁顺兰．论高等教育成本补偿中的公平问题[J]．教育争鸣，2006(1).
[18]胡耀宗，刘珂珂．高校学分制收费的经济学分析[J]．教育科学，2010(4).
[19]陶一桃．庇古与福利经济学的产生[J]．特区经济，2000(51).
[20]解德元．“福利国家”与资本主义经济[J]．中国社会科学，1986(1).
[21]谢静．奥菲国家理论思想溯源[J]．福建论坛(社科教育版)，2011(10).
[22]佘宇．福利国家模式是否必然影响经济增长(一)；(二)；(三)——围绕北欧福利国家模式的争议[N]．中国经济时报，2012-11-09；2012-11-16；2012-11-30.
[23]邢少文．债务危机终结福利国家[J]．南风窗，2011(19).
[24]孟锦，徐云丽，罗俊强．建立高校收费管理一体化和信息透明化的学分制收费模式——西南交通大学学分制收费改革实践探索[J]．教育财会研究，2010(21).
[25]李玥．浅析高校学分制收费改革[J]．现代经济信息，2011(2).
[26]范莉莉．中国高等教育收费制度改革五十年[J]．价格月刊，2005(4).
[27]蓝秀华．中国高等教育收费制度百年变迁轨迹及特征[J]．研究与探索，2012(8).
[28]章达有．人均可支配收入是制定高等学校收费标准的主要依据[J]．教育与经济，2009(4).

[29]肖洁．公立高校收费与高等教育入学机会公平研究[D]．武汉理工大学硕士学位论文，2007.
[30]谢纬．中国公立高校收费与教育公平[D]．南京理工大学硕士学位论文，2005(6).
[31]王喜林，刘丽红．我国高等教育学费标准[J]．现代经济，2008(8).
[32]高桂娟，陈慧．我国高等教育学费的历史沿革[J]．曲靖师范学院学报，2005(1).
[33]黄令．我国高等教育学费制度变迁的经济学分析[D]．广西师范大学硕士学位论文，2008.
[34]周光．我国公立高校过度投资的成因与评价研究[D]．天津商业大学硕士学位论文，2010.
[35]劳凯声．公立学校 200 年[J]．北京大学教育评论，2009(4).
[36]李颖．中国物价波动的特征和影响因素研究[D]．东北财经大学博士学位论文，2011.
[37]刘颂．高等教育大众化中的教育成本分担问题研究——一种教育公平的市交[J]．陕西财经大学学报，2005(6).
[38]刘薇，陈中原．高等教育收费政策演变备忘录[N]．中国教育报，2003-01-19.
[39]唐凯林．上大学要交多少钱——关注高校收费改革[EB/OL]．[2003-08-12]. http://www.edu.cn/shou_fei_316/20060323/t20060323_16117.shtml.
[40]魏坤．教育成本理论下高校学分收费制度改革研究[D]．鲁东大学硕士学位论文，2012.
[41]曾晓东．大学收费标准的确定：是成本计量问题还是价格管理问题[J]．高等教育研究，2003(2).
[42]陈爱娟，万威武．关于我国高等学校学费标准的实证分析[J]．高等教育研究，2002(6).
[43]贺小明，田汉族．我国公立高校收费的现状与对策研究综论[J]．荆门职业技术学院学报(教育学刊)，2007(4).
[44]张东，朱必祥．我国高等教育人力资本投资私人收益率研究

[J]. 河北科技师范学院学报(社会科学版), 2012(2).
[45]田文义等. 多视角下的高等教育学费标准确定模型[J]. 清华大学教育研究, 2009(30).
[46]毛建青. 我国普通高等院校学费制定标准探讨[J]. 湖南师范大学教育科学学报, 2006(3).
[47]纪秋颖. 基于Agent的高校学费定价模型及实现[J]. 计算机工程与应用, 2006(22).
[48]袁连生等. 我国普通高校学费差异实证研究[J]. 教育发展研究, 2010(23).
[49]张帆. 我国居民高等教育支付能力及学费政策的实证研究[J]. 中国软科学, 2004(2).
[50]刘文晓. 我国普通公立高校学费定价标准新探——基于二部定价法视角[J]. 高教探索, 2012(1).
[51]秦福利. 高等教育学费差别定价在我国的实践与反思[J]. 黑龙江高教研究, 2012(5).
[52]蔡思洁. 基于数学模型的高校学费标准的研究[J]. 东莞理工学院学报, 2010(10).
[53]李洪英. 高等学校学费标准模型探讨[J]. 曲阜师范大学学报, 2010(2).
[54]邵桂荣. 高等教育学费标准评价与优化[J]. 绍兴文理学院学报, 2010(12).
[55]韩晓玲, 付晓歌. 学分制收费背后的喜与忧[N]. 湖北日报, 2012-08-07.
[56]杨欣, 杨文兰. 高等院校学分制收费模式的比较与创新[J]. 安徽商贸职业技术学院学报, 2010(1).
[57]胡奎, 叶文广, 吴以才, 宋瑛. 推行学分制收费 深化教学体制改革——浙江大学学分制收费实施情况简要介绍[J]. 教育财会研究, 2004(5).
[58]常光辉. 浅析学分制收费存在的问题及对策[J]. 经济师, 2012(5).
[59]陈爱娟. 高等学校学费水平影响因素分析[J]. 价格理论与实

践，2003(1).
[60]林刚，武雷. 论高等教育成本的确认与计量[J]. 教育财会研究，2006(6).
[61]陈洪萍. 高校实行学分制收费管理存在的问题及对策[J]. 价格月刊，2004(10).
[62]杨凡. 中日三所外国语大学学分制比较研究[J]. 外语界，1995(2).
[63]李联明. 高校学分制实施历史及现状浅析[J]. 科教论坛，2002(2).
[64]杨晓波. 试析美国公立高等教育的政府财政政策[J]. 外国教育研究，2006(11).
[65]余英. 美国高等教育学费政策的变迁与影响[J]. 教育财会研究，2007(6).
[66]陈萦，史秋衡. 美国公立高校经费来源结构变化分析[J]. 教育发展研究，2009(3).
[67]李作章，单春艳."布朗报告"与英国高等教育持续发展[J]. 高教发展与评估，2012(4).
[68]伍海云，张祥永，李孙巧. 美国公立高校学费定价与收取制度研究[J]. 比较教育研究，2011(8).
[69]郭凯，滕跃民. 中美高等教育成本分担和学费的比较[J]. 辽宁教育研究，2008(10).
[70]李志德，沈红. 美国高校收费对学生就学的影响——兼论我国高校收费及学生资助[J]. 现代大学教育，2001(6).
[71]王志强. 美国公立高校收费政策变化及对中国的启示[J]. 世界教育信息，2007(12).
[72]陈志广. 财政自主与公共支出效率：自地方政府实践维度观察[J]. 改革，2012(1).
[73]秦福利. 高等教育成本分担模式的国际经验借鉴与启示[J]. 江苏高教，2010(1).
[74]刘振东，杨癸. 地方高校经费来源的市场模式研究[J]. 安阳工学院学报，2012(3).

[75]刘新民，王垒，张盈盈．大学生高等教育成本分担责任研究[J]．山东科技大学学报(社会科学版)，2011(2)．
[76]秦福利，刘玉芳．我国高等教育成本分担的问题与对策[J]．学术论坛，2009(4)．
[77]但锋．公共财政视角下高等教育经费紧缺的成因解读及化解途径[J]．陕西师范大学学报(哲学社会科学版)，2012(5)．
[78]高强．关于完善公共财政体系的几个问题[J]．小康，2012(1)．
[79]孟大虎．大学学费问题的理性剖析：教育经济学的视角[J]．现代教育论丛，2005(6)．
[80]祁兴强．强化高校收费管理工作的几点思考[J]．财务与金融，2009(8)．
[81]蔡艳梅．高校学生资助方式研究[D]．云南师范大学硕士学位论文，2005．
[82]邱小健．教育券的新制度经济学分析[J]．广州大学学报(社会科学版)，2004(5)．
[83]赵立卫．美国大学生资助的"资助包"制度[J]．比较教育研究，2005(2)．
[84]窦锦伟．高等教育助学资助理念与体系研究[D]．大连理工大学硕士学位论文，2006．
[85]范静怡．现阶段我国政府促进高等教育公平研究[D]．南京师范大学硕士学位论文，2011．
[86]刘新民，王垒，张盈盈．大学生高等教育成本分担责任研究[J]．山东科技大学学报(社会科学版)，2011(2)．
[87]龙舟．中国高等教育个人投资收益率研究[D]．湖南师范大学硕士学位论文，2005．
[88]梁艺濒．影响高等教育个人投资的若干因素分析[D]．重庆大学硕士学位论文，2009．
[89]杨德广．如何评判我国高教发展改革中的几个问题——与杨东平教授商榷[J]．江苏高教，2011(9)．
[90]李湘军．我国教育公平性对个人收入影响的分析及对策研究

[J]. 重庆大学硕士学位论文，2007-04-01.
[91]杨德广，张兴. 关于高等教育公平与效率的思考[J]. 医学教育探讨，2003(1).
[92]金芳，陈鹏，张在来. 我国高等教育多元化投入与经济增长的关联性分析[J]. 山东经济，2009(7).
[93]易石宏. 从和谐社会视角看教育公平的实现[J]. 湖南商学院学报，2007(6).
[94]卢晓东. 确定成本约束下学费、财政经费的市场化互补模型——向成本补偿本义的回归[J]. 北京大学教育评论，2004(10).
[95]潘发勤. 人力资本理论与高等教育发展[J]. 山东理工大学学报(社会科学版)，2004(12).
[96]张宏，陈伟. 大学生人力资本失灵现象探析——基于人力资本视角分析[J]. 四川省干部函授学院学报，2011(3).
[97]彭世琦. 成本分担下我国高等教育产品定价的效率与公平研究[D]. 湖南大学硕士论文，2008.
[98]陈建国. 高等教育的成本分担与国家助学贷款[N]. 光明日报，2008-12-09.
[99]施剑松. 北京有望按学分收费 方案已制订完毕[N]. 北京晨报. 2010-01-28.
[100]J. D. Marshall. *The old poor law* 1795—1834, Macmillan, 1968.
[101] Christopher J.. Rasmussen, state tuition, fees, and financial assistance policies (2005—2006). *State Higher Education Executive Officers*, 2006(8).
[102] U. S. Department of Education. *Federal student aidAannual report*. [EB/OL]. [2007-10-09]. http//www. federalstudentaid. ed.gov/docs/07AnnualReport.pdf.

后　记

历时一年之久，《我国公立高校学费改革研究》一书终于成稿付梓。此时，我们不禁诚惶诚恐，这固然是才疏学浅之故。是前辈先学的可供借鉴和参考的研究成果，才使我们得以开阔视野，厘清思路，斗胆提笔，草为此书。尽管此书难免存在诸多不足之处，但是作为对我国公立高校学费改革问题的研究和探索，我们希望能借此在学术上推动该问题的研究再上一个新台阶，为学界进一步的深入探索打下基础。在此我们对先学们严谨的治学态度、渊博的学术水平、敏锐的思维、精辟的见解致以深深的敬意。

回顾一年来的写作过程，其中充满了艰辛，各位作者青灯蓝卷、暮鼓晨钟，投入了大量的时间和精力，从选题构思、谋篇布局，到收集材料、调研讨论，再到写作修改付梓成书，每一个环节无不付出了大量的心血。作为对我国公立高校学费改革问题的探索性研究，我们的确体会到其中的艰难。

首先，从选题构思来看，国内学界有关这一问题的研究，已分别从各个不同的角度发表了一些研究成果。但是将这一问题，在理论与实践相结合的高度，以问题为导向，按照问题的逻辑结构做全面、系统的探索性分析研究，相关理论成果并不多见。因此，本书的系统性研究之难是可想而知的。这既需要巨大的创新勇气，也需要严谨治学的态度、求真务实的精神和踏实工作的干劲，力争使本书具备框架设计的逻辑性、谋篇布局的整体性、理论论证的严谨性、分析研究的系统性、数据资料的翔实性、调查研究的真实性、提出问题的针对性以及建议对策的可行性等。

其次，学费问题研究，涉及面较广，影响面较大，所需的跨学科知识较多，对这一问题的综合系统性研究，既要求我们有敏锐的眼光、开阔的视野、善于抓住问题本质的本领，也需要我们具有诸多学科的知识储备、跨学科研究的方法、驾驭和应用多学科知识综合研究的能力，以及将理论和现实相结合，有效开展实证分析的能力。然而，我们中的大多数人都长期工作在高校，缺乏在政府部门工作的实际经验，对相关政策的解读和研究缺乏底气，因此难免在理论和实践相结合方面存有疏漏，无法做到尽善尽美，可能有这样或那样的不足。

最后，对学费问题的改革研究，不能仅拘泥于国内研究范围，还必须借鉴发达国家在这一领域的成功经验和理论研究先进成果。这就要求我们的资料收集整理工作，要从国内到国外，做到全面、准确、翔实、可靠。资料的收集整理工作存在一定难度是可想而知的。不仅如此，对国外资料的运用，还必须结合我国公立高校的实际情况加以分析论证。在这一点上，我们用一部分精力来搜集我国副省级城市综合大学和相关的教育部直属高校的学费改革实证材料及教育成本的数据资料。在此基础上做了分析比较论证，尽管如此，但还是存在运用理论解决实际问题的能力不足的问题，对此我们将在进一步的研究和探索中加以改进。

此书得以顺利出版首先得感谢江汉大学党委谭仁杰书记、杨卫东校长、武汉商学院邓院方院长、武汉软件工程职业学院廖世平院长、武汉城市职业学院涂文学院长，是他们对该书的编撰工作高度重视，在百忙之中给予我们亲切指导和关心，并给予研究经费的支持。借此一隅，感谢中国价格协会会长王永治教授、武汉市价格协会会长欧阳德臣、秘书长闫成义、原会长高志尊、原秘书长代新元在该书编辑出版过程中给予的具体指导，还要感谢武汉市原副市长张代重同志在百忙之中为本书作序。武汉商学院副院长王辉华、财务处耿星、刘琳，武汉软件工程职业学院财务处许文卿、何汉平，武汉城市职业学院财务处何金开、杨汉荣等同志多次参与讨论，提供了大量宝贵的第一手资料。江汉大学的储著斌、陈海平、贠翔悦、王珺等同志也为该书的编写承担了一些资料收集、整理等事务性的工作，在此一并表示谢意。

本书由江汉大学副校长张晓玲教授负责整体框架设计，确定主题并统稿、审稿，江汉大学原高教所所长张丽萍研究员协助框架设计和统稿、审稿，江汉大学高教所所长肖引研究员承担了本书的部分审稿和协调工作。

各章节的具体执笔人是：第一章：张丽萍、贠翔悦；第二章张丽萍、张云霞；第三章：丁亚金；第四章：何金开、杨汉荣；第五章：刘义；第六章：卢小兰；第七章王继峰；第八章：张晓玲；第九章：刘新荣、于敏、罗毅、刘建国；第十章：储著斌；第十一章：张晓玲、张丽萍。

由于时间仓促，更由于学识浅薄，书中尚有挂一漏万、以偏概全等错误之处，尚祈各位专家、同仁、读者批评指正，以便今后修订完善。

编　者

2013 年 8 月 2 日